2000 年印度总统纳拉亚南 K.R Narayan 来华访问，在参观北大期间，季羡林先生与他亲切握手。

季羡林先生接见印度人力资源部部长摩里·马瑶哈尔·觉希（Muril Manohar Joshi）。

季羡林學術著作選集

本书出版得到了季羡林基金会的部分资助

中印文化交流

王树英　编

新世界出版社
NEW WORLD PRESS

图书在版编目（CIP）数据

中印文化交流 / 王树英编. -- 北京 : 新世界出版社, 2015.1
（季羡林学术著作选集）
ISBN 978-7-5104-5275-8

Ⅰ. ①中… Ⅱ. ①王… Ⅲ. ①中印关系—文化交流—文化史 Ⅳ. ①K203②K351.03

中国版本图书馆CIP数据核字(2015)第007724号

中印文化交流

编　　者：王树英
责任编辑：张世林　陈晓云
审　　读：杨汝模
封面设计：贺玉婷
版式设计：张世林
责任印制：李一鸣　黄厚清
出版发行：新世界出版社
社　　址：北京市西城区百万庄大街24号（100037）
总编室电话：+86 10 6899 5424　　6832 6679（传真）
发行部电话：+86 10 6899 5968　　6899 8705（传真）
本社中文网址：http://www.nwp.cn
本社英文网址：http://www.newworld-press.com
本社电子信箱：nwpcn@public.bta.net.cn
版权部电子信箱：frank@nwp.com.cn
版权部电话：+86 10 6899 6306
印　　刷：北京亚通印刷有限责任公司
经　　销：新华书店
开　　本：710×1000　1/16
字　　数：200千字　　印　　张：19.5
版　　次：2015年1月第1版　2015年1月北京第1次印刷
印　　数：1－2000册
书　　号：ISBN 978-7-5104-5275-8
定　　价：60.00 元

《季羡林学术著作选集》编选说明

季羡林先生是北京大学资深教授、著名学者，长期以来，季先生的作品畅销于世，受到社会各界人士的热烈欢迎。但这些作品大多为季先生各时期创作的散文。季先生一生创作出版散文集二十余部，一百五十万字以上，其中有许多精品脍炙人口，他完全可以称得上是一位散文家。但是，季先生毕竟主要是一位学者，他终生笔耕不辍，孜孜以求的是他的学术研究，他对社会的主要贡献也是他的学术成就，散文只是他的一种“余兴”。

季羡林先生是一位百科全书式的学者，他毕生从事的学术研究的对象涉及语言、文学、美学、艺术、宗教、中外文化交流等众多领域。其学术著作大致包括以下内容：印度古代语言、印度历史与文化、中印文化关系、中国文化与东方文化、佛教、比较文学与民间文学、东西方文化比较、糖史、吐火罗文研究等。这些著作都具有很高的学术价值，得到国内外学术界的高度评价。而且，季先生的学术著作，深入浅出，联系实际，独辟蹊径，发人深省，为广大读者所喜爱。

为了便于读者阅读，我们编辑了这套选集。本选集从季羡林先生的学术著作中，精选出论著二百余篇，辑为十二卷，依次为《印度古代语言及吐火罗文研究》（葛维钧编）、《印度历史与文化》（王树英编）、《印度作家作品评论集》（刘建编）、《佛教》（李南编）、《糖史》（葛维钧编）、《中印文化交流》（王树英编）、《中国文化与东方文化》（刘建编）、《东西文化比较》（张光璘编）、《比较文学与民间文学》（薛克翘编）、《学海泛槎——学术回忆录》（薛克翘编）、《回忆中国学人及文化问题新思考》（张光璘编）、《序跋集》（王树英编）。选集所选内容基本涵盖了季先生学术研究的各个领域，所选论文皆为季先生在各学术领域中的代表作。

我们怀着敬仰和缅怀的心情编选这套选集，尽管我们殚精竭虑、费尽心力地收集、编选季羡林先生的文章，但仍难免有遗漏或不当之处，殷切希望得到读者的指教和帮助。

季羡林学术著作选集编辑委员会

2013 年 1 月

目　　录

中印文化交流源远流长

中国和印度是数千年的友好邻邦。我们两国之间的文化交流，丰富了精神文明和物质文明。即使在今天，两国的二十亿人民，也还在享用着这种交流带来的好处。在人类历史上很难再找到类似的例子，我们两国应当为此自豪。小的矛盾和分歧的存在是不可避免的，任何人都不应当对此大惊小怪。这只是天空中的一片乌云，遮不住中印友谊的灿烂阳光。

我记得我在 1978 年受到德里大学艺术系师生热情欢迎的那一时刻。全系都沉浸在节日的气氛中。欢迎仪式就在礼堂举行。谭中教授坐在主席台上的人群中。系主任拉古尼·科塔里（Rajni Kothari）在欢迎辞中说，在中华人民共和国成立之前，是中国向印度学习。1949 年之后，是印度向中国学习。他将这种现象说成是"单向交通"（one way traffic）。我们的印度朋友如此高度评价中华人民共和国，令人感到欣慰。然而，我愿意指出，根据历史事实，中印之间的互相学习一直是双向交通，从来就不是单向的事。

那么，误解是怎样发生的呢？窃以为有两个原因：

1. 一个强大的宗教从印度传入中国，而不是相反；

2. 一直研究这一课题的学者们没有作深入透彻的研究。

先谈第一点。起源于印度尼泊尔的佛教，征服了各种各样的国家和地区，主要是以其深刻的教义征服所到之地的人心。佛教发展成为世界三大宗教之一，其影响甚至在今天仍然十分强大。

佛教于公元前后传入中国后，也由于同样的原因站稳了脚跟，并逐渐扩大其影响，不但在群众中流行开来，而且深深地渗透到中国传统思想的核心之中。如果不是佛教传入中国，中国哲学的发展将会迥然不同，这一点我们很难想象。随着佛教在中国的传播，博大精深的印度哲学、文学和艺术等也随之传入进来。所以，印度文化对中国的影响，成了一个家喻户晓的现象，十分突出，令人难以忽视。中国没有如此强大的宗教。不错，道教曾经传入印度，但由于种种原因，没有留下任何痕迹。这种情况就造成了一种印象，似乎中印之间的文化交流是一边倒。

现在谈第二点。这一点，我在上面的论述中已经触及。两国的学者们，常常把注意力集中于探寻印度对中国的影响，而忽视另一方面。在过去的几年间，我在这方面做了一点工作，产生了一些结果。我的意图与狭隘的爱国主义决然无关。我仅仅意在找到历史真相。空言无益，还是让我举一个很小但却具体的例子来说明这一点。

我这里指的是砂糖的制造。中国在古代就有甘蔗。在楚辞中就有“柘浆”一词，意思是“甘蔗之汁”。这个词在汉代还存在。我们可以看出，人们仅仅懂得饮蔗汁，但却不懂怎样从蔗中制糖。“糖”字在中国出现得很晚。在《说文解字》（公元100年由许慎编纂的中国第一部字典）中就找不到。这个字出现在《新附》中。这表明，很可能在南北朝时期，中国已经开始通过熬蔗汁制糖。一开始，工艺很粗糙。我们从《新唐书》卷二二一（上）中得知对摩揭陀的如下记述：

> 贞观二十一年（647年），始遣使者自通于天子，献

波罗树，树类白杨。太宗遣使取熬糖法，即诏扬州上诸蔗，柞渖如其剂，色味愈西域远甚。

这一记述证实，中国从印度学习了制糖。然而，这种情况在一千多年过去之后发生了变化。我这样说有什么根据呢？我们有语言学和历史学方面的证据。在某些印度语言中，如在印地语、孟加拉语以及其他若干俗语中，“cini”一词意思是“白砂糖”。“cini”的字面意思是“中国的”。这就引发我们思考印度的“白砂糖”被叫做“cini”的原因。从词源学的观点看，人们只能说印度制白砂糖的技术，是在某时某地从中国学来的。然而，L·史密斯先生在一篇名为《中国糖：论印地语 cini（糖）一词的来源》的文章中，断然否认这样的事情曾经发生过。他的看法是自相矛盾的，缺乏令人信服的论据[1]。我写了一篇题为《cini 问题》的文章，旨在驳斥史密斯先生的论调[2]。在仔细研究有关证据之后，我得出关于制白砂糖的技术是从中国传到印度的这一结论。这一技术的传入地点是东印度，是经海路传入的。即使全靠语言学证据也能证明这一点。在西印度的俗语中，“糖”一词来自梵语词“Śakara”，意思是不曾精炼过的深褐色糖。在唐代，中国人称之为“石蜜”。“cini”一词及其异体，现在还流行于中印度、东印度及尼泊尔。根据我的研究，这一技术传入印度的时间应当在明末清初，约在十六、十七世纪。欲知详情，请参看上面提到的我的那篇文章。

我过去一直确信我的证据，但又对其不够满意。由于缺乏文献证据，这个问题曾长期萦绕在我的脑际。去年下半年，我正在撰写《糖史》一书中的“明代白砂糖的制作与甘蔗种植”一章，偶然发现了《明史》卷三二六中记载的有关“榜葛剌”的如下字句：

> 官司上下，亦有行移。医卜、阴阳、百工、技艺，悉如中国，盖皆前世所流入也。

在阅读这些字句时，我感到一种狂喜。这不正是我一直在寻找的文献证据吗？所谓“百工、技艺，悉如中国”，很可能包括制白砂糖的技术。恰好，地点是孟加拉，时间是明代，这就绝对证实了我的发现。这是中国影响印度的一个例子。如果我们不研究，如果我们没有刨根问底的精神，我们永远也不会有任何发现。我以前说过，我们两国学者的研究还不够透彻。这个发现，证明我的意见是对的。

白砂糖的制作只是一个微观层次的例子。一定还有许多类似的例子，也有宏观层次的例子。中国和印度的学者应当勤奋工作，以便一个又一个地发现这样的例子，只有到那时，中印文化交流的内容才能繁花似锦，两国人民的传统友谊才能得到加强。在《论语》“泰伯”章中有一句名言：“士不可以不弘毅，任重而道远。”我们大家应从这句名言获取教益。

愿从事中印文化交流史研究的学者们弘毅！

注释：

1 Smith，“*Chinese Sugar：On the orgin of Hindi cini*（*sugar*）”，参见 *lndologiea Tanrinensia*，*officialorgan of the International Association of Sanskrit Studies*，Vol. Ⅻ，1984，Edizioni Jollygrafiea Torino（意大利）。

2 《社会科学战线》1987 年第 2 期。

中国纸和造纸法输入印度的时间和地点问题

纸是中国人民最伟大的发明之一。它的发明对人类文化传播与推动所起的作用是不可计量的[1]。在中国，有了纸，才有印刷术的发明；有了纸，才能大量地钞书藏书印书，书籍才能流通，文化才能传播；有了纸，在世界艺术史上大放异彩的中国绘画才能得到蓬蓬勃勃的发展。纸对世界文化的贡献也是同样大的。传到欧洲，就助成了世界历史上有名的文艺复兴和宗教改革，促进了社会的进化[2]。这一点连欧美资产阶级抱着根深蒂固的成见的学者也不能不承认。这些学者一向是努力抹杀中国古代伟大的发明的，抹杀中国人对世界文化的伟大贡献的，譬如对罗盘针、火药和印刷术的发明，他们都竭力加以曲解，不惜歪曲历史事实，把发明的光荣从中国人手中夺走硬扣到自己头上。独独对于纸的发明，即使他再不甘心，却也不能不在事实面前低头[3]。

汉和帝元兴元年（105 年）蔡伦[4] 发明了以树皮、麻头、破布和渔网造纸的方法以后，很快就在中国传播起来。以后逐渐传到现在的新疆，从新疆传到阿拉伯，又从阿拉伯传到非洲北部、西班牙，更从非洲北部、西班牙传到欧洲的意、法、德、奥、瑞士、英、荷等国，终于传遍了全世界。中国纸和造纸法的传布史是一个极大而又极有意义的题目。我在这里只想从这个大题目里选出一个比较小的题目来，谈一下中国纸和造纸法是在什么时候从什么地方传入印度的问题，一个过去很少有人注意的问题[5]。目的在给中印两个伟大民族的文化交流再多提供一些事实，把中印关系史上这个重要的空白填补起来。

印度古代的书写资料

印度古代是没有纸的。中国在发明纸以前是用丝和竹板等作书的。印度有时候也用木板和竹片，但不像在中国这样普遍。他们常用白桦树皮，梵文叫做 bhūrja（Baetula Bhojpattr），喜马拉雅山下有极大的桦树林，所以在很早的时候，印度人就知道用这种东西，亚历山大侵入印度时，他们已经用了。在梵文古典著作里常遇到 bhūrja 这个字。这种树皮有时候就干脆叫做 lekhana，lekhana 最初是书写资料的意思，纸输入后，也用这个字来称呼纸。可见桦树皮应用之广。十一世纪游历印度的阿拉伯旅行家贝鲁尼（Alberuni）在他的游记里提到这种树皮。他说，在中印度和北印度，人们取长一码宽约五指的一块 bhūrja 皮，加油磨光，磨得硬而滑，然后就在上面写字[6]。这种做法大概源于印度西北部，传到东部和西部。在中亚细亚发现的所谓包威尔写本（Bowcr-MSS）是用白桦树皮写成的。现在伦敦、牛津、浦那、维也纳、柏林等地的图书馆里都藏有大量的桦树皮写本。

其次是用压得发亮的棉织品，间或也用皮子和羊皮。利用金属的也有。比较普通的是铁板和铜板（tāmrapata，tāmrapattra，tāmraśāsana）。法显《佛国记》：

> 自佛般泥洹后，诸国王、长者、居士为众僧起精舍，

供给田宅、园圃、民户、牛犊。铁券书录，后王王相传，无敢废者，至今不绝[7]。

然后割给民户田宅，书以铁券。自是已后，代代相承，无敢废易[8]。

《大唐大慈恩寺三藏法师传》卷二：

（迦腻色迦）王以赤铜为鍱，镂写论文，石封函记，建大窣堵波而储其中。

也有用铜板刻镂文学作品的。用金银的比较少。宋《高僧传》卷二，《善无畏传》：

复锻金如贝叶，写《大般若经》[9]。

正如在中国一样，石头也有时用来刻字。

但是最常用的还是一种树叶。这是一种大叶棕榈树，tāḍa-tāla（Borassus flabelliformis）或 tāḍi-tāli（Corypha umbraculifera, C. taliera）。贝鲁尼在他的游记里说：

在印度南部有一种细长的像枣树和椰子树一样的树，结实可吃，叶长一码，有并排起来的三个手指头那样宽。这种树的叶子叫做 tāri（tāla 或 tāṛ），就在上面写字[10]。

tāla，中国旧译“多罗”。《翻译名义集》卷三：

多罗，旧名贝多，此翻岸。形如此方棕榈，直而且高。极高长八九十尺。华如黄米子。有人云：一多罗树高七仞。七尺曰仞，是则树高四十九尺。《西域记》云：南印建那补罗国北不远有多罗树林，三十余里。其叶长广，其色光润。诸国书写，莫不采用[11]。

“多罗”既然是 tāla 的音译，那么为什么又说：“旧名贝多”呢？原来这里面有一个误解。“贝多”是“贝多罗”的缩写，就是梵文 pattra 或 patra 的音译（巴利文是 patta）。本来的意思是叶子。在《摩诃婆罗多》（*Mahābhārata*）、《摩奴法典》（*Manusmṛti*）等书里都是这个意思。在比较晚出的著作里，像诗圣迦梨陀娑的《沙恭达罗》[12]，《五卷书》（*Pañcatantra*）等，才逐渐有了专门作为书写用的树叶子的意思。随着佛教的输入，这个字也传到中国来，就是大家都知道的“贝”叶。“多罗”和“贝多罗”在原文里区别固然很大，但是在中文里却只有一字之差。两个词的含义又差不多完全一样，所以一般不懂梵文的和尚就把两者混了起来。还有人更进一步加以曲解说，“贝”是叶子的意思，多罗树的叶子就叫做“贝多罗”，完全是无稽之谈。

印度古代，正如中国古代一样，读书多半是师弟口传。但是中国发明了纸以后，可以大量钞书，这种风气就逐渐减少。印度却一直维持下来。法显《佛国记》：

法显本求戒律，而北天竺诸国皆师师口传，无本可写[13]。

亦皆师师口相传授，不书之于文字[14]。

唐义净《南海寄归内法传》卷四：

咸悉口相传授，而不书之于纸叶[15]。

可见这种风气维持之久。间或也有写下来的，但是数量极少。在这极少的数量中，贝叶占绝大部分，特别是佛教经典更几乎全为贝叶所垄断。据《大唐大慈恩寺三藏法师传》卷三的记载，佛教徒第一次集成的佛经就是“书之贝叶”的[16]。以后中国和尚到印度去取来的佛经，印度和尚送到中国来的佛经，几乎都是贝叶经：

唐道宣《续高僧传》卷一《菩提流支传》：

三藏法师流支房内经论梵本可有万夹[17]。

《真谛传》：

余有未译梵本书并多罗树叶，凡有二百四十夹[18]。

卷二《那连提黎耶舍传》：

三藏殿内梵本千有余夹[19]。

《彦琮传》：

新平林邑所获佛经，合五百六十四夹，一千三百五十余部，并昆仑书，多梨树叶[20]。

卷四《玄奘传》：

贝叶灵文，咸归删府[21]。

宋《高僧传》卷二《无极高传》：

永徽三年壬子岁正月，自西印度赍梵夹来届长安[22]。

《地婆呵罗传》：

仪凤四年五月表请翻度所赍经夹[23]。

此外在宋《高僧传》卷三《莲华传》、《般若传》、《悟空传》、《满月传》；卷五《贤首传》、《良贲传》、《澄观传》，还有在许多其他的僧传里，都说到梵夹或贝叶，可见佛徒应用贝叶之广。

其他东西也有用贝叶写的。《旧唐书》卷一九八《西戎传》，天竺国：

其人皆学悉昙章，云是梵天法。书于贝多树叶以纪事[24]。

罽宾国：

开元七年遣使来朝，进天文经一夹。

到了宋朝，这种情形并没有改变。《宋史》卷四九〇《外国列传》，天竺国：

乾德三年（965年）沧州僧道圆自西域还，得佛舍利一水晶器，贝叶梵经四十夹来献。

范成大《吴船录》：

乾德二年（964年）诏沙门三百人入天竺求舍利及贝多叶书。

印度在十一世纪以后，才有纸写的典籍。在这以前，即使有，也是非常少的。同时，在中国本土，在新疆一带，纸早已流传。根据贝叶经译出的佛典都是用纸来钞写。我们计算经的多少也是用卷。“若依陈纸翻之，则列二万余卷。”（唐道宣《续高僧传·真谛传》）悟空《入竺记》里也说：“译成三纸半以为一卷。”[25]宋《高僧传》卷五《玄逸传》说：“考其大小乘经律论并东西土贤圣集，共一千八百部，以蒲州共城二邑纸书。”[26]此外，还有在敦煌石室里发现的大量的唐人写经。这都足以证明中国在唐以前纸在佛经方面的应用。

一边是用书写极不方便携带也不方便的树皮、树叶，一边是用书写携带都方便的纸。纸就是在这种情况下由中国传入印度的。

纸在古代西北一带传播的情形

中国纸和造纸法究竟是在什么时候通过什么地方传入印度的呢？中国同印度交通在最早的时候是由陆路进行的，这从印度早期传入中国的许多借字就可以看出来，这些字不是直接由梵文或其他印度俗语而是间接经过中亚古代语言的媒介才传到中国来的。所谓陆路主要就是现在的西北一带，特别是新疆，也就是当时的所谓西域。中国纸和造纸法一定是先由内地传到新疆，然后再由新疆传到印度去的。

我们先看一看在蔡伦发明造纸法（105 年）前后的中国内地和新疆交通的情形。公元前 138 年汉武帝派张骞出使西域，中国内地和西域的关系就进入一个新阶段。张骞联合月氏的目的虽然没有达到，但是却引起了中国势力的向西方扩展。好大喜功的汉武帝屡次用兵西域，中国的版图扩大了，东西交通也因而加强。中国的物品，特别是丝织物，大量输入欧洲；西方的出产品，特别是伊朗一带的物品，也源源输入中国。这可以说是东西交通最活跃的时代。到了西汉末叶哀平之际（公元前 6 年至公元 5 年），中国国内政局不安，西汉初期统治者剥削阶级积累起来的财富，由于对外战争，扩大疆域，差不多消耗净尽了。王莽篡位，实行新法，不但没能解决社会问题，反而使它激化。于是西域怨叛，

"自相分割为五十五国"（《后汉书·西域传》）。中西交通就暂时中断了。到了东汉初年，经过了短期的休养生息，统治阶级稍稍有了些余力，于是又想到对外战争。"十六年（73年），明帝乃命将帅北征匈奴，取伊吾卢地，置宜禾都尉以屯田，遂通西域。于阗诸国皆遣子入侍。西域自绝六十五载，乃复通焉。"（《后汉书·西域传》）中国历史上有名的班超就在这时候开始他的活动。他在西域活动了很多年，和帝永元三年（91年）定西域，他成了西域都护，居龟兹。永元六年（94年）他又击破焉耆，"于是五十余国悉纳质内属"（《后汉书》卷七十七[27]《班超传》，又见《西域传》）。永元十四年（102年）八月他回到洛阳，九月卒。他几十年活动的结果，"其条支、安息诸国至于海濒四万里外皆重译贡献"（《后汉书·西域传》）。他死后，他的儿子班勇承继了他的事业。汉家的号令通行于西域近百年。

造纸法的发明人蔡伦正与班超同时。《后汉书》卷一百八[28]《宦者列传·蔡伦传》说："建初（汉章帝年号）中（76—84年）为小黄门，及和帝即位（87年）转中常侍，豫参帷幄。"他于元兴元年（105年）奏上造纸法，正是班超死后的第三年。这时正是中国内地和西域交通畅达的时候。中国派到西域去的使者"相望于道"，西域各国的使者，甚至西域各国以外的使者"重译贡献"。东西文化交光互影。像纸这样伟大的发明当然会随着这些使者和商人向西域传布的。

十九世纪末二十世纪初，很多资本主义国家都派人到中国新疆来"探险"[29]。这些所谓"探险家"，所谓"学者"差不多都是挂羊头卖狗肉，别有用心。他们测绘地图，为帝国主义的侵略政策服务；盗窃我国珍贵文物，运到外国去名利双收。他们到中国来“探险”的结果就是，中国的珍本古籍大量地陈列在伦敦、巴黎、柏林、波士顿等地的图书馆和博物馆里。这些人中间最著名的是：英国的斯坦因（M. A. Stein），法国的伯希和（P. Pelliot），德国的勒考克（A. von Le Coq）和格林威德尔（A. Grünwedel），瑞典的斯文赫定（Sven Hedin）。他们都不止一次地到过新疆，足迹遍新疆各地，偷走了不少的东西。1927 年我们也组织过一次西北科学考察团到过新疆一带。以上这些团体或个人在新疆许多地方都发掘过，他们掘出了大量的木简、残卷以及其他文物。残卷有的是用纸写的。纸的种类不同，写成的时代也不同。归纳起来，加以排比研究，对中国纸传入西域的情况和分布的情况，可以得到一个大概的轮廓。现在我就在下面按地域来谈一谈。

二十世纪初，斯坦因在这一带探险，找到一种织得很细致的淡黄色的布料子，经哈瑙塞克（Dr. Hanausek）的化验分析，发现里面含有桑科植物（Moracea）的树皮纤维，很可能就是构树（Broussenetia papyrifera），这是中国和日本常用的造纸原料。就发现的地方来看，可以断定是公元前一世纪的东西。这是一件有极重大意义的事情。蔡伦于 105 年发明造纸法，在他以前一百多年已经有了利用桑树皮织布的办法。可见他的发明不是从天上掉下来的，也是有所师承的[30]。

此外，斯坦因还在古长城的一座烽燧的屋子里找到几封用粟特文写在纸上的信，以及其他残纸。根据种种理由可以断定，这些纸是二世纪中叶的。上距蔡伦发明造纸法才四五十年，比斯文赫定以前在楼兰发现的纸大约还要早五十年，可以说是现在发现的世界上比较古的纸，斯坦因于1910年，把纸样子送到维也纳去给著名的植物生理学家维斯那教授（Prof. von Wiesner）去化验。化验的结果证明，这些纸都是用破布褴褛制成的。先把褴褛捣成浆，然后用来造纸。用显微镜可以清晰地看出植物的纤维，这些无疑就是中国麻（Boehmeria nivea）的纤维。其中有一块纸就是用眼睛也可以看出纺织的痕迹，线是纵横交错地织在一起的。维斯那教授认为这块纸代表造纸法的一个更原始的阶段，是把薄麻织物改造成纸的一个初次的尝试[31]。

这个结论看起来很平凡，但实际上却有非常重大的意义：它给世界造纸史解决了一个极重要的问题。原来欧洲人对造纸法发明的历史有过极不正确的看法。从马哥·孛罗起，他们就认为纸是由阿拉伯人传到欧洲去的；但是传进去的是棉造纸，通用的褴褛纸却是十四世纪末德国人或意大利人的发明。这种说法一直维持到十九世纪末年，风行于当时的知识界，不管是通行的百科全书也好，著名的学者也好，大家都这样想。1884年以后，维斯那教授和喀拉巴差克教授（Prof. J. J. Karabacek）共同研究埃及纸，证明阿拉伯人最初造纸就用的是褴褛、麻布，而不用生棉。于是他们就修正传统的说法，认为褴褛纸是八世纪撒马尔罕的阿拉伯人发明的，流传到埃及，然后传入欧洲。1901年以后，斯坦因在罗布诺尔发现了魏晋公牍残纸。经过维斯那教授的化验，发现这些纸虽然是桑皮造成的，但是里面已经掺杂了褴褛。于是他又把自己的学说修正了一下：第一个用褴褛造纸的不是阿拉伯人，但是纯粹用褴褛造纸的却仍是他们。一直到1906年斯坦因在古长城的烽燧中发现了这些用粟特文写在纸上的信，褴褛纸发明的真相才大白于世。原来发明的人既不是什么欧洲的德国人或意大利人，也不是撒马尔罕的阿拉伯人，而是中国的人民，集大成的就是蔡伦。《后汉书·宦者列传·蔡伦传》里记述的用树皮、麻头、破布、渔网造纸的方法完完全全合乎事实，没有一个字是不真实的[32]。

在这里还有两件事情值得我们注意。一件就是在这里发现的纸写的残卷数量异常的少。发现了上千的木简，但是发现的残纸只有三件。从这里也可以看出这地方废弃之早。楼兰的废弃大概迟两百年。在那里发现的纸与其他物品的比例是二比十，纸占百分之二十，比这里就多得多了。这充分表示出纸逐渐推广的情形。时代愈晚，用纸愈多，这就是纸逐渐传布的规律。第二件值得我们注意的事情是中国纸上写的是外国字：粟特文。蔡伦发明造纸法才四五十年，而外国人竟然就已经采用了中国纸，这件事怎样解释呢？当时粟特、康国一带的人民是古代著名的国际商人[33]。《魏书》卷一〇二《西域传》粟特国："其国商人先多诣凉土贩货，及克姑臧，悉见虏。高宗初，粟特王遣使请赎之，诏听焉。"[34]《隋书》卷八三《西域传》康国："善于商贾，诸夷交易，多凑其国。"《新唐书》卷二二一《西域传》下康国："善商贾，好利。丈夫年二十去傍国，利所在无不至。"居住这一带的人民辗转贸易的情形可见一斑。他们首先采用中国纸，也就不足怪了。从这里也可以看出，中国纸和旧日的书写资料比起来，优越性一定是非常突出的，所以这些来往各国见闻极广的粟特人一接触到它，立刻就采用起来[35]。

斯坦因还在敦煌找到三张汉代纸写的残卷[36]。只残留下几个字，似乎是书信的样子。可以断定是公元后二世纪写成的。也是现存的最古的纸。此外他还找到一些唐代的纸写的残卷[37]。他在敦煌石室里发现了很多纸写卷子，时代不同，文字也不同，里面也有用中国纸写的印度 pothi 式的和阗文残卷。但是敦煌石室是古代的图书馆，在这里面发现的东西不代表什么地域性。

楼兰是汉代古城，当时在西域曾占重要地位。约在公元四世纪废弃，到现在已经有一千六百多年了。1900 年这座古城的废墟又在新疆沙漠里被发现出来。在这废墟里斯文赫定发现了许多纸，粗的，灰色的，网似的，一直到最精细的微黄的信纸，各色各样的都有。书写的内容也各不相同，有公文、公牍，有私人贸易函件。这些函件也有写明日期的，像“正月二十日”、“三月十四日”、“三月二十三日”等，但没有年号，不能断定是哪一年写的。只有极少数有年号的：

嘉平四年（252 年）三月

咸熙二年（265 年）十一月

永嘉四年（310 年）八月十九日

永嘉四年十月十二日

同时发现的木简，有年号的比较多一点：泰始二年（266 年）、泰始四年（268年）、泰始五年（269年）、泰始六年（270年）、咸熙三年（266年）、咸熙五年（268年）都有。把纸上写的年号和木简上写的一比较，就可以看出，纸跟木简是同时并用的。纸和木简的比例比二百多年前的甘肃西部已经高得多了。但是木简仍占多数，所以我们可以断定，三四世纪时在楼兰纸的应用还没有占优势[38]。

在楼兰废墟里发现的纸写本中最值得注意的是《战国策》残卷，是用汉代隶书写的，可能是二世纪写成的。比起上面谈到的那几封粟特文的信可能晚四五十年。但也算是世界最古的纸之一了[39]。

后来斯坦因在罗布诺尔北面找到了一些纸写的残卷，时代跟在楼兰发现的相同。写出的年号是：

泰始六年（270年）

永嘉六年（312年）三月二十一日

永嘉六年二月十五日[40]

都是属于晋代的。

吐鲁番主要是德国吐鲁番探险队的探测的目的地。二十世纪初年，格林威德尔和勒考克去过好几次。日本的橘瑞超和野村荣三郎也到过。他们在这里找到许多古代珍贵的文物，其中也有许多纸写本的残卷。一般说起来，这里发现的古纸，在年代的古老上，比不上敦煌和楼兰一带发现的。普鲁士吐鲁番探险队在这里找到的最古的纸是晋安帝隆安三年（399 年）的。日本考古学家在这里找到西晋元康六年（296 年）写的《诸佛要集经》卷下。

从这些纸写本的残卷里可以看出两个特点。第一，在这里纸的应用范围比以前更扩大了。由于时代较晚，这也是必然的现象。吐鲁番是东方来的纸和西方南方来的文化碰头的地方。许许多多的外国文字都用中国纸来写。其中有维吾尔文、蒙古文、吐火罗文、摩尼教应用的波斯文和粟特文等；此外，还有希腊文。波斯文写的耶稣教圣经的赞美歌，据估计可能是 450 年左右写成的。采用中国纸的宗教有佛教、摩尼教和耶稣教。真可谓洋洋大观了。我们可以看到，在五世纪以后，外国人采用中国纸已经到了什么程度了。中国西北科学考察团在高昌、交河二城中发现了许多维吾尔文残卷[41]，也可以证明这一点。

另一个特点就是，在这里发现了大量的汉文典籍的钞本。汉语文献发现的地点当然不限于吐鲁番、高昌，但是比较起来，这里发现的似乎更多一些。在吐峪沟发现了许多汉译佛典钞本残卷。西晋元康六年（296 年）写的《诸佛要集经》，上面已经谈到。此外还有西晋写的《道行般若经》卷九的断片和其他从西晋到唐代的佛经断片。汉语著作的断片也不少，其中有六朝钞本旧注《孙子》（《谋攻形篇》）、唐钞本《论语孔氏传》（《子路宪问》）、唐钞《春秋左氏传》、唐钞《针经》、唐钞《神农本草》、唐钞《千字文》、唐钞《诗经》、唐钞《初学记》、唐钞《神仙传》、唐钞《论语》孔氏本郑玄注、唐钞《唐韵》、唐钞隋唐人诗。此外还有唐代文书断片。在喀喇和卓也发现许多六朝和唐钞本的汉译佛经[42]。为什么有这样多汉文典籍呢？《北史》卷九七《西域传》：“国有八城，皆有华人。”可见两晋、南北朝时这里居住的华人之多。《西域传》又说：“文字亦同华夏，兼用胡书。有《毛诗》、《论语》、《孝经》置学官，弟子以相教授。虽习读之，而皆为胡语。”可见汉文化渗入之深。那么有这样多的汉文典籍，也就不足怪了。

在这里找到的主要是吐火罗文 A（焉耆文）和吐火罗文 B（龟兹文）的残卷[43]。另外还有梵文残卷[44]。焉耆就是玄奘《大唐西域记》里的阿耆尼国。玄奘说：“文字取则印度，微有增损。”现在发掘出来的纸写本残卷完全可以证实这一说法。

库车就是汉代的龟兹国，玄奘《大唐西域记》里的屈支国。关于这里的文字，玄奘说：“文字取则印度，粗有改变。”这观察也是正确的。在这里只找到了龟兹文纸写残卷，而没找到焉耆文的[45]。此外就是许多汉译佛典残卷，其中有西凉建初七年（411年）写的《妙法莲华经》，六朝写的《妙法莲华经》，六朝写的《般若经四摄品》，六朝写的《金光明经》，六朝写的《摩呵般若波罗蜜经》等[46]。

在这里找到了龟兹文纸写本残卷。

一个姓威伯（F. Weber）的牧师从一个阿富汗商人那里购得一些纸写本残卷，据说是在叶尔羌城南六十英里一个地方找到的。这些残卷可以分为两部分：一部分是印度的，是用西北部的笈多字体写的；一部分是中亚的，是用中亚的天城体写的。写成的时间约公元500年以后[47]。

斯坦因在和阗废墟里发现了许多写在纸上的古和阗语残卷。最初只知道字母是印度的草体波罗谜，和以前 Hoernle 收集的在和阗买到的残卷完全相同。但是还不知道是什么语言。经过以后不断的研究才确定是古和阗语[48]。这些残卷是什么时候写成的呢？Hoernle 从字体上估计，大约是八世纪。斯坦因在同一个地方发现的写明日期的中文残卷证实了这个估计。一个中文残卷是用薄纸写的，内容是一件申请书，索还一头驴子，日期是唐大历十六年（781年）二月六日。

此外，斯坦因还找到一些梵文残卷。这些残卷写成的时代不会晚于七世纪。在安得悦（Endere），他找到了西藏文残卷，样子是印度 Pothi，纸是黄色的，很粗，内容是《佛说稻秆经》（*Śālistambasūttra*）。写成的时代大约是八世纪末叶。这是现存的最古的西藏文残卷。经维斯那教授化验，这种纸完全是瑞香科植物（Thymelaeaceae）的浸软了的生纤维造成的，可能是像 Daphne Papyracea（瑞香科的一种植物）一类的植物。现在尼泊尔造纸还用这种东西。新疆不生长这种植物。所以这残卷大约不是在和阗本地写的，而是由西藏输入的。这种纸不像在新疆其他地方找到的纸一样，面上没有涂上一层淀粉的胶质，而是厚厚地抹上了一层没有提炼过的大米的淀粉[49]。

斯坦因在和阗河左岸马扎尔塔格（Mazār-Tāgh）找到一个寺院的账簿，里面记载着买纸的情形：

> No. 969，L. 20[50]：出钱陆拾文，买纸一帖，供文历用。
>
> No. 970，L. 14：出钱壹佰贰拾文，买纸两帖，帖别卅五文，笔两管，管别一十五文，抄文历用。
>
> No. 971，L. 7：出钱壹佰文，买纸两帖，帖别五十文，供文历用。
>
> No. 971，L. 9：十四日，出钱壹佰文，买白纸两帖，帖别五十文，糊灯笼卅八个，并补贴灯面用，出钱贰佰玖拾伍文。

这都是很有趣的记载。从这里我们可以看到，唐代纸的生产量已经很大，并不是什么贵重的东西了。

研究纸在古代西域传播的情形是一件异常复杂困难的工作。我上面只是根据现有的在考古方面获得的资料写出了一个大体的轮廓。从这个轮廓里我们可以看出以下几点：

第一，蔡伦发明造纸法以后不久，中国纸就传播到当时的西域；

第二，纸到了西域，就为外国人所采用；

第三，靠近交通要道的城市都传到了；

第四，纸向西方传播的过程就是和以前那些古旧不方便的书写资料如木简等斗争的过程，也就是纸获得胜利的过程，时代愈晚，纸占的比例愈大。

中国纸和造纸法传入阿拉伯和波斯的情形

根据最流行的说法，纸不是直接从中国传入印度的，而是经过伊斯兰教徒的中介，时间大约在八九世纪以后，所以我们在这里也有必要极简略地谈一谈中国纸传入阿拉伯的经过。又因为有些地方不可避免地要牵涉到波斯，所以中国纸传入波斯的情形也附带提到。

中国的纸和造纸法不是同时传入阿拉伯的。650—651 年、707 年中国纸就已经传入撒马尔罕，造纸法的传入要晚一点。《新唐书》卷五《玄宗本纪》：

(天宝十载）七月，高仙芝及大食战于怛逻斯城，败绩。

《新唐书》卷一三五《高仙芝传》：

(天宝）九载，讨石国，其王车鼻施约降。仙芝为俘献阙下，斩之。由是西域不服。其王子走大食乞兵，攻仙芝于怛逻斯城，以直其冤。

天宝十载（751 年）的怛逻斯之战还见于《旧唐书》卷一〇

九《李嗣业传》、卷一二八《段秀实传》、《新唐书》卷一三八《李嗣业传》、卷二二一下《西域传·石国传》等。但是记述都非常简略，看不出什么问题。实际上这次战役的影响是异常重大的。中国造纸法的西传就和这次战役有关[51]。

有一个叫杜环的人在这次战役被俘，到了大食，回国后写了一部书，叫做《经行记》。《通典》卷一九三《大食传》下引杜环《经行记》，杜环到了大食，在那里看到：

> 绫绢机杼金银匠、画匠。汉匠起作画者，京兆人樊淑、刘泚。织络者，河东人乐𬮱、吕礼。

这些作画的和织络的汉匠是否也是在这次战役中被俘的，他没有说明。他也没有说到被俘的造纸工人。但是根据阿拉伯方面的记载，在被俘的中国士兵里面有造纸工人。贝鲁尼说：

> 初次制造纸是在中国。
>
> 中国的战俘把造纸法输入撒马尔罕。从那以后，许多地方都造起纸来，以满足当时存在着的需要[52]。

这些造纸工人把自己的技术传授给阿拉伯人，从撒马尔罕向外传播，随着阿拉伯势力的扩张，愈传愈远，传到报达，传到达马司库斯，传到开罗，传到摩洛哥，终于传遍全欧洲，传遍全世界。

许多中世纪的阿拉伯旅行家和地理学者都在他们的著作里谈

到中国的纸。例如九世纪阿拉伯地理学者苏莱曼（Sulayman）说："中国人大便后不是用水来洗，而是用纸擦。"[53]我们上面已经谈到，唐代纸的生产量已经很大，价格不贵。现在又得到一个证明。

阿拉伯文纸叫做 Waraq，本来是叶子的意思。这说明，以前阿拉伯人大概也用过树叶子一类的东西做书写资料。中国纸输入后，这个字就用来表示这种新东西。另外还有几个外来字，也都是"纸"的意思。一个是 qirtās 或 qartas，是从希腊文借来的。另一个是 kāghad，这也是外来字，来源下面再谈。

在波斯文里纸也叫做 kāghaz 或 kāghiz。中国和波斯，也和阿拉伯、印度一样，有极悠久的文化交流的历史。许多东西从波斯传到中国来，也有许多东西从中国传到波斯去，像丝、茶、桃、杏等都是。纸也是其中之一，而且可以说是其中最重要的。有的东西带着原有的名字出国，到了波斯，并没有改名换姓，像茶(čāi)、钞（čāū）等。有的东西一出国就改名换姓。纸是属于哪一类呢？夏德（F. Hirth）认为波斯文的 kāghaz 或 kāghiz 是一个从中国借过去的字，就是中文"谷纸"两个字的对音。有的人赞成这说法，有的人反对[54]。但是这说法是很难成立的。

造纸法传入波斯大概也与怛逻斯战役有关。造纸业在波斯后来就发达起来。林则徐译，欧罗巴人原著，魏源重辑的《西南洋西印度巴社国》(《波斯国》)：

> 产米、麦、盐、丝发、五采地毡、羊毛、绸缎、瓷器、纸、皮、宝石、铜、铁[55]。

纸竟成为波斯的名产了。

此外，中国的纸还用另外一种形式传到伊斯兰文化领域里去，波斯也包括在内：用纸币的形式，这就是旧日所谓“钞”，波斯文把这个中国字借了过去[56]。纸币又是中国人一件伟大的发明。我们最晚在九世纪就已经有了纸币[57]。

马哥·孛罗在他的游记里说：

> 他（大汗）要他们去拿一种树皮，就是桑树的皮。它的叶子可以喂蚕——这种树是这样多，许多地方都生满了这种树。他们拿的是介乎木头与表面粗皮之间的白色的皮。他们把这个制成一张张纸似的东西，只是颜色黑。作好之后，把它切成大小不同的块[58]。

就用这个来印制宝钞。伊本·白图泰（Ibn Batuta）也谈到中国的宝钞。他说：

> 所有到了这个国家的金银都熔化成块。正如我刚才所说的，买卖都用纸币，大如手掌，上面印着皇帝的玉玺[59]。

马哥·孛罗于十三世纪末来到中国，白图泰于十四世纪来到中国。从他们的记载里可以看出纸币在当时流通的情形。既然在中国这样流通，这些到中国来的旅行家必然把它介绍出去，所以纸币在十三世纪末年就传到了波斯，而且传过去的不仅仅是中国的宝钞，还有印制宝钞的办法。1294 年凯卡图可汗（Kaikhatu Khan）因为挥霍过度，府库空虚，接受伊祖丁·木撒法尔（'Izzuddīn Muzaffar）的建议，发行钞票。形式做法一切都模仿忽必烈，票面上甚至印上中国字，也用中国名字名之曰“钞”（čāū）。设立局所，专管发行钞票的事务。两三天以后，人民大哗，市场混乱，铺子都关了门。伊祖丁·木撒法尔被杀，这一幕悲喜剧就结束了。当时或者稍前一点，马哥·孛罗正在波斯。

中国纸和造纸法传入印度的情形

我们上面已经把纸从中国出发传入印度的可能的道路都概括地追寻了一下。我们看到，蔡伦发明造纸法之后四五十年，也就是在二世纪中叶，中国纸已经到了西域。我们也看到，采用这种新的书写资料的不限于中国人，而且也有不少的外国人，其中可能就有印度人，或者和印度有密切关系的民族，因为在新疆发现的纸写本的残卷里面有梵文，也有古和阗文。古代新疆有留寓的印度人，他们接触到纸，并且采用了它，也是完全可能的。当时印度是属于广义的西域范围以内的，和现在的新疆一带交通颇为方便。我们很难想象，在新疆的印度人，或者与印度人有密切关系的民族，尽管是少数人罢，采用了这种比起旧日那些树皮、树叶一类的东西便利到不知多少倍的纸，而不把它带到印度去。我们也很难想象，为什么一定要等几百年后的伊斯兰教徒才把纸带过去。只是根据以上这些极简单的理由，我们也可以推测到，伊斯兰教徒十二世纪左右才把纸带到印度去的那种流行的说法是不可靠的。纸在这以前一定就到了印度[60]。

而事实也正是这样。

自从东汉末叶朱士行西行求法以后，中国和尚接踵到印度去留学，去求法。他们的主要目的多半是寻求佛经，带回国来翻译。印度古代是没有纸的。那种“师师口相传授”的办法，虽然中国古代也有过，但是后来就逐渐绝迹，中国和尚未必能在短期间内背诵几万伽陀。他们在国内用惯了纸，那些贝叶之流的东西用起来也未必顺手。对他们来说最切实可行的办法就是带了纸去钞录佛典。但是我遍检中国和尚游印的记录，包括法显的《佛国记》，玄奘的《大唐西域记》在内，却没有找到采用中国纸钞录佛经的记载。《大唐大慈恩寺三藏法师传》卷二：“王请开讲，令法师论难，观之甚喜。又承远来慕学，寻读无本，遂给书手二十人令写经论。”但没有说明，用什么东西写，也许是纸，也许是贝叶。唯一的一个例外就是唐代的义净。

在他著的《梵语千字文》里我们找到了“纸”这个字的梵文。关于这部书的真伪是有些争论的。这部书标明是“三藏法师义净撰”[61]，前面有一个短序，最后写着“唐字千鬘圣语竟”。接着有一段“识语”：

> 作阿阇梨多闻三藏法师胜义天之福生母父师和上先行一切有情无上正等正觉精进天写有情利益。

最后附了一个尾巴《梵唐消息》。

此外还有一个别本的《梵语千字文》。沙门敬光曾作译注，附了一个短序：

> 《千文》一书，题曰义净撰，识者非无疑。盖依全真“唐梵文字”而制之，托名净师者也。然有益于初学既已不少，伪也，真也，何亦须言？故更附译注云尔。

写的日期是“安永癸巳（1773 年）初冬望日”。别本最后有“《梵唐消息》终”等字样。

《大正大藏经》的雕藏都鉴不同意敬光这种说法。他在《梵语千字文》后序里[62]说：

> 按斯《千字文》之为义净撰也，无所可疑。《千字文》后序曰：阿阇梨多闻三藏胜义天（Paramārtha-deva）之所作而精进天之所写也。玄奘之梵名为解脱天（Mokṣadeva）或为大乘天（Mahāyāna-deva），胜义天者，盖义净之梵名也。《千字文》之内容亦证之者多多。

接着他举了许多例子。他的结论是：“依之观之，则斯书之为义净撰，岂可疑乎。全真之《梵唐文字》者，依义净《千字文》而制之。”

在《翻经大德兼翰林院待诏光定寺归兹国沙门礼言集》的《梵语杂名》里也有“纸”字的梵文。我现在把这些梵文字写在下面：

《梵语千字文》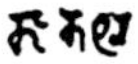（kākali）[63]

附《梵唐消息》（saya）[64]

《梵语千字文》（别本）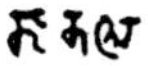（kakali）迦引迦哩[65]

附《梵唐消息》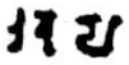（śaya）舍也[66]

《梵语杂名》（kakari）迦迦里[67]

以上五个本子，梵文“纸”字的形式共有四种：

kākali

kakali

kakari

śaya

我们首先要声明，这四种形式虽然见于《梵语千字文》、《梵唐消息》和《梵语杂名》，实际上却不是什么“梵语”，是在任何梵文作品里都找不到的。它们都是外来的借字。

但是究竟是从哪种语言里，在什么时候借来的呢？这个问题和中国纸输入印度的时间和地点有密切的关系，我们应该来研究一下。śaya（舍也）这个字很怪，在我们知道的与中亚细亚有关的语言里找不到类似的字。关于这个字的来源我们目前还不能有什么肯定的意见，现在先不谈。我们在这里先谈其余的三种形式。我们上面已经说到，阿拉伯文纸叫做 kāghad，波斯文叫做 kāghaz 或 kāghiz。只从字形上也可以断定，kākali，kakali，kakari 与阿拉伯字和波斯字是一个来源。在印度，1395 年 12 月 7 日的一个马拉提（Marathi）写本里用了 kāgad 这个字来表示“纸”。在耆那教的著作里也很早就有 kāgada 和 kadgala 这两个表示“纸”的字。1396 年写成的一个 Ṛṣabhadevacarita 钞本里有 kāgad 这个字[68]。在现代印度语言里，印地文“纸”是 patra 和 kagaj̣ 或 kāgad[69]。patra 是梵文，就是上面谈过的“贝叶”。乌尔都文是 kāgaz，泰弥儿文是 kāgidam，马拉亚拉文是 kāyitam，坎拿大文是 kāgada。这些字和 kākali，kakali，kakari 也都是一个来源。它们之间是什么样的关系呢？就时间来说，义净和礼言收到他们的著作里的那几个”梵文”的“纸”字比起以后印度方言里的“纸”字至少要早六七百年，是它们的祖宗。就形式来说，义净和礼言的“纸”字最后一个音节是 – li 或 – ri，而不像后来印度方言里的“纸”字以 – d 或 –j̣ 收声。无论是 l 或 r，d 或 j̣，大概都代表一个印度语言里不存在的辅音。究竟从哪种语言里借的这个字呢？过去有的学者认为，波斯字源于中国，阿拉伯字又源于波斯。这一点我们已经谈到过。有学者认为，这说法不正确，波斯字和阿拉伯字都源于土耳其文，原意是“树皮”。B. Laufer 就这样主张，他从土耳其方言里举出了许多例子[70]。但是这种说法我们也不能同意。在中亚细亚和新疆新发现的古代土耳其文（维吾尔文）残卷里我们找到这个字的更古的形式：kägdä[71]，kagda。这个字可能并不是什么土耳其字，而是从粟特文 kāγδi（k’γdyh）转化成的。我们都知道，粟特文是一种属于伊朗语系的语言，那么，土耳其文起源说也恐怕就很难成立了[72]。

义净于唐高宗咸亨二年（671 年）启程到印度去，于武后证圣元年（695 年）回国，来去都是海路。他接触到这个“梵文”的“纸”字绝不会是在新疆，或中亚细亚一带地方，而是在印度。可见在七世纪末叶印度语言里已经有了“纸”字了。过去一般人都以为伊斯兰教徒于八世纪后进入印度，是他们把纸带到印度去的，kāgaz、kāgad、kāgaj 等字也是在这时候传入印度的。现在看起来，这说法是丝毫也站不住了。

我们还可以再进一步推测，印度既然至迟在七世纪末叶已经有了“纸”字，那么纸这个东西本身也应该至迟在七世纪末叶就已经到了印度。事实上正是这样。证据也是在义净的书里找到的。义净《南海寄归内法传》卷二：

> 其伞可用竹织之，薄如竹簟一重便得，大小随情宽二三尺，顶中复作，拟施其柄。其柄长短量如盖阔。或可薄拂以漆，或可织苇为之，或如藤帽之流，夹纸亦成牢矣。[73]
>
> 必用故纸，可弃厕中。既洗净了，方以右手牵其下衣[74]。

卷四：

> 造泥制底及拓模泥像，或印绢纸随处供养[75]。

《南海寄归内法传》这部书主要讲的是南海方面的情形，特别是印度的情形。但是有的地方措辞模糊，不知道他究竟说的是什么地方。上面引的三条不一定全说的是印度。但是最后一条说的是印度却是可以肯定的，因为下文还有“西方法俗莫不以此为业”。从这里可以看出，义净到印度以前，换句话说，也就是七世纪末叶以前，纸已经到了印度。他在印度接触到“梵文”的“纸”字，也就不足怪了[76]。

以上谈的是中国纸输入印度的问题。造纸法怎样呢？在这方面我们的材料就比较少，很难作出什么结论。上面已经说到，至迟在七世纪末叶印度已经有了纸。这些纸是中国去的呢？还是印度人民制造的？我们可以肯定地说，当时大部分的纸是从中国去的，即便不是全部都是从中国去的话。至于造纸法是否已经输入，我们目前还不敢说。无论如何，造纸法的输入一定晚于纸。怛逻斯之役是在751年，上距义净回国已五十七年。在这次战役中有中国造纸工人被俘，造纸法因而传入阿拉伯，又从阿拉伯辗转传入印度也是完全可能的。

中国纸和造纸法传入印度以后，虽然还不能一下子就代替了旧日那些贝叶、树皮之类的东西，但自十一世纪末叶起，印度纸写本的数目就逐渐多了起来。正如在新疆一带，在印度我们也可以看出纸和那些古旧的书写资料斗争的情形，以及纸逐渐占上风的情形。纸的胜利就表示文化传播的加速和扩展。等到中国发明的印刷术，不管是直接地或是间接地传入印度以后，那更是锦上添花，纸与印刷术配合起来，对文化传播和推进的作用就更大了。

至迟在十五世纪初年印度已经建立起自己的造纸工业。明初马欢随郑和下西洋，于1406年到了印度孟加拉。在他著的《瀛涯胜览》里，他记述榜葛剌（孟加拉）的纸：

> “一等白纸，亦是树皮所造，光滑细腻，如鹿皮一般[77]。”

巩珍也是随郑和下西洋的一个人，在他的《西洋番国志》里，也说到孟加拉的纸："一等白纸，光滑细腻如鹿皮，亦有是树皮所造。"[78]黄省曾的《西洋朝贡典录》谈到孟加拉的出产，"有桑皮纸"。我们上面已经说到过在敦煌附近发现的公元前一世纪用桑皮织成的布，蔡伦用来造纸的原料中也有树皮一项。现在印度造纸用桑皮，其一脉相传的痕迹可谓显而易见了。在《瀛涯胜览》的另一个本子里，记述稍有不同："布有白者，树皮制成，腻滑光润如鹿皮。"[79]《皇明世法录》卷八一也说："白树皮布，腻润与鹿皮等。"这里说的显然都是一件东西；但是为什么有的书上说是纸，有的又说是布呢？这种用桑树皮制成的纸既然"腻润与鹿皮等"，把它误看成布，也是很可能的。

中国造纸法输入印度以后，就逐渐发展起来。到现在印度造纸工业已经有了相当大的规模。除了机器造纸以外，手工造纸业仍占相当重要的地位，甚至有专门机构来鼓励推动这种手工业。我并不是说，中国造纸法传入印度以后就原封不动地保留下来，中间也有过许多改进与发展；但是无论如何，最初的方法总是从中国传去的，中国造纸法对于印度的影响总算是源远流长了[80]。

以上根据现有的材料简略地把中国纸和造纸法传入印度的经过追寻了一下。将来有了新材料，特别是考古方面的材料，本文里面许多说法说不定都要补充或修正的。我在本文一开头就说到，中国纸和造纸法的传布史是一个极大而又极有意义的题目，同时也是一个极其复杂的题目。连中国纸和造纸法传入印度的这个小题目也有很多问题。我现在的这个尝试只能算是一个开端。

注释：

1 关于中国纸的历史，参阅桑原隲藏：《东洋文明史论丛》，第93—118页，《纸の历史》；内藤虎次郎：《东洋文化史研究》，第75—84页，《纸の话》；劳干：《论中国造纸术之原始》，《中央研究院历史语言研究所集刊》第十九本；傅振伦：《中国纸的发明》，《历史教学》1955年第8期；袁翰青：《造纸在我国的起源和发展》，《科学通报》1954年12月号；王明：《蔡伦与中国造纸术的发明》，《考古学报》第八册。

2 Th. Lindner，《世界史》，第四册，第八节。

3 Thomas Francis Carter：《中国印刷术的发明及其西传》（*The Invention of Printing in China and its Spread westward*），New York，1925，第一章。

4 《后汉书》卷一○八《蔡伦传》说："伦乃造意用树肤、麻头及敝布、鱼网以为纸。元兴元年奏上之。"《东观汉纪》卷二○《蔡伦传》注："案一本作伦典尚方作纸，用故麻名麻纸，木皮名谷纸，鱼网名网纸。"实际上，这种造纸的方法可能已经在民间肇端，蔡伦只是把这方法提高了一步，集其大成。《学斋占毕》卷二，纸笔不始于蔡伦蒙恬："又如蔡伦乃后汉时人，而前汉《外戚传》云：赫蹄书，注谓赫蹄乃小纸也，则纸字已见于前汉，恐亦非始于蔡伦。"

5 印度学者 P. K. Gode 写过一篇关于中国纸输入印度的论文《中国纸输入印度考》（*Migratin of Paper from China to India*），1944，但不详细。

6 贝鲁尼：《印度》（*Alberuni's India*），ed. by Dr. Edward G. Sachau，London 1914，p. 171。

7 《大正大藏经》，卷五一，第859页中。

8 同上书，第865页中、下。

9 《同上书》，卷五○，第714页下

10 贝鲁尼：《印度》，第171页。

11 《大正大藏经》，卷五四，第1102页上。

12 Richard Pischel，迦梨陀娑的《沙恭达罗》（*Kalidāsa's Śakuntala*），Harvard Oriental Series，vol 16，1922，iii，18，3—4。

13 《大正大藏经》，卷五一，第864页中。

14 同上，卷五一，第 864 页中。

15 同上书，卷五四，第 229 页中—下。

16 同上书，卷五〇，第 238 页上。

17 同上书，第 428 页下。《佩文韵府》，卷一〇六：“梵夹，贝叶经也。以板夹之，谓之梵夹。”所以贝叶经都以夹计。“夹”有些本子作“甲”。

18 《大正大藏经》，卷五〇，第 430 页中。

19 同上书，卷五一，第 432 页下。

20 同上书，卷五〇，第 437 页下。

21 同上书，第 456 页下。

22 同上书，第 718 页中。

23 同上书，第 719 页上。

24 参阅《新唐书》卷二二一上《西域列传》，天竺国。

25 《大正大藏经》，卷五一，第 981 页中。

26 同上书，卷五〇，第 734 页中。

27 中华书局版《后汉书》为卷四十七。——编者注

28 中华书局版《后汉书》为卷七十八。——编者注

29 参阅向达译：《斯坦因西域考古记》，附录。

30 Aurel Stein：《西域考古图记》（*Serindia*），Oxford 1921，p. 650。

31 Aurel Stein：《西域考古图记》pp. 673—674。参阅 A. Hermann：《楼兰》（*Lou-lan*），Leipzig1931，p. 110；Aurel Stein《西域考古记》（*On Ancient CentralAsian Tracks*），London 1933，p. 188；向达译：《斯坦因西域考古记》，第 133 页。

32 参阅姚士鳌：《中国造纸术输入欧洲考》，《辅仁学志》第一卷第一期，第 75—80 页；Aurel Stein：《西域考古图记》，pp. 673—674；A. F. Rudolf Hoernle：《谁是褴褛纸的发明者?》（*Who Was the Inventor of Ragpaper*），JRAS.，1903。

33 关于康国与粟特（Sogdiana）异同的问题，请参阅白鸟库吉：《粟特国考》；王古鲁译：《塞外史地论文译丛》，第二辑，商务印书馆 1940 年版。

34 《北史》卷九七《西域传》，字句几乎完全一样。

35 粟特文纸写的残卷在新疆一带发现的很多，但时代都比较晚。参阅《粟特文残卷》（*Codices Sogdiani*），Monumenta Linguarum Asiae Maioris，Ⅲ，par E. Benveniste，Copenhague 1940；《粟特文残卷》（*Textes Sogdiens*），Mission Pelliot en Asie Centrale，série in-quarto，Ⅲ，Paris 1940。其他零星散见各杂志的还不少。

36 见 Éd，Chavannes：《斯坦因在东土耳其斯坦发现的中文文书》（*Les Documents Chinois*，*découverts par Aurel Stein dans les sables du Turkestan Oriental*），No. S 706—708。

37 同上书，No. S 710—719。

38 参阅 August Conrady：《斯文赫定在楼兰发现的中文写本及其他零星物品》（*Die chinesischen Handschriften-und sonstigen Kleinfunde Sven Hedins in Loulan*），Stockholm 1920。

39 同上书，p. 33；A. Hermann《楼兰》，pp. 109—110。

40 《中文文书》（*Les Documents Chinois*），deuxième section：documents de l'èpoque des Tsin，No. 896、910、912。

41 黄文弼：《高昌》，第一分本，《西北科学考察团丛刊》之二，考古学第一辑，《新疆发现古物概要》。明高濂《遵生八笺》："高昌国金花笺亦有五色，有描金山水图者。"可见高昌又以金花笺著名了。

42 香川默识编：《西域考古图谱》。

43 《吐火罗文残卷》（*Tocharische Sprachreste*），herausg. von E. Sieg und W. Siegling，Berlin und Leipzig 1921。

44 黄文弼：《高昌》，第一分本。

45 黄文弼：《高昌》，《吐火罗文残卷》，I. Band，Die Texte，p. Ⅳ。

46 《西域考古图谱》。

47 Gode：《中国纸输入印度考》，pp. 209—210 引用 Katre，Indian Textual Criticism，p. 135，Katre 原书未见。

48 《和阗文残卷》（*Codices Khotanenses*），Monumenta Linguarum Asiae Maioris Ⅱ，ed. by H. W. Bailey，Copenhagen 1938。

49 M. Aurel Stein：《沙埋和阗废址记》（*Sand-buried Ruins of Khotan*），London 1903，p. 296，Sqq.，404，416；《古和阗》（*Ancient Khotan*），Oxford 1907，p. 135，

247, 269 Sq. , 369, 426。

50 这号码是 Chavannes《中文文书》里面的。

51 关于这次战役的考证,参阅姚士鳌:《中国造纸术输入欧洲考》,《辅仁学志》第一卷第一期;白寿彝:《中国伊斯兰史纲要参考资料》,《怛逻斯战役和它的影响》。

52 贝鲁尼:《印度》,第 171 页。

53 《两个回教游历家关于古代印度及中国的记述》(*Ancient Accounts of India and China by two Mohammedan Travellers*), Transl. by Eusebius Renaudot, London 1733, p. 14。

54 B. Laufer:《中国伊朗文化交流》(*Sino-Iranica*), Chicago 1919, pp. 557—559; Karabacek 和 Hoernle (JRAS. , 1903, p. 671) 都同意这说法; Philip K. Hitti:《阿拉伯民族史》(*History of the Arabs*), p. 414 也同意。

55 《海国图志》,正集中,卷二十三。

56 《伊朗语言学纲要》(*Grundriss der lranischen Philologic*), 1. Band, 2. Abteilung, P. 7。

57 关于中国纸币,参阅 laufer:《中国伊朗文化交流》, pp. 560—564; Henry Yule:《马哥·孛罗游记》(*The Book of Ser Marco Polo*), vol. 1, pp. 426—430。

58 Henry Yule:《马哥·波罗行纪》, vol. 1, p. 423。

59 见 Henry Yule:《东域记程录丛》(*Cathay and the Way thither*), vol. Ⅳ, p. 112。其他中世纪西方旅行家谈到中国钞的还不少,例如十三世纪的阿尔明尼亚的海顿(Hayton)(见 Yule:《东域记程录丛》, vol. 1, p. 259);十四世纪意大利的裴哥罗梯(Francis Balducci Pegolotti)(见《东域记程录丛》, vol. Ⅲ. pp. 149—151)。

60 有的印度学者认为印度在纪元前三世纪已经有了纸;参阅 H. R. Kapadia:《古文书学大纲》(*Outline of Palaeography*), Bombay University Journal, 1938, May, p. 105。这种说法缺少可靠的根据,印度学者也不承认;参阅 P. K, Gode:《中国纸输入印度考》, p. 218。

61 《大正大藏经》,卷五四,第 1190 页上。

62 同上书,卷五四,第 1196 页中、下。

63 同上书,卷五四,第 1191 页上。

64 同上书，第 1195 页中。

65 同上书，第 1201 页中。

66 同上书，第 1213 页下。

67 同上书，第 1233 页上。另外一个本子作 kakali。

68 P. K. Gode：《中国纸输入印度考》，pp. 215，218。

69 S. H. Kellogg：《印地语法》（*A Grammar of the Hindi Language*），London 1938，p. 40。

70 B. Laufer：《中国伊朗文化交流》，p. 559。

71 F. W. K. Müller：《古代土耳其文（回鹘文）论丛》（*Uigurica* Ⅱ），APAW. 1910，p. 70，《佛说大白伞盖总持陀罗尼经》。

72 A. von Gabain：《古土耳其语法》（*Alttürkische Grammatik*），Leipzig 1941，p. 313。

73 《大正大藏经》，卷五四，第 215 页中。

74 同上书，第 218 页中。

75 同上书，第 226 页下。

76 义净：《大唐西域求法高僧传》卷下（《大正大藏经》，卷五一，第 11 页上）：“净于佛逝江口升舶附书，凭信广州，见求墨纸，抄写佛经，并雇手直。”可见义净曾在佛逝江口向中国索要过纸墨。

77 冯承钧校注：《瀛涯胜览》，商务印书馆版，第 61 页。

78 此条蒙向达先生抄示，谨此志谢。参阅《历史研究》1954 年第 2 期，第 52 页。

79 见张星烺：《中西交通史料汇篇》，第六册，第 503 页。

80 马克思在《资本论》里，许多地方都谈到造纸。在第一卷第四篇第十三章Ⅷ《近代手工制造业》里，他谈到英国贮藏了无数的褴布用来造纸（郭大力、王亚南译本，第一卷，第 564—565 页）。在第十三章Ⅰ《机器的发展》里，他说，在中国和印度造纸工业还有两种不同的古亚细亚的形态（同书，第 459 页）。

中国蚕丝输入印度问题的初步研究

蚕丝是中国古代伟大的发现之一，在全世界各国中，中国是最先发现蚕丝的国家。正如我国其他伟大的发明或发现一样，它一旦被发现了，就不会停留在本国，而是向外国传布。中国蚕丝的向外传布可能在公元前三四百年以前就已经开始了。丝的贸易对古代中西的交通，甚至对古代中西各国的历史有极大的影响。横亘欧亚的“丝道”是众所周知的。所以中国蚕丝传布的历史一向是东西各国学者一个极其喜爱的研究题目。本文想研究的只是这个大题目中的一个小题目，一个过去还没有任何人系统地深入地研究过的小题目：中国蚕丝输入印度的问题。中国蚕丝输入印度在中印两个伟大民族文化交流史上无疑是一个重大的事件，我们必须研究清楚。

要想谈中国蚕丝输入印度的问题，不可避免地就要牵涉到中国蚕丝输入波斯的过程，所以本文就包括以下几个项目：

一、中国古代蚕丝的发现。

二、蚕丝在古代西域的传布。

三、中国蚕丝输入波斯的过程。

四、蚕丝在古代西南的传布。

五、中国蚕丝输入印度的过程：

1. 南海道。2. 西域道。3. 西藏道。4. 缅甸道。5. 安南道。

中国古代蚕丝的发现

根据中国向来的传说，黄帝的妃子嫘祖（时间很难确定，但总在公元前两千多年）是首先发现蚕丝的人[1]，但是这绝不会是事实。像蚕丝这样伟大的发现绝不会是一个人在短期间就可以完成的。古代劳动人民在生产活动中与大自然有密切的接触，经过长期的细致的观察，逐渐发现某一种虫子结成的茧可以拿来抽成丝，而这丝又可以织成衣料。这就是所谓“野蚕”丝。再进一步才把“野蚕”变为“家蚕”。这经验是劳动人民穷年累月积累成的，把它说成是某一个妃子的功绩是不合乎客观发展规律的。

但是这传说也有它的意义，它暗示给我们，中国人民一定在极早的时候就发现了蚕丝。因为黄帝相传是汉族的始祖，古代人民把蚕丝的发现权推到始祖的妃子身上，可见他们也认为这发现是由来已久了。而事实也正是这样。从“卜辞”来看，商代已经有了桑树，有了丝和帛[2]。金文里也有“丝”字，是像成束的丝的形状的[3]。虽然还没有发现单独用的“丝”字，但是作偏旁用是常见的。所以至迟在商代（公元前1563年〔?〕至公元前1066年〔?〕）中国已经有了养蚕织帛的手工业[4]。《晋书》卷二六《食货志》：“〔辛纣〕宫中以锦绮为席，绫纨为荐。”假如这话靠得住的话，在商代的卫宫里，丝的应用已经很广了。

中国最古的书里也都有关于丝的记载。《尚书·禹贡》：

> 兖州：桑土既蚕，是降丘宅土……厥贡漆丝，厥篚织文。

青州：岱畎、丝、枲、鈆、松、怪石……厥篚檿丝。

徐州：厥篚玄纤缟。

扬州：厥篚织贝。

荆州：厥篚玄纁、玑、组。

豫州：厥贡漆、枲、絺、纻。厥篚纤纩。

《禹贡》不是禹时代的书，这是学者们所公认的。但是至晚也是周代的书[5]。从这记载里可见周代蚕丝分布之广。兖州、青州、徐州、扬州、荆州、豫州都产丝。当时的天下没有后代这样大，这样多的州都产丝，几乎可以说是遍天下了。

在《诗经》里也有许多地方谈到丝[6]。有没有染色的“素丝”，也有染过色的丝（《邶风·绿衣》：“绿兮丝兮”）。丝可以制衣服，也可以制带子（《曹风·鸤鸠》：“其带伊丝”）。应用很广。而且还可以用来交换其他的物品。《卫风·氓》：“氓之蚩蚩，抱布贸丝，匪来贸丝，来即我谋。”可以为证。丝已经织成了锦（《卫风·硕人》：“衣锦褧衣”）。[7]在纺织技术方面又进了一步。《诗经》里也谈到蚕（《豳风·七月》：“蚕月条桑”；《大雅·瞻卬》：“休其蚕织”）和桑（《鄘风·桑中》：“期我乎桑中”，“定之方中”，“降观于桑”；《卫风·氓》：“桑之未落”）。《礼记》里同样有关于蚕桑的记述：《月令》：“季春之月，蚕事既登，分茧称丝。”最古的子书里，像《孟子》、《墨子》、《庄子》等，都谈到丝。《孟子·梁惠王》上：“五亩之宅，树之以桑，五十者可以衣帛矣。”[8]《墨子》和《庄子》都是丝麻并举，这两种东西可能就是当时最普通的衣料[9]，而丝似乎又比较贵重些，因为五十岁以上的老人才能穿丝衣服。《荀子》二十六《赋篇》还专为蚕写了一篇赋：

“功被天下，为万世文。礼乐以成，贵贱以分。养老长幼，待之而后存。”对蚕也可以说是推崇备至了。

《周礼·天官冢宰》上：

> 典丝，下士二人，府二人，史二人，贾四人，徒十有二人。典枲，下士二人，府二人，史二人，徒二十人。

此外还有“掌染丝帛”的染人。《冬官》：“设色之工五。”可见染丝的技术已经达到相当高的水平。《天官冢宰》下：

> 仲春，（天官内宰）诏后帅内外命妇始蚕于北郊，以为祭服。

《春秋谷梁传》桓公十四年也说：“王后亲蚕，以共祭服。”蚕丝一定是在日常生活中已占有很重要的地位，皇后才会每年亲自来举行养蚕的仪式[10]。这种仪式一直传了下来，汉、魏、晋、宋、北齐、后周、唐等朝代的皇后都举行过[11]。蚕丝对中国人民生活的重要意义也概可想见了。

以上列举的中国古书中关于蚕丝的记载在近代考古发现中得到了证明。我们知道，用丝织品或布料包裹铜器，在土里埋得时间久了，丝织品或布料就会凝结在铜器上，形成清晰的花纹。安阳出土的铜器上有的就有这样的花纹。瑞典的学者维维·锡尔万（Vivi Sylwan）研究过一只铜斧和另一件铜器上的花纹，她的结论是：中国在殷代不但已经有了丝，而且织丝的技术已经相当发达，在这以前必已有很长的历史了[12]。过去有的学者认为，中国在汉代还没有织斜纹的技术，这种技术是从西方传入中国的[13]。殷代铜器上的花纹证明这说法是不正确的。此外，中国考古学者在山西西阴村发掘新石器时代的遗址，掘出了一个半割开的丝似的茧壳。“用显微镜考察，这茧壳已经腐坏了一半，但是仍旧发光；那割的部分是极平直。”虽不敢断定这就是蚕茧，但也没有什么证据断定它不是[14]。假如立刻就断言，中国新石器时代已经有了养蚕业，似乎证据还薄弱一些；但是假如把考古学提供的这些证据和中国古代文献里那些记述结合起来看的话，恐怕没有人会否认中国蚕业已经有极长的历史这个事实吧。

蚕丝在古代西域的传布

古代西域是没有蚕丝的。《史记》卷一二三《大宛列传》：

> 自大宛以西，至安息，国虽颇异言，然大同俗，相知言……其地皆无丝漆，不知铸铁器。

但是这只是说，当地不产丝，并不是说，那里根本没有丝。丝是有的，不过都是从中国内地传过去的。有名的横亘欧亚大陆的“丝道”就通过西域。

中国古代史籍里有很多关于丝传布到西域去的记载。中国皇帝最喜欢把丝织品“赐”给西域各国。《后汉书》卷一一九[15]《南匈奴传》说到，中国皇帝赐给单于“黄金锦绣，缯布万匹”，又赐“彩缯千匹，锦四端”，“赐单于母及诸阏氏、单于子及左右贤王、左右谷蠡王、骨都侯有功善者缯彩合万匹”，而且还是“岁以为常”。这种办法一直传下来。《晋书》卷一一三《苻坚传》上：

先是梁熙遣使西域，称扬坚之威德，并以彩缯赐诸国王。

《旧唐书》卷一〇四《高仙芝传》：

军到，首领百姓必走入山谷，招呼，取以敕命，赐彩物等。

《新唐书》卷二二一下《西域传》：

出诏书召慰，赐缯彩。

《册府元龟》卷九六四：

赐〔护密王〕紫袍金带七事，并杂彩五十匹。

到了明朝，皇帝们一直还是用这种办法，《明史》里有很多记载。为什么总是用这种办法呢？丝织品在西域一定是很贵重的东西，很被重视；中国皇帝才用它来拉拢西域各小国的君长。《法苑珠林》卷四：“胡人见锦，不信有虫食树吐丝所成。”[16]也足以证明，丝在西域人眼中是一种很奇妙神秘的东西。

最初丝传到西域，除了经过商人的运输以外，大概就通过这种赐的办法。长途跋涉，运输有困难。赐嘛，也只有君长贵族能够得到。所以传过去的丝一定不会太多，因而价钱也就不会便宜。只有酋长和贵族们能穿得起丝衣，一般老百姓是没有份的。许多旅行中亚的和尚对当地人民的服饰都有精确的记述。《高僧法显传》：

〔鄯善国〕衣服粗与汉地同，但以毡褐为异[17]。

玄奘记载得更详细，他几乎把每个他到过的国家的衣服资料都记下来了。《大唐西域记》记载：阿耆尼国："服饰毡褐"[18]；屈支国："服饰锦（似为毡之误）褐"[19]；跋禄迦国："细毡细褐，邻国所重"[20]；素叶水城："人衣毡褐"[21]；窣利："服毡褐衣皮氎"[22]；睹货逻国："多衣氎，少服褐"[23]；迦毕试国："服用毛氎，衣兼皮褐"[24]；活国："衣服毡褐"[25]；呬摩呾罗国："衣毡皮褐"[26]；钵铎创那国："多衣毡褐"[27]；屈浪拏国："多服毡褐"[28]；达摩悉铁国："衣服毡褐"[29]；尸弃尼国："皮褐为服"[30]；商弥国："多衣毡褐"[31]；朅盘陀国："衣服毡褐"[32]；乌铩国："衣服皮褐"[33]；佉沙国："出细毡褐，工织细毡氍毹"[34]；瞿萨旦那国："少服毛褐毡裘，多衣絁绸白毡"[35]。法显和玄奘的记载完全一致。当地人民的衣服不是毡（毛织品），就是褐（粗麻布）[36]。

君长的衣服怎样呢？他们穿的是绫罗锦绣和棉布（白叠）。《魏书》卷一〇二《西域传》（又见《北史》卷九七，《隋书》卷八三）：

其王索发，冠七宝金花，衣绫罗锦绣白叠。

《洛阳伽蓝记》卷五：

至于阗国，王头着金冠似鸡，帻头后垂二尺生绢广五寸以为饰[37]。

〔恹哒国〕王著锦衣……哌哒国王妃亦着锦衣，垂地三尺，使人擎之[38]。

《慧超往五天竺国传》：

〔胡密〕住居山谷，处所狭小。百姓贫多，衣着皮裘毡衫，王着绫绢叠布[39]。

这里说得最清楚，对比最尖锐。平民中唯一的例外就是音乐家。可能是因为职业的关系，非穿漂亮一点不行。《旧唐书》卷二九《音乐志》记载高昌乐、龟兹乐、疏勒乐、康国乐、安国乐，舞人和工人衣服上都有锦，这恐怕也只是为了君长们赏心悦目，不能以常情论了。

君长中也有不知道绢可以制衣服的。《慧超往五天竺国传》：

彼王（箇识匿王）常遣三二百人于大播蜜川劫彼商（?）胡，及于使命。纵劫得绢，积在库中，听从坏烂，亦不解作衣着也[40]。

这大概是因为他穿惯了“皮裘毡衫”，只能算作例外。

除了做衣料之外，绫、绢和锦等丝织品还可以用作交换货物的媒介。《大慈恩寺三藏法师传》卷一记载，高昌王麴文泰赠给玄奘“黄金一百两，银钱三万，绫及绢五百匹，充法师往还二十年所用之资”。此外还写给屈支等二十四国二十四封信，“每一封书附大绫一匹为信。又以绫绢五百匹，果味两车，献叶护可汗”[41]。叶护可汗“又施绯绫法服一袭，绢五十匹”[42]。迦毕试王也赠给法师纯锦五匹[43]。《慧超往五天竺国传》也记载了：“此胡蜜王兵马少弱，不能自护，见属大寔所管。每年输绢三千匹”[44]。绢绫和黄金、银钱并举，绢还可以当作贡物来输送，这就充分证明，在古代西域，也和在中国内地一样，在极长的时间内，绫和绢都是货物交换的媒介，和金钱同时流通[45]。

以上谈到的那些绫、绢、锦等大概都是从中国内地运到西域去的。西域本地是不是也出产这些东西呢？中国史书上间或也有西域养蚕的记载。《魏书》卷一〇二《西域传》焉耆国：

> 养蚕不以为丝，唯充绵纩[46]。

《隋书》卷八三《西域》说高昌国“宜蚕”[47]。耶律楚材《西游录》：

> 〔寻斯干〕有桑不能蚕，皆服屈眴。

有的是养蚕不能缫丝，有的有桑树而不能养蚕，这些国家绝不会织出绫、绢、缎、锦的。养蚕而又能缫丝的恐怕只有和阗一国。玄奘《大唐西域记》卷一二瞿萨旦那国：

> 昔者此国未知桑蚕，闻东国有之，命使以求。时东国君秘而不赐，严敕关防，无令蚕种出也。瞿萨旦那王乃卑辞下礼，求婚东国。国君有怀远之志，遂允其请。瞿萨旦那王命使迎妇，而诫曰：尔致辞东国君女：我国素无丝绵桑蚕之种，可以持来，自为裳服。女闻其言，密求其种，以桑蚕之子置帽絮中。既至关防，主者遍索，唯王女帽不敢以验。遂入瞿萨旦那国，止麻射伽蓝故地。方备仪礼，奉迎入宫。以桑蚕种留于此地。阳春告始，乃植其桑。蚕月既临，复事采养。初至也，尚以杂叶饣(饲)之。自时厥后，桑树连荫。王妃乃刻石为制，不令伤杀；蚕蛾飞尽，乃得治茧。敢有犯违，神明不祐。遂为先蚕建此伽蓝。数株枯桑，云是本种之树也。故今此国，有蚕不杀，窃有取丝者，来年辄不宜蚕[48]。

西藏也有这个传说，内容差不多：国王毗阇耶阇耶（Vijaya-jaya）娶中国公主哲捏霞（Pre-nye-shar）。她想把蚕带到于阗（Liyul）去，于是就在玛杂（Ma-dza）这个地方养了一些。中国大臣想从中破坏，告诉国王，蚕会变成毒蛇。国王听信了他的谗言，把蚕室放火烧掉。公主抢出了一些，后来缫出丝来，制成衣服，穿在身上，把详情告诉国王。国王大悔[49]。这是不是只是一个传说呢？恐怕不是，这可能是个历史事实，因为正史里也有记载。《新唐书》

卷二二一上《西域传》于阗：

初无桑蚕，丐邻国，不肯出。其王即求婚，许之。将迎，乃告曰："国无帛，可持蚕自为衣。"女闻，置蚕帽絮中。关方不敢验。自是始有蚕。女刻石约无杀蚕，蛾飞尽得治茧。

这记载虽简短，但与《大唐西域记》完全相同，可见历史上是有过这样一件事情的。而事实上和阗是古代西域唯一养蚕出丝的地方，这传统一直维持下来，到现在还没有中断[50]。

以上根据中国古代史籍和游记简略地叙述了一下中国蚕丝传布到西域去的情形。十九世纪末二十世纪初资本主义国家的"探险家"在新疆一带做的考古发掘工作给中国古书里的记载提供了强有力的证明。现在我就在下面按地域来谈一谈。

自1900年至1916年英国的斯坦因（M. A. Stein）曾三次到新疆去探险。在这里他掘出了不少极有价值的古代文物，其中也有丝和丝织品。在敦煌他找到丝信封[51]，兵士的丝衣料[52]，写在丝上的私人信[53]。他还找到花锦[54]和丝绣[55]。在敦煌千佛洞里他找到的丝织品数量更多，其中有装订书籍用的丝[56]，作画用的丝[57]，捆经卷用的丝带子[58]。在这里也找到花缎[59]和绫[60]，也有丝绣[61]。在长城的极西端玉门关一带他找到了写在丝上的私人书信[62]，丝裹的窣利文纸卷[63]。最值得我们注意的一件事情就是，在千佛洞发现的丝织品上的花样可以明显地分为两类：绝大多数的花样都是中国风格的，但是其中也有一小部分图案是波斯萨珊王朝特有的。丝既然是从中国内地传进来的，为什么花样会是波斯的呢？原因是，在中国七世纪或八世纪初期的丝织品的花样上我们可以很明显地找到波斯萨珊王朝艺术的影响，一方面中国艺术影响了波斯艺术，另一方面我们也接受了波斯的影响，这在其他方面也可以看到，丝织品不过是其中的一部分而已[64]。

斯坦因在玉门关找到一块没有染色的丝，虽然也有损伤，但是原有的两端的边缘都还保留下来。原长十九寸半。在一端用早期贵霜王朝的婆罗谜字体写着四个字，共十一个音节，用的是深黑墨汁：

〔ai〕ṣṭasya paṭa giṣṭi ṣapariśa

第一个字意义不明，第二个字是“丝”，第三个字是“一虎口长”，第四个字是“四十六”（Lüders 读作 capariśa“四十”），总起来是“……丝长四十六虎口”。中国古代输出的丝都是卷起来的，假如每到一处都打开来用尺量，那就未免太麻烦了。所以就在一端标明长度[65]。但是四十六虎口究竟是多长呢？斯坦因另外在这里还找到一块写着中国字的丝条，上面的字是：

> 任城国亢父绸一匹，幅广二尺二寸，长四丈，重二十五两，直钱六百一十八[66]。

这丝条也是标明长度的。这里说的四丈又是多长呢？斯坦因在敦煌找到两个后汉时代的木尺，每尺十寸，每寸二二点九公厘[67]，那么一丈就是二公尺二公寸九公分，四丈就是九公尺一公寸六公分。

估计当时输出的丝，不管是用中文标明长度，或是用印度文标明长度，这长度总应该有一个固定的标准，印度文标出的四十六虎口可能就等于中国汉代的四丈，也就是可能等于九公尺一公寸六公分了[68]。这里值得特别注意的是，这标明长度的字是印度俗语，而字母又是婆罗谜。这最少告诉我们两件事情：第一，贩丝的人可能就是印度人；第二，婆罗谜字并不像一般人那样想的，是随着佛教才传到西域的，而印度俗语在公元前后几十年内已经成为西域一带的商业通用语言了。

斯坦因在这里找到了各种颜色的丝的碎片，找到写在丝上的驴唇体字母的残卷[69]。在第三次探险时他也找到了许多丝的断片[70]和丝绣[71]。最有趣的发现是一捆黄色绢，宽十八又四分之三寸，直径二又二分之一寸。这个发现很重要，因为从这里我们可以推测出汉代输出的丝织品的形式，它的大小也合乎当时的规格。上面谈到“任城国亢父绸”，宽二尺二寸，每寸二二点九公厘，二尺二寸计五〇点三八公分，相当于一九点八三寸。这一捆丝织品宽度是十八又四分之三寸，两下里一比较，相差无几。可能因为在地里埋藏过久，因而收缩了[72]。

斯坦因在这里找到了丝织品，从织的技巧上来看，有它的特点：都是经纬交错织成的，而不是斜纹[73]。这一点值得我们注意；但是更值得我们注意的却是这些丝织品的图案。正如在敦煌找到的丝织品一样，它的图案有中国的，也有波斯的，交互影响的痕迹灼然可见。

斯文赫定也在这里找到许多丝绸的碎片：有黄色的，有海绿色的，有深蓝色的，还有棕色的；有的有花纹，有的没有[74]。此外他还找到几封写在纸上的信，都与买绫有关[75]。还有一个记载着“余彩七匹（?）”的木简[76]。可见绫、彩等丝织品在当地人民日常生活中已经占有相当重要的地位了[77]。

斯坦因第三次探险时，在吐鲁番附近阿思塔那（Astāna）村一个古代墓地里找到的纺织品几乎全是丝。死人全都用丝裹，有没有染色的，也有染过色的。本地或附近地带并不产丝，这些丝是从哪里来的呢？当然是从中国内地去的。但是根据当时与内地交通困难的情况来估计，可能有一部分丝来自和阗和粟特。至于作为死人遮面巾的印花的丝，从花样上来看，是萨珊王朝的，可能是从西方输入的[78]。

此外，在吐鲁番附近的吐峪沟（Toyuk），斯坦因也找到了丝织品，是淡蓝色的锦[79]。

斯坦因在这里找到许多丝织品的断片，其中有缎子，有绫，有绢；有蓝色的，有土灰色的，有的还印着图案——龙和火焰[80]。

斯坦因在这里找到了印度 Pōthī 式的丝的残页，是用印度笈多体婆罗谜字母写的梵文佛典。这是第一个写在丝上的佛典，从书写资料上来看，是有特殊意义的[81]。

在这里斯坦因找到的丝比较少，其中有锦，有缎子，有薄纱似的丝，有丝绣[82]。

在古代西域，和阗是以产丝著名的，是最早从中国内地输入养蚕法的。因此，在这里发掘出来的丝的断片也就特别多，在附近地带只要发掘过的地方都有丝。在安得悦（Endere），斯坦因找到了绢旛和锦缎[83]。在神像面前找到许多纺织品，有丝也有棉，大概是敬神用的[84]。在尼雅（Niya）找到很细致的丝织品[85]，还有穿着丝衣服的木偶[86]。在和阗河左岸马扎尔塔格（MazārTāgh）找到锦[87]。

在丹丹乌里克（Dandān-Uiliq）同样找到丝[88]。斯坦因在这里发见一块画版，中央画着一个盛装贵妇，头戴高冕，女郎跽于两旁。画版一端有一只篮子，里面装满了果实似的东西。左边的侍女用左手指着贵妇人的冕。这画什么意思呢？这贵妇人无疑就是我们上面谈到的把蚕种藏在帽子里偷传到和阗去的中国公主[89]。她对当地人民有大功，他们忘不掉她，奉她为神明，又把她画在画版上。

斯坦因还在和阗北面一座古庙的废址里发见了一幅壁画，画着一个四臂蚕神，就是中国古书上所谓的“先蚕”[90]。也可以看出，蚕丝在当地人民生活中占多么重要的地位了。

近代考古发掘工作在新疆一带发现丝的地方当然不限于上面说

到的这几处，为了叙述简短起见，就不一一列举了。中国古籍里关于蚕丝在西域传布情形的记载与考古发掘的结果可以互相配合，互相补充。从这里我们可以得到一个比较完整的轮廓。我们可以看到，西域最初虽然没有丝，但是由于商人的转运，君王的“赏赐”，蚕丝终于传过去。靠近古代交通大路的地方都传到了。同时我们也可以看到，中国蚕丝的输出并不停留在西域，西域只能算是一个过道，通过这个过道，更向西方传去，一直传到波斯、希腊和罗马，一直传到印度。

中国蚕丝输入波斯的过程

古代波斯一方面和中国在文化上关系很密切，另一方面又和印度有极频繁的文化交流。所以要想谈中国蚕丝输入印度的问题，就不能抛开中国蚕丝输入波斯的问题不谈，这两个问题有千丝万缕的联系。

谈到中国蚕丝与波斯的关系，首先，应该从横亘中亚的“丝道”谈起，在相当长的时期内，中国与罗马间通过“丝道”进行的丝的贸易有极重大的意义。但是因为路途遥远，山川阻隔，所以这贸易并不容易。又因为中间国家很多，而且这些国家又忽兴忽灭，忽分忽合，变化非常剧烈，每个国家都想从丝的贸易上捞一把，这就更增加了贸易的困难。波斯就是想从中渔利的许多国家中的一个。“丝道”自木鹿（Merv）至斯宾国（Seleucia）一段自公元前129年至公元224年为安息所控制，继之而起的是萨珊王朝，一直到七世纪阿拉伯人兴起为止。

《后汉书》卷一一八[91]《西域传》：

其（大秦）王常欲通使于汉，而安息欲以汉缯彩与之交市，故遮阂不得自达。（又见《文献通考》卷三三九）

《三国志·魏志》卷三〇注引《魏略·西戎传》：

常欲通使于中国，而安息图其利，不能得过。

这说得非常明白，大秦想和中国直接贸易，但是安息却从中作梗。《后汉书》卷一一八[92]《西域传》安息国：

永元九年（97年）都护班超遣甘英使大秦，抵条支，临大海欲度，而安息西界船人谓英曰："海水广大。往来者逢善风，三月乃得度。若遇迟风，亦有二岁者。故入海人皆赍三岁粮。海中善使人思土恋慕，数有死亡者。"英闻之乃止。（又见《晋书》卷九七）

从表面上来看，这只是一段简单的叙述，似乎没有什么。但是假如和安息人想垄断丝的贸易这个事实结合起来看，里面就有了文章。焉知不是安息人故意危言耸听吓唬甘英使他望而却步不能够直接与大秦交通呢？

安息国的这种垄断政策产生了两个后果：第一，促使大秦开辟海路直通中国。《后汉书》卷一一八[93]《西域传》：

至桓帝延熹九年（166年），大秦王安敦（Marcus

Aurelius Antoninus）遣使自日南徼外献象牙、犀角、瑇瑁，始乃一通焉。

第二，促成了蚕种的西传。史家柏罗科劈斯（Procopius，500—565年）记载：有印度国的和尚到了君士坦丁堡，见到哲斯丁（Justinian）皇帝，告诉他，他们有办法可以使罗马人不再向波斯或其他国家购买丝货。他们曾在一个叫做赛林达（Serinda）的地方住过很久，他们曾悉心研究，如何使罗马境内也可以产丝。产丝的是一种虫子。假如能把虫卵带至罗马，就可以孵化成虫子。皇帝答应重赏他们，只要他们把这种虫子运到罗马。他们果然运到了，从此罗马境内也有了丝业[94]。索那拉斯（Zonaras）记载了同一个故事[95]。拜赞庭的梯俄方内斯（Theophanes）也记叙了一个类似的故事[96]，所谓赛林达就是指的新疆一带，再缩小一下范围，可能就是和阗，因为和阗是最先从中国内地输入蚕种的。在古代，和阗一带的确住过印度人，那么印度人从这里把蚕种输入罗马也就不足怪了。

波斯既然位于“丝道”之上，中国的丝一方面通过波斯向西传，一方面当然也就传到波斯。传过去的方式，除了商贾转贩以外，还有中国皇帝的赠送。正如对待西域其他国家的君长一样，中国皇帝也喜欢用中国的丝织品赠送波斯国王。自汉代起，波斯与中国交通频繁，中国皇帝“赐”丝织品的记载在正史以及其他书籍里，例如《册府元龟》里面都可以找到。除了陆路通过“丝道”以外，还有海路。《慧超往五天竺国传》：

亦泛舶汉地，直至广州，取绫、绢、丝、绵之类[97]。

《史记》卷一二三《大宛列传》曾说：“自大宛以西至安息国……其地皆无丝漆。”但是这是司马迁时代的情况。以后丝就逐渐从海陆两路传到波斯。当地的人，首先是君长和贵族也就可以穿丝了。《魏书》卷一〇二《西域传》：

其王姓波氏名斯，坐金羊床，戴金花冠，衣锦袍。

《周书》卷五〇《异域传》下：

王姓波斯氏，坐金羊床，戴金花冠，衣锦袍、织成帔。

《隋书》卷八三《西域传》也说：“〔王〕衣锦袍。”《旧唐书》卷一九八《西戎传》也同样说：“〔王〕服锦袍。”“丈夫”（男人）的巾帔，“两边缘以织成锦”（又见《新唐书》卷二二一下《西域传》）。

以上谈的是从中国传过去的丝。养蚕缫丝的方法是不是也传过去了呢？据一些学者的意见，萨珊王朝（226—640 年左右）末叶中国养蚕法传入波斯，而且很可能与蚕种的传入和阗有关[98]。但是事实上可能比这还要早。《魏书》卷一〇二《西域传》谈到波斯的出产，里面有“绫锦”。《隋书》卷八三《西域传》记载波斯的出产，里面也有“锦”。《南史》卷七九《西域传》滑国：

> 普通元年（520年）〔滑国〕遣使献黄师子、白貂裘、波斯锦等物。

可见至迟在六世纪初叶以前波斯已经能织绫锦。《白孔六帖》卷八记载吐蕃贡波斯锦。可见在唐代波斯锦又通过吐蕃传入中国。同时玄奘更提供给我们可靠的证据。《大唐西域记》卷一一波剌斯国：

> 工织大锦、细褐、𣰽毹之类[99]。

这传统一直承继下来，地域逐渐扩大，到了明朝，波斯及附近地带有很多地方都能织锦了。陈诚《使西域记》：

> 〔哈烈国 Herat〕多育蚕，善为纨绮。木有桑、柳、榆、槐、松、桧、白杨。

《明史》卷三三二《哈烈传》：

> 多育蚕，善为纨绮。

《皇明世法录》卷八一哈烈：

> 地力宜桑与蚕，为纨绮，细密逾中国。

织纨绮的技术是从中国学去的，而能“细密逾中国”，这真可以说是青出于蓝了。

尽管波斯出产的锦很多又很好，但是中国究竟是出产锦的老地方，所以中国锦在波斯依旧享有盛名。波斯大诗人费尔多锡（Firdausī，939—1020年）在他的诗篇里提到中国锦，称之为dībā-īčīn。他还提到一种特别细致的印花的中国丝织品，叫做parniyān。[100]

一直到清代，波斯仍以产绸缎出名。魏源《海国图志》，正集，中，卷二三欧罗巴人原撰、林则徐译的《西印度西巴社国》（波斯国）：

> 产米、麦、盐、丝发、五采地毡、羊毛、绸缎、瓷器、纸、皮、宝石、铜、铁。

同书引《地球图说》：

> 〔白耳西亚国〕土产毡、毯、呢、羊毛、布、绸、缎、葡萄酒、羊、马、枣、铜、油、盐。

到现在，波斯绸缎仍然有名。在中国蚕丝传入波斯后的一千多年中，织丝的技术当然有不少改进与发展，对波斯人民的生活当然有很多的好处，追本溯源，不能不归功于中国人民。

波斯锦大概也传到印度。波斯文里有一个字kimxāw，亦作kamxāb，kamxā或kimxā，意思是“锦”，可能是从中文借过去的，就是“锦花”两字的转化[101]。这个字也许就是随了实物到了印度，在印地文里和乌尔都文里都有：kamkhvāb（कमख्वाब）。虽然只是一个借字，但是也可以透露中国锦在波斯和印度辗转传布的关系。

蚕丝在古代西南的传布

以上谈的是蚕丝在西域一带的传布以及传入波斯的情形。中国蚕丝传入印度是否只限于西域一路呢？当然不是。除海道外，过去也曾有人注意到缅甸道。但是从这一路输入印度的丝的来源问题却似乎还没有人谈到过。我觉得，这在中国蚕丝输入印度的过程中，在中印交通史上，都是一个重要问题，应该研究一下。

首先让我们看一看蚕丝在古代西南传布的情况。

中国文化最初繁荣滋长于黄河流域。根据《禹贡》的记载，蚕丝最初也主要是传布在这一带。但是四川古名曰蜀。蜀字在甲骨文里是蚕的象形。扬雄《蜀王本纪》：“蜀王之先名蚕丛。”四川许多地名都有“蚕”字，像蚕崖、蚕陵等。为什么四川和蚕有这样密切的关系呢？古代四川大概以产蚕著称，所以才名之曰蜀，而先王和许多地方的名字也都有“蚕”字。《禹贡》：荆州“厥篚玄纁、玑、组”。1949 年春天在长沙市陈家大山一座楚墓里发掘出一幅帛画，在一张长三十公分宽二十公分的丝织上画着一个古代妇女[102]。可见至迟在公元前三世纪现在的湖北湖南一带已经有了丝了。

《史记》卷一一六《西南夷列传》：

> 〔唐蒙〕将千人，食重万余人，从巴蜀筰关入，遂见夜郎侯多同。蒙厚赐喻以威德，约为置吏，使其子为令。

夜郎旁小邑皆贪汉缯帛，以为汉道险，终不能有也。乃且听蒙约。（又见《华阳国志》卷四《南中志》、《通志》卷一九七《西南夷序略》）

至迟在汉武帝时中国内地的丝织品（缯帛）已经传到现在的云南贵州一带地方，为当地人民所喜爱。

到了汉朝末叶，四川丝业已经很发达。当时蜀锦名闻全国。左思《蜀都赋》赞美四川的锦：

贝锦斐成，濯色江波。

《文选》李善注引谯周《益州志》：

成都织锦既成，濯于江水。其文分明，胜于初成。他水濯之，不如江水也。

可见蜀锦之美丽。蜀锦既以美丽著称，当时必定是销行全国。山谦之《丹阳记》：

江东历代尚未有锦，而成都独称妙。故三国时魏则布（疑是“市”字之误）于蜀，而吴亦资西道。

环氏《吴记》：

蜀遣使献重锦千端。

《神仙传》：

左慈字元放，庐江人。少有神道。尝在魏武帝坐。帝曰："恨无蜀中生姜耳。"放曰："亦可得也。"因曰："吾前遣人到蜀买锦，可过敕使者增市二端。"须臾即得姜还，并获使报。

魏文帝诏：

前后每得蜀锦，殊不相比，适可讶。而鲜卑尚复不爱也。自吾所织如意虎头连璧锦，亦有金薄、蜀薄来至洛邑，皆下恶。是为下土之物皆有虚名。

三国时，魏吴都到蜀去买锦，而蜀也用锦来赠送人。虽然曹丕对蜀锦有意见，认为它徒有虚名；但是蜀锦必有许多不可及的地方，否则《丹阳记》也不会说它"独称妙"了。《江表传》：

陆逊攻刘备于夷陵，备舍舡步走，烧皮铠以断道，使兵以锦挽车，走入白帝。[103]

竟然以锦挽车，可见产量之多。实际上，当时三国鼎立，蜀的经济情况最差，锦几乎就是西蜀唯一的经济来源。《诸葛亮集》："今民贫国虚，决敌之资，唯仰锦耳。"可见锦对西蜀的重要意义了。刘备赏赐群臣也用锦。《太平御览》卷八一五引《蜀志》："先主入益州，赐诸葛亮、法正、张飞、关羽锦各千匹。"也可见锦在蜀国经济中所占的地位[104]。

晋常璩《华阳国志》里也谈到西南一带蚕丝生产的情况。卷一《巴（今重庆）志》里说这里有"桑、蚕、麻、苎"。汉桓帝时有人倡议分为两郡，"一治临江，一治安汉，各有桑、麻、丹、漆、布帛、鱼池，盐、铁，足相供给"。巴西郡："土地山原多平，有牛、马、桑、蚕。"卷三《蜀（今成都）志》里说这里有锦绣，有桑、漆、麻、苎。汉安县："山水特美好，宜蚕桑。"卷四《南中志》里谈到永昌郡"土地沃腴，黄金、光珠、虎魄、翡翠、孔雀、犀、象、蚕、桑、绵、绢、采帛、文绣"。不但说什么地方有蚕桑，连什么地方没有也谈到了。譬如，卷一涪陵都："无蚕桑，少文学；唯出丹、漆、蜜、蜡。"卷四牂牁郡："畬山为田，无蚕桑。"南广郡："土地无稻田蚕桑。"云南郡："土地有稻田，但不蚕桑。"从这里我们可以看到，一个郡而没有蚕桑好像是缺点什么，好像是例外，所以才特别加以说明。反过来说，有蚕桑就是正常的情形，也可见西南一带蚕桑的普遍了。

《新唐书》卷二二二上《南蛮列传》：

人水耕，食蚕以柘，蚕生阅二旬而茧，织锦缣精致。

《云仙杂记》卷三：

杜甫寓蜀，每蚕熟，即与儿躬行而乞曰：如或相悯，惠我一丝两丝。

可见唐代西南一带蚕丝生产的情况。唐樊绰《蛮书》记载了西南少数民族的衣着。卷一："〔乌蛮〕妇人以黑缯为衣，其长曳地。"卷四："〔施蛮〕男以缯布为缦裆裤。""〔寻传蛮〕俗无丝绵布帛，披波罗皮。""〔粟栗两姓蛮〕丈夫妇人以黑缯为衣，其长曳地。又东有白蛮，丈夫妇人以白缯为衣，下不过膝。"卷八："南诏以红绫，其余向下皆以皂绫绢。""贵绯紫两色。得紫后，有大功，则得锦。""妇人一切不施粉黛，贵者以绫锦为裙襦，其上仍披锦方幅为饰。"卷七对养蚕纺织的办法记述得非常详细：

> 蛮地无桑，悉养柘蚕，俛树村邑人家拓林多者数顷，耸干数丈。三月初，蚕已生。三月中，茧出。抽丝法稍异中土。精者为纺丝绫，亦织为锦及绢。其纺丝入朱紫以为上服，锦文颇有密致奇采。蛮及家口悉不许为衣服。其绢极麄，原细入色，制如衾被，庶贱男女，许以披之。亦有刺绣，蛮王并清平官礼衣，悉服锦绣，皆上缀波罗皮。俗不解织绫罗，自太和三年（829年）蛮寇西川，虏掠巧儿女及女工非少，如今悉解织绫罗也。（参阅《新唐书》卷二二二中《南蛮传》）

西南兄弟民族织绫罗的技巧也是从四川一带传过去的。《新唐书》卷三二《地理志》说到成都的贡品，其中有锦和单丝罗。可见在庸代四川的织锦工业依然很兴盛。

到了宋代情况仍然没变。《通志》卷一九七《四夷传》第四《南蛮》上《松外诸蛮》：

> 自夜郎滇池以西，皆庄蹻之裔。有稻、麦、粟、豆、丝、麻、薤、桃、李。以十二月为岁首。布幅广七寸。正月蚕生，二月熟[105]。

《哀牢夷》：

> 土地沃美，宜五谷蚕桑。知染采文绣罽㲪帛叠兰干细布，织成文章如绫锦[106]。

《文献通考》三二九《四裔考》六《南诏》：

> 自曲靖州至滇池，人水耕，养蚕以柘。

哀牢夷不但知道养蚕缫丝，而且还知道染彩。南诏人民养蚕的办法和《蛮书》所记相同，可见这也是一个传统的老办法。宋黄休复《茅亭客话》："蜀有蚕市，每年正月至三月，州城及属县循环一十五处。"苏辙《诗序》也谈到眉山的蚕市。赵朴《成都古今记》里说："正月灯市，二月花市，三月锦市，四月蚕市。"蚕和锦在宋代成都人民生活中所占地位之重要可见一斑。元费著《蜀锦谱》里还记载了蜀锦不同的名称。

从上面简短的征引和叙述里可以看到古代西南，特别是成都，丝业的茂盛。这一带与缅甸接壤，一向有交通，中国输入缅甸，通过缅甸又输入印度的丝的来源地不是别的地方，就正是这一带。

中国蚕丝输入印度的过程

以上简略地叙述了中国古代蚕丝的发现，蚕丝在古代西域的传布，中国蚕丝输入波斯的过程，以及蚕丝在古代西南的传布。这些都是中国蚕丝如何输入印度这个问题的前提，应该先加以阐明。现在就来谈中国蚕丝从什么地方在什么时候输入印度，输入后又发生了什么作用的问题。从时间上来说，不是一时输入的；从地点上来说，也不是一地输入的。上下千余年，绵延数千里，这就是输入的总的情况。把时间和地点分开来叙述，也有困难。所以我在这里先谈一谈时间上的上限，然后再以地域为主时间为辅来叙述输入的过程。

中国丝究竟从什么时候起就输入印度呢？最早的记录是在印度古书里找到的。在憍胝厘耶（Kauṭilīya）著的《治国安邦术》（*Arthaśāstra*）里有这样一句话：

> kauśeyaṃ cīnapaṭṭāśca cīnabhūmijāḥ（憍奢耶和产生在脂那的成捆的丝）

cīnapaṭṭa 这个字是两个字组成的：一个是 cīna，就是“脂那”、“支那”；另一个是 paṭṭa，意思是“带”、“条”。两个字合起来意思就是“中国的成捆的丝”。这个字本身已经把丝的产地告诉我们了。憍胝厘耶据说是生于公元前四世纪，是孔雀王朝月护大王（Candragupta）的侍臣。假如这部书真是他著的话，那么至迟在公元前四世纪中国丝必已输入印度[107]。

印度其他古籍里讲到丝的也不少。但是这些书都不太古。吠陀里面没有讲到，足见印度人民知道蚕丝是在吠陀时代以后的事情。但是在另一方面，从梵文“丝”字里可以看出，古代印度人民对蚕丝的认识比希腊人和罗马人高明得多。希腊罗马几乎没有人知道丝是蚕吐的，对于丝他们有的只是一些离奇古怪不着边际的幻想。古代印度则不然。梵文里有许多字都有“丝”的意思：kīṭaja，kṛmija，kīṭasūtra，kīṭajasūtra，kṛmijasūtra，kīṭatantu，kīṭakośa，kīṭakoṣa，kīṭakoṣaja，kṛmikoṣaja。这些字都是复合字，组成部分都有 kīṭa 或 kṛmi 这个字，意思是“虫子”，kīṭaja 和 kṛmija 意思就是“虫子生”。此外还有一个字 kauśeya，是从 kośa 这个字演变来的，kośa 的意思是“茧”，茧产生的东西就叫做 kauśeya。印度古代知道丝是虫子吐的，知道丝是茧抽成的，这不是比古代希腊人和罗马人高明得多吗？

大约在公元前二世纪至公元二世纪这期间纂成的《摩奴法典》（*Manusmṛti*）里面有好几处讲到丝。一一，一六八说到，谁偷丝，谁就被罚三天内只许喝牛奶。在这里“丝”字是 kīṭaja。五，一二〇说到，丝要用盐基性的土来刷净。在这里“丝”字是 kauśeya。一二，六四说到，谁要是偷丝就变成一只鹧鸪。这里也是用 kauśeya。著名的史诗《摩呵婆罗多》（*Mahābhārata*）和《罗摩衍那》（*Rāmāyaṇa*）里面也有好几处讲到丝。《摩呵婆罗多》二，一八四七用的是 kīṭaja 这个字，一三，四四六七用的是 kauśeya。《罗摩衍那》二，三二，一六；三，四九，四四；五，二二，三〇用的都是 kauśeya。约生于公元前四世纪中叶的语法家波你尼（Pāṇini）在他的著作里用于 kauśeya 这个字。此外 kauśeya 还见于印度古代诗圣迦梨陀娑（Kālidāsa）的《鸠摩罗出世》（*Kumārasambhava*）和《六季杂咏》（*Ṛtusaṃhāra*）[108]；以及《五卷书》（*Pañcatantra*），医典《素室噜多经》（*Suśruta-Saṃhitā*）等印度古代典籍[109]。cīnapaṭṭa 这个字除见于《治国安邦术》之外，还见于《素室噜多经》（一，一八，一一），与 kauśeya 并列。它又见于《说海》（Kathāsaritsāgara）四三，八九。最初的意思是“从中国输入的成束的丝”，后来逐渐有了“丝衣服”的意思。再经过几度演变，这个字的两个组成部分 cīna 和 paṭṭa 都可以独立存在，而仍有“丝”的意思。与这个字有关的 cīnāṃśuka，原意是“中国衣服”，后来也转成“丝衣服”。从这几个字可以看出，印度人一想到丝就想到中国，一想到中国也就想到丝，在他们心目中丝与中国简直是一而二、二而一了。

cīnapaṭṭa 和 kauśeya 这两个字一般都了解为“丝”，但是其间难道一点区别都没有吗？这问题与中国丝的输入印度有些关联，应该加以研究。cīnapaṭṭa 是从中国输入的丝，这个字本身就是一个不可动摇的证明。假如 kauśeya 同 cīnapaṭṭa 是一种东西，那么这种东西就是从中国输入的，问题也就比较简单。但是《治国安邦术》里这两个字并列，足见其间还有一些区别。cīnapaṭṭa 是从中国输入的，而 kauśseya 是印度本地出产的[110]。玄奘《大唐西域记》卷二：

其所服者，谓憍奢耶衣及氎布等。憍奢耶者，野蚕丝也[111]。

“憍奢耶”就是 kauśeya 的音译。假如玄奘的解释正确的话，那么 kauśeya 就是野蚕丝，这种蚕吃的不是桑叶。这不是从中国输入的，从中国输入的只有 cīnapaṭṭa。

以上我们初步确定了中国丝输入印度时间方面的上限，我们也简略地谈到印度古代对丝的知识，以及土产野蚕丝存在的可能性，现在我们就来谈中国丝输入印度的过程和道路。根据目前可能利用的文献记录以及考古发掘的结果，大概有五条道路：南海道，西域道，西藏道，缅甸道，安南道。以下就分别叙述。

《汉书》卷二八下《地理志》：

自日南障塞徐闻合浦船行可五月，有都元国。又船行可四月，有邑卢没国。又船行可二十余日，有谌离国。步行可十余日，有夫甘都卢国。自夫甘都卢国船行可二月余，有黄支国。民俗略与珠崖相类。其州广大，户口多，多异物，自武帝（公元前 140 年至前 87 年）以来，皆献见。有译长，属黄门，与应募者俱入海，市明珠、璧流离、奇石、异物。赍黄金杂缯而往，所至国皆禀食为耦。蛮夷贾船，转送致之。

这是一段非常重要的记载。从雷州半岛发船，到的国家虽然很难说相当于现在什么地方[112]，但是多数学者都认为黄支国就是玄奘《大唐西域记》卷一〇达罗毗荼的都城建志补罗[113]。足见前汉时代中国已经由海路通印度。去的目的是买璧流离、奇石、异物。带去的是黄金与中国丝织品。这是中国正史上关于中国丝输入印度的最早的记载。当时中印交通主要是由陆路，海路也利用。《汉书·王莽传》有“东致海外，南怀黄支”之语。王莽奏文里说“黄支自三万里贡生犀”。班固《两都赋》及杜笃《论都赋》都有“黄支”之名。可见黄支和中国的交通是很频繁的。此外《后汉书》卷一一八[114]《西域传》谈到大秦王安敦遣使自日南徼外来献象牙、犀角、玳瑁。也可见日南在当时中外海路交通上的重要性。《通典》卷一八八：

> 其徼外诸国自武帝以来皆献见。后汉桓帝时大秦天竺皆由此（日南）遣使贡献。（参阅《后汉书》卷一一八[115]，《天竺国》条）

更足以证明这一点。

我们在印度古代典籍里也同样可以找到有关中印海路交通的记载。巴利文《那先比丘经》（*Milindapañha*）是记录弥邻陀王（希腊名 Menandros，约在公元前 125 年至前 95 年）和龙军（Nāgasena）和尚问答的一部书。龙军举的一个例子里面说到运货的船远至支那等地。

在西方的典籍里也有中国丝运到印度去的记载。约生于六世纪的希腊人科斯麻士（Cosmas）写过一部《基督教诸国风土记》（*Topographia Christiana*），里面说：

> 从遥远的国度里，我指的是中国和其他的输出地，输入到锡兰岛（Taprobane，巴利文 Tambapanni）的是丝、伽罗木、丁香、檀香，以及其他东西，因各地出产而异[116]。

汉以后中国和印度仍保持海上交通。刘宋时锡兰曾通使中国（见《宋书》卷九七）。吴时，扶南王范旃遣亲人苏物使天竺（见《梁书》卷五四）。梁时，锡兰曾派使臣来（见《梁书》卷五四，《南史》卷七八）。唐高宗总章三年（670 年）以及玄宗天宝初年锡兰都派遣过使者来朝（见《新唐书》卷二二一下）。天宝五年（746 年）、天宝九年（750 年）都来过（见《册府元龟》卷九七一）。锡兰来的使者估计都走海路。

中国和尚到印度去求法，最初多经陆路。唐以前几乎没有走海路的。法显是泛海回国的，当时是很稀见的。到了唐代有了很大的变化。从海路到印度去的多起来了。常慜、明远、义朗、智岸、义玄、会宁、运期、解脱天、智行、慧琰、大乘灯，以及其他和尚都走的是海路。有名的义净来去都是海路。这些和尚到印度去是求法，并没有带了中国丝去贩卖。但是，既然他们能走，就表示这是中印交通重要道路。中国丝从这重要道路运至印度，也总是意中事吧。

自宋代起，中国丝从海路运至印度这事实就又有了文献的记录。宋代来中国贸易的国家主要是大食（阿拉伯），但是印度也是其中之一，而且从中国到阿拉伯，或者从阿拉伯到中国都要经过印度。宋周去非《岭外代答》：

> 中国舶欲往大食，必自故临（Quilon）易小舟而往。虽以一月南风至之，然往返经二年矣。
>
> 大食之来也，以小舟运而南行，至故临国，易大舟而东行，至三佛齐国，乃复如三佛齐之入中国。

一方面印度扼中国与大食交通的咽喉，另一方面，印度也与中国交通。中国丝织品就大量输入印度。宋赵汝适《诸蕃志》细兰国（锡兰）：

> 番商转易用檀香、丁香、脑子、金、银、瓷器、马、象、丝帛等为货。

南毗国：

> 用荷池、缬绢、瓷器、樟脑、大黄、黄连、丁香、脑子、檀香、豆蔻、沉香为货，商人就博易焉。

故临国：

> 博易用货亦与南毗同。

到了元朝，中印海上贸易仍然维持。元汪大渊《岛夷志略》有详细的记述。土塔（那迦八丹西北）：

贸易之货用糖霜、五色绢、青缎、苏木之属。

挞吉那（?）：

贸易之货用沙金、花银、五色缎、铁鼎、铜线、琉黄、水银之属。

小呗喃（Fandaraina）：

贸易之货用金、银、青白花器、八丹布、五色缎、铁器之属。

古里佛（Kaulam）：

去货与小呗喃国同。

朋加刺（Bangala）：

贸易之货用南北丝、五色绢缎、丁香、豆蔻、青白花器、白缨之属。

大乌爹（Udeyapur）：

贸易之货用白银、鼓板、五色缎、金、银、铁器之属。

马八儿屿：

贸易之货用沙金、青缎、白矾、红绿烧珠之属。

甘埋里：

来（?）商贩西洋互易。去货丁香、豆蔻、青缎、麝香、红色烧球、苏杭色缎、苏木、青白花器、瓷瓶、铁条。

乌爹（Orissa〔?〕）：

贸易之货用金、银、五色缎、丁香、豆蔻、茅香、青白花器、鼓瑟之属。

此外还有几个地名不能断定是否在印度[117]。从上面的引证里可以看出中国绢缎输入印度的范围。从孟加拉起沿印度东岸一直到印度西岸重要港口都有输入，范围不可谓不广了。

但是到了明代，中印海上贸易才达到最高潮。明初采取了发展生产的政策，扶植工商业。生产迅速提高，到了永乐时代，国内外市场都需要大力开拓。于是就有了郑和七下西洋的壮举。随郑和下西洋的人里面有会稽人马欢、太仓人费信和应天人巩珍。回国后，他们各撰一书，马欢著《瀛涯胜览》，费信著《星槎胜览》，巩珍著《西洋番国志》。这些书里都谈到中国丝绸输入印度的情形。现在就在下面分别谈一谈。

《瀛涯胜览》锡兰国：

> 中国麝香、纻丝、色绢、青磁盘碗、铜钱、樟脑，甚喜，则将宝石珍珠换易。

古里国：

> 其二大头目受中国朝廷升赏。若宝船到彼，全凭二人主为买卖。王差头目并哲地未讷几计书算于官府。牙人来会，领船大人议择某日打价。至日，先将带去锦绮等物逐一议价已定。随写合同价数，彼此收执。其头目哲地即与内官大人众手相挈。其牙人则言某月某日，于众手中拍一掌已定，或贵或贱，再不悔改。然后哲地富户才将宝石、珍珠、珊瑚等物来看议价[118]。（参阅黄省曾《西洋朝贡典录》古里国第一九最后的附录。）

这一段记述绸缎交易的情形非常生动详细。

费信虽然和马欢同时下西洋，但是他俩的记述却不完全一样，详略各异，可以互相补充。《星槎胜览》锡兰山国：

货用金、银、铜钱、青花白瓷、色段、色绢之属。

小呗喃国：

货用丁香、豆蔻、苏木、色段、麝香、金、银、铜器、铁线、黑铅之属。

柯枝国（Cochin）：

货用色段、白丝、青白花瓷器、金、银之属。

古里国（Calicut）：

货用金、银、色段、青花白瓷器、珍珠、麝香、水银、樟脑之属。

榜葛剌国：

货用金、银、布缎、色绢、青白花瓷器、铜钱、麝香、银珠、水银、草席、胡椒之属。

大呗喃国：

货用金钱、青白花瓷器、布段之属。

溜洋国（Maldives）：

> 货用金、银、色段、色绢、瓷器、米谷之属[119]。

巩珍的《西洋番国志》记述的差不多。锡兰：

> 甚爱中国麝香、纻丝、色绢、青瓷盘碗、铜钱[120]。

马欢、费信、巩珍三个人同时随郑和下西洋，他们三个人的记述可以互相参阅。

以上诸书的记载多据亲闻目见，所以是可靠的。此外，黄省曾的《西洋朝贡典录》也记载了明代中印交通的情况。但是这部书是汇集马欢、费信及他书而成，虽较详尽，然而不是第一手资料[121]。古里国："五色丝帨谓之西洋手巾，其广五尺，其长一丈二尺，其价金钱百。"与巩珍所记相同。还有明陈仁锡《皇明世法录》卷八一记榜葛剌"产镔铁、翠羽、琉璃、桑、漆，大广丝绵，兜罗锦"。

综观自汉武帝以来中印海上丝织品贸易的情况，我们可以看到，在汉代运去的是"杂缯"，其后各代见于文献记录者较少，到了宋代元代，中国海上贸易空前发展，于是"丝帛"、"缬绢"、"五色绢"、"青缎"、"五色缎"，甚至"苏杭色缎"就大量运至印度。金乌古孙仲端《北使记》里记载"〔印都回纥〕金、银、珠、玉、布帛、丝枲极广"[122]。可见数量之多了。到了明初可以说是达到中印海上贸易的最高潮，中国的"纺丝"、"色绢"、"色段”、“白丝”源源运至印度。明代以后，由于西方资本主义的侵入，中印交通受到阻碍，海上丝绢贸易也就随之中断了。

有名的横亘欧亚大陆的“丝道”就通过西域，所以中国蚕丝通过西域转入印度，实在可以说是近水楼台。但是这还只是一方面，另一方面，还有比“丝道”更有利的条件。

二十世纪初叶，考古学者在新疆和阗一带发掘出许多残卷，是用印度字母写的，却不是印度文。经过许多学者的研究，这个新语言已经读通。有人叫它做北雅利安语（Nordarisch），有人叫它做东伊朗语。因为是在和阗发掘出来的，又有人把它叫做和阗语。这个语言里有一个表示 Z 音的特别字母 ys。同样一个字母也在印度塞种统治者的名字里发现[123]。这表示，在印度西北部统治的塞种人和在新疆和阗居住的人说的是同一种或极相近的语言。这种语言现在就定名为和阗塞种语（Khotansakisch）[124]。印度西北部的塞种人和住在和阗而说这种语言的人既然语言相同，很可能就是同种或者是近支。无论是同种或近支，和阗和印度的交通自一、二世纪起长时期内一定非常频繁，这是可以断言的了。

此外考古学者还在和阗附近的尼雅（Niya）和安得悦（Endere）一带发掘出许多用驴唇体字母（Kharoṣṭhī）写的残卷，这可能是古代鄯善国政府用的语言。这是一种印度俗语，来源地是印度西北部[125]。和阗一带曾为说印度俗语的人所统治，这是一个事实。这事实也告诉我们，在纪元前后几世纪内，和阗和印度的交通一定是很畅达的[126]。

和阗是新疆产丝最著名的地方，中国蚕种也是最先由内地传到和阗的。这一带既然与印度有那样密切的关系，那么蚕丝从和阗传入印度也就是再方便不过再自然不过的事了。

事实上，在和阗附近发现的驴唇体残卷里我们常看到 paṭa 这个字，paṭa 就是上面说过的 paṭṭa，中译“绢匹”。这种 paṭa 是作为交换媒介而流行当地。买一个女人要用四十一 paṭa，罚款也以 paṭa 计算。它传入印度也是完全可以想象得到的。

在西方古代著作里同样可以找到证据。公元 80—89 年之间埃及的希腊人某著的《爱利脱利亚海周航记》（*The Periplus of the Erythraean Sea*）记载着：“过克利斯国（Chryse，今下缅甸及马来半岛）到了中国（Thin）海乃止。有大城曰秦尼（Thinae）在其国内部，处于北方。从这里生丝、丝线及丝织品由大夏经陆路运至巴利柴格（Baryzaga，今印度孟买附近之 Broach 港），更由恒河经水路而至李米里斯（Limyrice，Schoff 读作 Damirike）。”[127] 这里面把运输的路线都清清楚楚地说了出来，是很可宝贵的记录。

要想再征引文献说明中国丝从西域输入印度的情况，文献是征引不完的。上面列举的那几个事实已经够说明这种情况了。中国丝从西域输入印度的问题也就谈到这里为止。

由于山岭绵亘，交通很不方便，这条道路利用的最少。唐代玄照法师曾从这条路到印度去。唐义净《大唐西域求法高僧传》卷上：

> 途经速利，过睹货罗，远跨胡疆到吐蕃国，蒙文成公主送往北天[128]。

回来的时候也走的是这条路。“路次泥波罗国，蒙王发遣，送至吐蕃，重见文成公主，深致礼遇，资给归唐。”此外走这条路到印度去的还有道生法师（《大唐西域求法高僧传》卷上）。想通过吐蕃的有道希，到过泥波罗的有道方，回国时死于泥波罗的有末底僧呵、玄会法师（皆见《大唐西域求法高僧传》卷上）。在唐初这条路是比较畅通的。

但是，可能还不限于初唐。古代西方地理学家托雷美（Ptolemy，87—165年）在他的《地理书》一，一七记载着：

> 他们说，不仅有一条路从这地方（中国）通过石塔（在帕米尔）到大夏，而且还有一条通到印度华氏城（希腊文 Palimbothra，梵文 Pāṭaliputra，今 Patna）。

这条路大概是从甘肃经青海到拉萨，再越喜马拉雅山经锡金到巴特那[129]。此外道宣《释迦方志》卷一还记载了白河州经吐蕃入印度的道路。

《旧唐书》卷一九六《吐蕃传》（上）：“高宗嗣位……因请蚕种及造酒碾硙纸墨之匠，并许焉。”高宗嗣位于650年，蚕种就于此时传入西藏。中国的丝从这条路运到印度是完全可以想象得到的。

缅甸介于中印两国之间，一方面很早就通中国，另一方面与印度交通也极早，从中国经缅甸道到印度去，应该说是极自然的事情。

在中国历史上首先倡议开辟中印缅道的是汉武帝时张骞。《史记》卷一一六《西南夷列传》：

及元狩元年博望侯张骞使大夏，来言：居大夏时，见蜀布、邛竹杖。使问所从来，曰：从东南身毒国可数千里，得蜀贾人市。或闻邛西可二千里有身毒国。骞因盛言：大夏在汉西南，慕中国，患匈奴隔其道。诚通蜀身毒国道，便近，有利无害。于是天子乃令王然于、柏始昌、吕越人等使间出西夷，西指求身毒国。至滇，滇王尝羌乃留，为求道西十余辈（?）。岁余皆闭昆明，莫能通身毒国。（参阅《史记》卷一二三《大宛列传》）

张骞想"通蜀身毒国道"，为滇王所阻，没有通成。但这只是官方的失败，而且只是暂时的。商人们往来贸易是可以通行无阻的，否则四川的布和邛竹杖怎能从这条道运到印度去呢？后汉时缅甸（当时当然还没有这个名称）还派遣使臣朝贺。《后汉书》卷一一六[130]《南蛮西南夷传》：

〔永元〕九年徼外蛮及掸国王雍由调遣重译奉国珍宝。

永宁元年（汉安帝年号，120年）掸国王雍由调复遣使者诣阙朝贺。

足见这条路是畅通的[131]。唐义净《大唐西域求法高僧传》有下面一段记载：

去此寺不远，有一故寺，但有砖基，厥号支那寺。古老相传云是室利笈多大王为支那国僧所造。于时有唐僧二十许人从蜀川牂牁道而出。[132]

印度笈多（Gupta）王朝公认是自320年开始的。可见在四世纪时就有中国和尚经过这条道到印度去[133]。

另一方面，在晋代也有印度人在当时的永昌郡（领有现云南腾冲及缅甸八莫一带）居住。晋常璩《华阳国志》卷四《南中志》永昌郡：

明帝乃置郡，以蜀郡郑纯为太守，属县八，户六万，去洛六千九百里，宁州之极西南也。有闽濮、鸠獠、漂越、綶濮、身毒之民。

“身毒之民”指的就是印度人。永昌不但通印度，而且还通大秦及南海国家。《三国志・魏志》卷三〇引鱼豢《魏略・西戎传》：“〔大秦〕北又有水道通益州永昌。”唐樊绰《蛮书》卷六：“银生城又南有婆罗门、波斯、阇婆、勃泥、昆仑数种外通交易之处。”

在唐朝，这条路还通行。慧琳《一切经音义》卷八十一：“是大唐与五天险路之捷径也。”[134]

我们在上面已经谈到，古代西南一带丝业非常发达，特别是成都的锦更名闻全国。同缅甸的交通又那样方便，我们可以想象到，这样“贝锦斐成，濯色江波”美丽的丝织品一定会通过这样方便的交通道路传到缅甸，再由缅甸传到印度去。

而事实也正是这样。中国丝不但古代就传到缅甸，一直到现在，云南丝还输入缅甸，缅甸人用这种丝加工织成各种衣料挂包，给人民的生活增加了不少的光彩。中国丝传到缅甸，一部分留在本地，一部分就输入印度。

唐贾耽还记了一条通印度的道路：安南通天竺道（见《新唐书》卷四三下，《地理志》）[135]。这条路是从交州通到印度。交州在唐代是极重要的海口。在唐陆贽的《论岭南请于安南置市舶中使状》（《陆宣公奏议》卷一八）里说到，船舶多往安南市易，可见当时交州贸易的繁荣。中国的丝也很有可能先运至交州，然后再运往印度。

我们综观以上五条道，以西域和南海道利用的时间最久，利用率最高。从时间上来看，唐以前一般都从西域把丝运至印度，唐代起则多从海路。到了宋元明三代，海路几乎就占垄断地位了。西域道、南海道以外，缅甸道也有相当重要的意义。至于西藏道和安南道，即使有中国丝从这里输出，其数量恐怕也就微不足道了。

以上谈的是中国丝输入印度的道路。至于输入的方式也是多种多样的。首先是商人运输。这可以说是最古老最普通的方式。憍胝厘耶谈到的中国丝可能就是商人运到印度去的。以后一千多年内，中国丝通过“丝道”源源输入欧洲，一定有一部分就在半路上运至印度。另外一种方式就是中国皇帝赠送。《旧唐书》卷一九八《西戎列传》：“贞观十一年（637 年）罽宾遣使献名马，太宗嘉其诚款，赐以缯彩。”《册府元龟》卷九七五：“开元二十一年（733 年）闰三月，辛卯，箇失密王木多笔遣大德僧物理多年来献表诏。引物理多年宴于内殿，赐绢五百匹。”到了明初，皇帝赠送锦绮的事情更是史不绝书。洪武五年（1372 年）太祖“赐”琐里王金织、文绮、纱罗各四匹（见《明史》卷三二五）。永乐三年（1405 年）“命副使闻良辅，行人宁善使其国（西洋琐里），赐绒锦、文绮、沙罗”（见《明史》卷三二五）。永乐六年（1408 年）“遣郑和赍诏招谕〔加异勒〕，赐以锦、绮、纱罗”（见《明史》卷三二六）。“永乐十年（1412 年）赐沼纳朴儿和底里绒锦、金织、文绮、彩帛等物”（见《明史》卷三二六）。永乐十四年（1416 年）赐锡兰国王锦、绮、纱罗、彩、绢等物（见《天下郡国利病书》卷一一九）。此外还有一种方式，就是中国和尚带去。玄奘到了那揭罗喝国，“因施金钱五十，银钱一千，绮幡四口，锦两端，法服二具”[136]。他到了布色羯罗伐底城，“此等圣迹无量，法师皆得观礼。自高昌王所施金、银、绫、绢衣服等，所至大塔大伽蓝处，皆分留供养，申诚而去”[137]。义净《大唐西域求法高僧传》卷上：

> 运期从京还达交阯，告诸道俗，蒙赠小绢数百匹，重诣呵陵。报德智贤与会宁相见[138]。

卷下：

> 后往大觉寺礼真容像，山东道俗所赠纯绢，持作如来等量袈裟[139]。

可见当时中国和尚带锦、绢出国是平常的事。

从上面的叙述里我们可以看到，不但成捆的丝传入印度，其他的丝织品也同样传过去。在语言方面我们也可以找到证明。唐义净的《梵语千字文》里除了“丝”字（paṭṭa）以外，还有“绢”（paṭṭa）、“绫”（pṛṅga）、“锦”（citra）等字。《梵唐消息》里也有“绢”字（paṭṭa）。《梵语千字文》（别本）里有“绢”（钵吒$_{\text{重}}$ Paṭṭa）、“绫”（必陵诚 priṅga）、“锦”（质怛罗 citra）、“绣”（素止羯磨 sūcikarma）。附《梵唐消息》里有“绢”（波吒$_{\text{重}}$）、“锦”（七多罗）。礼言集《梵语杂名》里有“丝”（钵吒苏睹 Paṭṭasūtu）、“锦”（指怛罗$_{\text{二合}}$ cīṭra）、“绣”（素指迦嗽么 sūcikarma）、“绫”（钵吒$_{\text{二合上}}$诚 paṭṭaga）、“绢”（钵吒 Paṭṭa）。《翻译名义大集》（*Mahāvyutpatti*）CC XXXIII《衣服名目》（*Vastu-nāmāni*）里有：

5865　netram　绢

5866　pṛṅgaḥ　彩绢

5867 Paṭṭaḥ 彩绢

5868 citra-Paṭaḥ 片金或日锦

5869 stavaraḥ 同上

5870 kacaḥ 粗绢

5880 avaśyaya-paṭṭaḥ 绢罗、罗

5881 paṭṭāmśu 同上[140]

在和阗一带的印度俗语里也有 prigha（彩绢）、citrapaṭa（锦）、suj'inakirta（绣）等字。从语言方面我们也可以看到，中国各种各样的丝织品：绢、绫、锦、罗都传到印度去。

这些东西传到印度去以后产生了什么影响呢？首先就是给印度人民增添了衣服资料。古代印度人民的衣服资料只有棉布、羊毛、鹿皮等。中国很晚才有棉花，印度极早就有了，在摩亨殊达罗（Mohenjodaro）已经掘出了残存的棉花。但是丝衣服古代是没有的。我们前面虽然说到，印度古代可能有野蚕丝（Kau śeya侨奢耶），《大唐大慈恩寺三藏法师传》也记载着："其傍又作长舍数百间，贮侨奢耶衣、斑氎衣、金银钱等。"[141]但是一直到唐代，丝还很少被采用。《慧超往五天竺国传》：

土地所出唯有氎布（棉布）、象、马等物[142]。

〔南天竺国王所住〕土地所出：氎布……至于绵绢之属，五天总无[143]。

〔西天竺国王住城〕土地所出：氎布及银、象、马、牛、羊[144]。

此外印度西北部迦湿弥罗，以及迦罗国也都出产氎布。建驮罗国、乌长国、拘卫国都是“衣是皮毯、氎衫、靴、袴之类”[145]。

玄奘的记载也基本上一样。他在《大唐西域记》卷二里首先谈到印度一般的衣着情况：“其所服者，谓憍奢耶衣及氎布等。憍奢耶者，野蚕丝也。(丛) 蒭摩衣，麻之类也。颔钵罗衣，织细羊毛也。褐剌缡衣，织野兽毛也。”[146]足见印度人民在唐代是用野蚕丝做衣料的。但是以后在叙述个别的国家的时候，却再不谈到丝衣服，而只谈到棉布衣服。譬如：

滥波国“多衣白氎”。

乌仗那国“多衣白氎”。

迦湿弥罗国“服毛褐，衣白氎”。

半笯蹉国“多衣氎布”。

只在谈到戒日王的时候，说他“以诸珍宝、憍奢耶衣数十百千而为供养”。[147]可见在当时印度人民主要衣料是棉布。和慧超的记叙结合起来看，可以看出，虽然在唐代中国丝输入印度已经有极长的历史，但是一般老百姓还没有能够享受到丝的好处。

到了宋代，印度人民，至少是靠近和中国通商的港口一带的人民，已经可以穿丝衣服。宋赵汝适《诸蕃志》卷上，注辇国：“女家复以金银指环、越诺布及女所服锦衣遗婿。”到了明代，丝的应用更广了。马欢《瀛涯胜览》锡兰国：“民俗饶富。男子上身赤膊，下围色丝手巾，加以压腰。”柯枝国；“上不穿衣，下围纻丝手巾，再用颜色纻丝一匹，缠之于腰，名曰压腰。”古里国：

“国人亦将蚕丝炼染各色，织间道花手巾，阔四五尺，长一丈二三尺，每条卖金钱一百个。”这一条非常重要。大概从古代起，中国输入印度的不只是丝织品，而且也有生丝。[148]生丝运到印度再加工。古里国的人就把中国丝染色加工织成花手巾。榜葛剌国：“桑柘蚕丝皆有，止会作线缫丝嵌手巾并绢，不晓成绵。”这一条也很重要。马欢于永乐十年（1412 年）及永乐十九年（1421 年，这次是否从行，不敢肯定）随郑和下西洋。到那时候，榜葛剌纺织技术虽然已经相当高，“土产五六样细布”，但是对于丝却“止会作线缫丝嵌手巾并绢”。溜山国：“织一等丝嵌手巾，甚密实长阔，绝胜他处所织者。”丝嵌手巾在当时大概是一种比较流行的手工业。

巩珍的《西洋番国志》记载得差不多。锡兰国：“男子上皆赤体，下围丝手巾，加以压腰。”古里国：“国人亦以蚕丝练织各色间道花手巾，阔四五尺，长一丈二三尺有余，每手巾卖金钱一百个。”溜山国：“又出一等丝嵌手巾，长阔而加实密，胜他处所出者。”榜葛剌国：“桑柘蚕丝虽有，只知丝嵌手巾并绢布。”此外也说到柯枝园人民用颜色纻丝作压腰。可以和马欢的记载对比一下。

费信的《星槎胜览》记述比较简略。关于人民的衣服只说“穿短衫，围单布”（柯枝国），“男子穿长衫，头缠白布，其妇女穿短衫，围色布”（古里国），没有说衣料是什么。只有榜葛剌国这一条里说道：“妇女穿短衫，围色布丝棉。”

《西洋朝贡典录》榜葛剌国：“女子椎髻，短衫，围色布丝绵。”“乐妇之饰也，服浅红线布之花衫，下围色丝帨。”可见榜葛剌和古代西域一样，音乐家可以穿丝。锡兰山国：“其男裸，下围丝帨，谓之压腰。”柯枝国：“其王缠首以黄白布，上无衣，下围纻丝帨，压腰以色纻丝。”古里国：“五色丝帨谓之西洋手巾，其广五尺，其长一丈二尺，其价金钱百。”这里所谓“西洋”含义和现在的“西洋”不同。当时印度一带就算是西洋。不明白这一点，对这一段记载容易发生误解。

《皇明世法录》卷八一记述榜葛剌的情形：“产镔铁、翠羽、琉璃、桑、漆，尤广丝绵。”说是“尤广”，可见产量是不小的。在明代以前也有类似的记载。金乌（又作吾）古孙仲端《北使记》：“〔印都回纥〕金、银、珠、玉、布帛、丝枲极广。”“印都”就是“印度”。可见至迟在金代孟加拉已经能产生大量的丝。但是这里却发生了一个问题：这些丝是野蚕丝，就是所谓憍奢耶呢？抑或是中国养蚕法已传入印度因而生产出的丝呢？从时间上来看，乌古孙仲端是在金宣宗兴定四年（1220 年）至五年西使的，上距中国养蚕法传入和阗已数百年。从地域上来看，西域，特别是和阗与印度的交通又是那样频繁。所以中国养蚕法在十三世纪二十年代以前传入孟加拉是完全可能的。另一方面，中国养蚕法在萨珊王朝末叶，也就是公元五六世纪已经传入波斯，六世纪初叶，滑国已能织绫锦，而波斯锦也曾传入印度。假如把这些情况都考虑在内，同时再考虑到印度同波斯的交通，这个时间方面的下限一定要向更古的时代推移。至于印度究竟从什么时候起就知道用丝纺织绫、罗、锦、绢，仅就中国方面的资料来看，我们只能说，当慧超在印度的时候（他是开元十五年，727 年回国的），印度人民还不能纺织这些东西。什么时候织起，那就很难说了。现在印度是以精美的印度绸闻名全世界的。连绸缎原产地的中国人民也十分喜爱这些薄如蝉翼的印度绸。关于这一点，恐怕中国人民和印度人民都有点数典忘祖了吧？他们恐怕已经不知道，养蚕织丝的发明人就是中国人民。印度人民不管是直接地或是间接地从中国人民这里学到这种技术，加上自己的努力，终于织出这样精美的绸子。仅从中国蚕丝传入印度这一问题上也可以看出中印两国人民友谊的悠久和彼此学习的好处了。

以上简略地谈了中国蚕丝输入印度的过程以及输入后发生的作用。在我利用的资料中，中国资料在数量中远超过印度资料。这是什么原因呢？一方面这是因为中国方面关于这问题的资料确实多一些，另一方面也因为受了目前图书设备的限制，不得不如此。因此，在本文里提出的都只是初步的看法，供大家参考，请大家指教。

附记：这篇文章写完后，曾送请向达先生指正，蒙他指出一些错误，提供一些材料，谨此志谢。

注释：

1　罗泌《路史》注《皇图要览》："伏羲化蚕，西陵氏始养蚕。故淮南王《蚕经》云：'西陵氏劝蚕稼，亲蚕始此'。"参阅《纲鉴易知录》卷之一。

2　董作宾：《甲骨学商史编》，下册，商八；向达编纂：《亚洲文化论丛》，第46页。

3　《毛公鼎》、《品父盘》等铭文里都有"丝"字。

4　参阅范文澜：《中国通史简编》，修订本，第一编，第38页；吴泽：《古代史》，第169—171页；尚钺：《中国历史纲要》，第8页。

5　参阅《古史辨》，第一册。王国维认为："至少亦必为周初人所作。"（《古史辨》，第一册，第265页）郭沫若：《中国古代社会研究》，第335—336页，认为可能还要晚。

6 《召南·羔羊》;《召南·何彼襛矣》;《邶风·绿衣》;《鄘风·干旄》;《卫风·氓》;《曹风·鸤鸠》;《小雅·皇皇者华》;《大雅·抑》;《周颂·丝衣》。

7 《释名》:“锦,金也。作之用功,重于其价如金,故制字帛与金也。”《太平御览》卷八一四引士纬:“丝俱生于蚕,为缯则贱,为锦则贵。”

8 又见《孟子·尽心》上。

9 《墨子·天志》中,《庄子·让王》。《墨子·所染》还谈到染丝。

10 《周礼》是后出的书,但是里面记载的东西不一定全是后出的。

11 参阅《文献通考》卷八七《亲蚕祭先蚕条》。

12 维维·锡尔万:《殷代的丝》(*Silk from Yin Dynasty*),《远东古代博物院院刊》(*The Museum of Far Eastern Antiquities*, Stockholm, Bulletin No. 9, pp. 119—126)。

13 斯坦因(Aurel Stein):《亚洲腹部考古记》(*Innermost Asia*), Oxford 1928, I. p. 234。

14 李济:《西阴村史前的遗存》,第22页。

15 中华书局版《后汉书》为卷八十九。——编者注

16 《大正大藏经》,卷五三,第296页上。

17 同上书,卷五一,第857页上。

18 同上书,卷五一,第870页上。

19 同上。

20 同上书,第870页下。

21 同上书,第871页上。

22 同上。

23 同上书,第872页上。

24 同上书,第873下。

25 同上书,第940页上。

26 同上书,第940页中。

27 同上书,第940页下。

28 同上。

29 同上。

30 同上书，第 941 页中。

31 同上。

32 同上书，第 941 页下。

33 同上书，第 942 页中。

34 同上书，第 942 页下。

35 同上书，第 943 页上。

36 在中国和尚的游记里面类似的记载还很多，参阅《洛阳伽蓝记》（《大正大藏经》，卷五一，第 1019 页中），《慧超往五天竺国传》（同上书，第 978 页）。

37 《大正大藏经》，卷五一，第 1019 页上。

38 同上书，第 1019 页中。

39 同上书，第 979 页上。

40 同上。

41 同上书，卷五〇，第 225 页中、下。

42 同上书，第 227 页下。

43 同上书，第 229 页中。

44 同 41。

45 唐以后，情形还是一样。《宋史》卷四九〇《外国列传》："善马直绢一匹。"

46 又见《北史》卷九七《西域传》；《周书》卷五十《异域传》下。

47 又见《北史》卷九七《西域传》高昌国。

48 《大正大藏经》，卷五一，第 944 页下。

49 Rockhill, *Life of the Buddha*, pp. 238 sq.

50 《宋史》卷四九〇《外国列传》高昌国："地有野蚕，生苦参上，可为绵帛。"这里说的是"野蚕"。

51 斯坦因：《西域考古图记》（*Serindia*, Oxford 1921），第 763 页。

52 同上书，第 760 页。

53 同上书，第 762 页。

54 同上书，第687、779页。

55 同上书，第688、778页。

56 同上书，第900页。

57 同上书，第845页。

58 同上书，第810、1000页。

59 同上书，第899、900、982页。

60 同上书，第899、900、987—989页。

61 同上书，第878页。

62 同上书，第763页。

63 同上书，第671、776页。

64 同上书，第903—913页。

65 同上书，第701—704页。这个解释不一定全面。

66 Ed. Chavannes：《斯坦因在东土耳其斯坦发现的中文文书》（*Les Documents chinois, découverts par Aurel Stein dans Les sables du Turkestan Oriental*），五三九号。

67 斯坦因：《西域考古图记》，第373—374页。

68 斯坦出还找到了一件中文文书，上面写着："新队长张洞奉缣三丈二尺。"（见《斯坦因在东土耳其斯坦发现的中文文书》，第四九〇号）斯坦因（《西域考古图记》，第758页，注三九）认为这"缣"可能就是这位队长的薪俸。

69 《西域考古图记》，第383页。

70 《亚洲腹部考古记》，第222、227、280页等。

71 同上书，第235、489、661，674页等。

72 《西域考古图记》，第373—374页。

73 《亚洲腹部考古记》，第232—234页。

74 Albert Hermann：《楼兰》（*Lou-lan*），Leipzig 1931，p. 125 sqq.

75 August Conrady：《斯文赫定在楼兰发现的中文写本及其他零星物品》（*Die chinesischen Handschriften-und sonstigen Kleinfunde Sven Hedins in Lou-lan*），Stockholm 1920，No. 6，1；13，2；14，2。

76 《斯坦因在东土耳其斯坦发现的中文文书》，一〇三号。

77 斯坦因还在罗布诺尔北面找到一个残卷，上面写着："胡阿宗贡白绢十匹二丈，黄绢一匹缣一匹为二匹。"见 Chavannes：《斯坦因在东土耳其斯坦发现的中文文书》，九〇三号。

78 《亚洲腹部考古记》，第673—680页。

79 同上书，第621页。

80 同上书，第463、495、497、499、501页。参阅向达译：《斯坦因西域考古记》，附录二：《斯坦因黑水获古纪略》。

81 同上书，167—168页。参阅季羡林：《中国纸和造纸法输入印度的时间和地点问题》，见本书。

82 《西域考古图记》，第466、478、479、481、482、483页。

83 斯坦因：《古和阗考》（*Ancient Khotan*），牛津，1907年，第430、441页。

84 斯坦因：《沙埋和阗废址记》（*Sand-buried Khotan*），伦敦，1903年，第419页。

85 《古和阗考》，第373、410页。

86 《西域考古图记》，第254页。

87 同上书，第1288、1294页。

88 《古和阗考》，第297页。

89 斯坦因：《西域考古记》（*On Ancient Central-Asian Tracks*），第63页；向达译本，第45页。

90 《西域考古图记》，第1278页。

91 中华书局版《后汉书》为卷八十八。——编者注

92 同上。

93 同上。

94 Henry Yule：《东域记程录丛》（*Cathay and the Way thither*）vol. I. pp. 203—204；张星烺：《中西交通史料汇篇》，第一册，第76页。这个故事不一定可靠，参阅《历史教学》1954年第5期，第33页；雷海宗：《世界史上一些论断和概念的商榷》。

95 《东域记程录丛》，第404页。

96 同上书，第 204—205 页。

97 《大正大藏经》，卷五一，第 978 页中。

98 B. Laufer:《中国伊朗文化交流》(*Sino-Iranica*), Chicago 1919, p. 537。

99 《大正大藏经》，卷五一，第 938 页上。

100 B. Laufer:《中国伊朗文化交流》，第 537 页。

101 同上书，第 539 页，应该说是“金花”。

102 《北京日报》1953 年 6 月 8 日，新华社长沙 7 日电；《人民文学》1953 年第 11 期，郭沫若:《关于晚周帛画的考察》。

103 《丹阳记》、环氏《吴记》、《神仙传》、魏文帝诏、《江表传》等皆见《太平御览》卷八一五引文。

104 晋任豫的《益州记》:“益州城张仪所筑，锦城在州南，蜀时故宫也。其处号曰锦里。”成都又号锦城，来源已久了。

105 参阅《文献通考》卷三三〇《四裔考》七《松外诸蛮》。

106 参阅上书，卷三二九《四裔考》六《哀牢》。

107 参阅 M. Wintemitz:《印度文学史》(*Ceschichte der Indischen Literatur*), Ⅲ. Band, Leipzig 1920, p. 509; Hermann Jacobi:《憍胝厘耶书里面有关文化史语言史文学史的资料》(*Kultur –, Sprache-und Literar-historisches aus dem Kauṭilīya*), S. B. P. A. W. xliv. 1911. p. 96; R. C. Majumdar, *An Advanced History of Iadie*, London 1950, p. 126。

108 迦梨陀娑约生于 350—472 年之间。

109 参阅 H. Lüders:《古代土耳其斯坦的纺织品》(*Textilien im alten Turkistan*) A. P. A. W. 1936, Phil、 – Hist、Klasse Nr. 3。

110 H. Lüders:《古代土耳其斯坦的纺织品》，第 28 页。

111 《大正大藏经》，卷五一，第 876 页中。

112 中外许多学者都努力考证过这些国名；但是以我们目前的知识而论，我们显然还不能完全解决这些问题。参阅藤田丰八著、何健民译:《中国南海古代交通丛考》，《前汉时代西南海上交通之记录)。

113 藤田丰八著、何健民译:《中国古代交通丛考》，《前汉时代西南海上交通之记录》，第 107—113 页；费琅（G. Ferrand）：《昆仑及南海古代航行考》。

114 中华书局版《后汉书》为卷八十八。——编者注

115 同上。

116 Henry Yule：《东域记程录丛》，第一册，第 227 页。

117 以上地名考证多据藤田丰八《岛夷志略》校注。

118 以上引文皆据冯承钧校注本。

119 同上。

120 《西洋番国志》引文皆据向达先生手抄本，谨记于此，以志心感。

121 《西洋朝贡典录》黄省曾自序："全乃摭拾译人之言，若《星槎》、《瀛涯》、《针位》诸编，一约之典要，文之法言，征之父老，稽之宝训。"

122 见刘祁：《归潜志》，卷一三，附录。

123 Heinrich Lüders：《塞种人和〈北雅利安语言〉》（*Die Śakas und die "Nordarische Sprache"*），Philologica Indica，Göttingen 1940，pp. 237—255。

124 Sten Konow：《和阗塞种语语法》（*Khotansakische Grammatik*），Porta Linguarum Orientalium XXII，Leipzig 1941，p. 1。

125 T. Burrow：《中国土耳其斯坦发现的驴唇体残卷的语言》（*the Language of the Kharoṣṭhī Documents from Chinese Turkestan*）Cambridge 1937，p. vi；向达译：《斯坦因西域考古记》，第 64—65 页。

126 《阿育王传》，《阿育王子法益坏目因缘经》记载阿育王子法益分封和阗事。《后汉书·西域传》也记有班超与月氏谢将军在疏勒一带的战事。这些都证明印度与古代新疆一带特别是和阗关系之密切。

127 张星烺：《中西交通史料汇篇》，第一册，第 35—36 页；H. Lüders：《古代土耳其斯坦的纺织品》，第 28 页，注四。

128 《大正大藏经》，卷五一，第 1 页下。

129 见 G. F. Hudson：《欧洲和中国》（*Europe and China*），伦敦，1931 年，第 88 页。

130 中华书局版《后汉书》为卷八十六。——编者注

131 参阅夏光南：《中印缅道交通史》，第 15—24 页。

132　《大正大藏经》，卷五一，第5页中。

133　伯希和著、冯承钧译：《交广印度两道考》，第16—17页。梁启超《中国印度之交通说》"《慧睿传》称：睿由蜀西界至南天竺"，是了解错了原文。

134　《大正大藏经》，卷五四，第835页上；夏光南：《中印缅道交通史》，第33页。

135　伯希和著、冯承钧译《交广印度两道考》，以及夏光南《中印缅道交通史》，对这条路有详细考证。

136　《大慈恩寺三藏法师传》，卷二；《大正大藏经》，卷五〇，第229页下。

137　《大正大藏经》，卷五〇，第230页中。

138　同上书，卷五一，第4页上。

139　同上书，卷五一，第8页中。

140　以上皆见《京都帝国大学文科大学丛书》第三，《梵藏汉和四译对校翻译名义大集》。

141　《大正大藏经》，卷五〇，第248页下。

142　同上书，第975页下。

143　同上书，第976页上。

144　同上。

145　同上书，第977页中、下。

146　同上书，第876页中。

147　同上书，卷五一，第895页中。

148　参阅Lüders：《古代土耳其斯坦的纺织品》，第28页。

印度眼科医术传入中国考

中印文化交流源远流长，而且涉及的方面非常广。近半个多世纪以来，中印两国学者，以及其他国家的学者，对交流的情况做了大量深入细致的探讨工作，取得了可喜的成果。如果还有什么不足之处的话，那就是，过去探讨过分集中在哲学、宗教、文学、艺术方面，对科技，特别是对医学，似乎有所疏忽。

1936 年，周济先生在《中华医学杂志》第二十二卷第十一、十二期合刊上发表了一篇论文《我国传来印度眼科术之史的考察》，利用了相当丰富的资料，对印度眼科医术传来中国的过程作了比较详尽具体的叙述，开阔了我们对中印文化交流的眼界。但是，这一篇重要论文仍似乎有些不足之处，这就是，它讲的只限于中印两国，对其他国家和地区重视不够。我对于这个问题也感兴趣，多年以来，积累了一些资料。现在就根据我搜集的资料，作一点补充。见于周文的资料一般不再重复。

我想从唐杜环的《经行记》谈起。唐玄宗天宝十载（751 年），杜环在怛逻斯之战中被大食兵俘虏。762 年回国，把他在大食等地的所见所闻写成了一本书，名叫《经行记》。在本书六、大食法、大秦法、寻寻法一章中有几句话：

其大秦，善医眼及痢，或来病先见，或开脑出虫。

中国的正史中也有类似的记载。《新唐书》卷二二一下《西域传》下：

> 大秦……有善医，能开脑出虫，以愈目眚。

取材可能就来自《经行记》。

这两个地方都讲到“开脑”。什么是“开脑”呢？Meyers 认为是针刺。但是，根据 F. Hirth 的意见，这很可能指的是“环锯”(trepanning)，就是开颅。这种开颅治病的办法，在古代南美印加人中间似乎就用过。在使用金属以前的时期，有些地方甚至用石头开颅，在意大利就是如此。古希腊 Hippocrates 也讲到过开颅的手术。可能是通过景教徒，这种技术传播开来。这些景教徒以善医著称。他们曾将希腊医书译为阿拉伯文，可能就是通过这个途径，他们得知 Hippocrates 的说法。总之，在古代亚洲，特别是从中近东到印度一带，这种“开脑”的方法相当流行。[1]杜环的《经行记》和《新唐书》中的记载，也证明了这一点。

在人类历史上，只要有文化，就会有交流。文化交流促进了人类社会的进步。医学的交流在历史上也是非常习见的现象。专就印度和中国而论，在后汉三国时期，佛教一传入中国，同时也就传来了印度医学。一些最早来华的外国僧侣都会一点医学。这实际上是一种传教的方法。明末清初天主教传入中国，也同佛教一样，巧妙地使用了这个办法而获得成功。

在印度，从很古的时代起，就有非常高明的医学，有理论、有实践、有典籍，在人类文化史上放射出异样的光辉。在医学诸分科中，眼科似乎更为突出。[2]这种水平很高的印度医学，包括眼科在内，就在长达数百年的期间内陆续传入中国。这方面的记载相当多，散见于《高僧传》中者也有一些。我在这里只举一个与针刺有关的例子，因为我在下面还要谈到针刺治眼病的问题。梁慧皎《高僧传》卷四《于法开传》：

> 又祖述耆婆，妙通医法。尝乞食投主人家。值妇人在草危急，众治不验，举家遑扰。开曰："此易治耳。"主人正宰羊，欲为淫祀。开令先取其肉为羹，进竟，因气针之，须臾羊膜裹儿而出。（《大正新修大藏经》〔下简㊅〕50，350a）

这是晋朝的事情。到了唐朝，印度医法继续传入中国。关于这方面的记载相当多，散见于《高僧传》等书中者也有一些。我在下面只举几个例子，以概其余。

《贞元新定释教目录》卷十一《波罗颇迦罗蜜多罗传》：

> 时为太子染患，众治无效。下敕延颇入内，一百余日，亲问承对，不亏[3]帝旨。疾既渐降，辞出本寺。（㊅55，853b）

上引书，卷十四《三藏沙门达摩战坦（涅）罗传》：

> 学通三藏，善达医明。……进奉方术医方梵夹、药

草经书，称惬天心。……弟子比丘利言随师译语，方药、本草，随译上闻。(㊅55，878b)

上引书，卷十二《那提传》：

显庆元年（656年）勅经昆仑诸国采异药。(㊅55，863b)

《开元释教录》卷九《菩提流志传》：

阴阳、历数、地理、天文、呪术、医方，皆如指掌。(㊅55，570a。《贞元新定释教目录》，卷十四，《菩提流志传》文全同)

义净《大唐西域求法高僧传》卷上《玄照传》：

见唐使人引卢迦溢多于路相遇。卢迦溢多复令玄照及使傔数人向西印度逻荼国取长年药。(㊅51，2a)

上面是几个深通医术的印度和尚的情况。印度医学的一般情况，也通过中国游学印度的僧人传来中国。义净《南海寄归内法行》介绍了印度医术的一般情况：

言八医者，一论所有诸疮，二论针刺首疾，三论身

> 患，四论鬼瘴，五论恶揭陀药，六论童子病，七论长年方，八论足下力。(㊅54，223b－c)

这里值得注意的是“针刺首疾”，义净在后面又加上了一句：“首疾但自在头。”这说得更清楚了。

在唐代，印度医学影响中国，决不只是上面说的这一些。据陈寅恪先生的意见，白居易著名的《长恨歌》中说的“春寒赐浴华清池，温泉水滑洗凝脂”，这种温汤疗疾的办法，也是受了印度的影响，而印度又由中亚学来。[4]这同我上面说的开颅疗疾的医术一样，先流行于古代中近东一代又传至印度。

下面我集中谈一谈眼病和由头疾而引起的眼病的治疗方法。在古代，印度眼科久负盛名，一方面是印度人民自己努力的结果，另一方面还有外来的影响。针刺疗疾印度好像是有悠久的传统，上面提到的于法开就是一个例子。唐朝义净《南海寄归内法传》里，特别讲到了“针刺首疾”，把针刺和头病联系起来。此时印度的眼科大夫已经来到了中国。唐代一些非常著名的诗人，诗中有咏眼病之作。如杜甫《谒方公上方诗》，白居易《病眼诗》，李商隐《和孙朴韦蟾孔雀咏》，刘禹锡《赠眼科医婆罗门僧》等等。这些诗中有两件事值得注意：一件是谈到金篦或金键，一件是谈到《龙树论》。谈到“金篦”，当然指的是治白内障的工具。谈到《龙树论》，则指的是关于眼病的一部书。宋马端临《文献通考》卷二二二有：

> 《龙树眼论》三卷　晁氏曰：佛经龙树大士者，能治

眼疾，假其说集治七十二种目病之方。

这里治的眼病竟有七十二种之多，白内障只是其中之一。

龙树菩萨的《眼论》或者《眼经》，当然是一部印度著作。根据周济的意见，这一部书流传印度，当在隋唐之间，其为隋唐间人所译，应无可疑。[5]这一部书见于许多书目中。

除了直接翻译印度的眼科著作以外，中国医学家的著作中也引用印度的说法。最著名的一部书是唐王焘的《外台秘要》。王焘约生于670年，卒于755年。本书第二十一卷是专门讲眼科的。一开始就有“天竺经论眼序”一首，后面加上的解释是“陇上道人撰。俗姓谢，住齐州，于西国胡僧处授。”“胡僧”指的显然是印度大夫。

在其他一些书中，也有关于“胡人”治目疾的记载，比如日本僧元井撰《唐大和上东征传》中就有：

时大和尚频经炎热，眼光暗昧。爰有胡人，言能治目。遂加疗治，眼遂失明。(㊅51，991c)

这是治眼失败的一个例子。这里治的不是白内障，不必用金篦。是否是针刺？不得而知。“胡人”，一般学者都认为就是印度人。“大和上”，指的唐代高僧鉴真。

以上是一些关于眼病的例子。也还有由于头疾引起的眼睛失明的例子。《旧唐书》卷五《高宗本纪》下：

> 永淳二年（683 年）三月[6]，上苦头重，不可忍。侍医秦鸣鹤曰："刺头微出血，可愈。"天后帷中言曰："此可斩！欲刺血于人主首耶？"上曰："吾苦头重，出血未必不佳。"即刺百会。上曰："吾眼明矣！"

这个故事见于许多书籍。首先是唐刘肃的《大唐新语》卷之九，"谀佞"第二十一说：

> 高宗末年，苦风眩头重，目不能视。则天幸灾逞己志，潜遇绝医术，不欲其愈。及疾甚，召侍医张文仲[7]、秦鸣鹤诊之。鸣鹤曰："风毒上攻，若刺头出少血；则愈矣。"则天帘中怒曰："此可斩！天子头上岂是试出血处耶？"鸣鹤叩头请命。高宗曰："医之议病，理不加罪。且我头重闷，殆不能忍，出血未必不佳。朕意决矣。"命刺之。鸣鹤刺百会及脑户出血。高宗曰："吾眼明矣。"言未毕，则天自帘中顶礼，以谢鸣鹤曰："此天赐我师也。"躬负缯宝以遗之。高宗甚愧焉。

这同《旧唐书》讲的是一回事，而叙述较详细。至于时间，这里只说："高宗末年。"宋司马光《资治通鉴》卷二〇三唐高宗，系此事于弘道元年（683 年），内容基本一致，资料来源想即《大唐新语》。但系于弘道元年，则似有所疏忽。按《旧唐书》应为"永淳二年"，本年十二月才改元弘道。《旧唐书》置此事于改元之前。

唐高宗这个故事，讲的是治头疾，而兼及眼睛，所以高宗才说："吾眼明矣。"

这同我上面所讲的"开脑"有什么关系呢？开颅手术在现代已是司空见惯。但在古代却是神奇的。然而又确有其事，不能否认。大秦人能"开脑出虫，以愈目眚"。中国《三国志演义》也有华佗"开脑"的故事。至于"出虫"，则恐是幻想。连"开脑"这件事，在某些地方，恐怕有的也是针刺的夸大，不可尽信。不管怎样，唐代印度眼科医术已传至中国，而且流行相当普遍。至于针刺治眼病，可能部分来自印度，而印度的这一部分也有外来成分，它在古代中近东一带已经流行。

1993 年 5 月 3 日

注释：

1 Friedlich Hirth, *China and the Roman Orient*, Leipsic & Munich, Shanghai & Hongkong 1885, P. 301—304。

2 参阅周济，上引论文，第 54—58 页；甄志亚主编：《中国医学史》，人民卫生出版社 1991 年版，第 178—181 页。

3. 此据《续高僧传》，卷三，《波颇传》。原书作"下"，误。见㊅50，440b。《续高僧》的记载与《贞元额定释数目录》全同。

4 陈寅恪：《元白诗笺证稿》，上海古籍出版社 1992 年版，第一章，《长恨歌》，第 20—23 页。

5 参阅周济，上引论文，第 56 页。

6 此处疑为作者笔误，正确的应是十一月。——编者注

7 张文仲医学著作尚存在一些断片，见万斯年编译：《唐代文献丛考》，商务印书馆 1957 年版，第 113—139 页；日本黑田源次著：《中亚细亚出土医书四种》。

中国制造磁器术传入印度

磁器制造术源于中国，这是众所周知而又举世公认的事实。中国的磁器制造，发展到了明代，形成了一种颇为独特的青花白磁的风格，过去少见，后来也难以为继。这种磁器传出了中国。仅就广义的南洋、西洋一带而论，这种青花白磁广泛地受到了重视和喜爱。我在下面举几个例子，以概其余：

宋赵汝适《诸蕃志》，卷上，阇婆国：

> 番商兴贩，用夹杂金银及金银器皿……青白磁器交易。

同上书、卷，渤泥国：

> 出生香、降真香、黄蜡、瑇瑁。商人以白磁器、酒、米、粗盐、白绢货金易之。

羡林按：这里的“白磁器”，显然不是出自渤泥国。至于“商人”，没有说明是哪一国的，很有可能就是中国商人。

元汪大渊《岛夷志略》，爪哇国：

> 货用硝珠、金、银、青缎、色绢、青白花碗、铁器之属。

同上书，勾栏山：

地产熊、豹、鹿、麂皮、玳瑁。贸易之货，用谷米、五色绢、青布、铜器、青器之属。

羡林按：苏继庼《岛夷志略校释》，中华书局1981年版，第248—249页注，说“青器”与“青磁”汪大渊往往互用。

同上书，三岛：

地产黄蜡、木棉、花布。贸易之货，用铜珠、青白花碗、小花印布、铁块之属。

明马欢《瀛涯胜览》，爪哇国：

国人最喜中国青花磁器，并麝香、销金、纻丝、烧珠之类，则用铜钱买易。

明费信《星槎胜览》，剌撒国：

地产龙涎香、乳香、千里骆驼，余无物也。货用金、银、色段、色绢、磁器、米谷、胡椒之属。

明张燮《东西洋考》

羡林按：此书没有讲到青花白磁，但多次谈到中国商人与“夷”

人贸易的情况。想来磁器贸易也必然如此。因此，我在这里抄上一段，供参考。卷四，丁机宜：

> 夷亦只就舟中与我人为市。大率多类柔佛，而俗较驯，而货较平。

明罗曰诡《咸宾录》，南夷六剌撒：

> 其产惟龙涎、乳香、骆驼、磁器等物。

羡林按：从口气上来看，好像剌撒这个地方能生产磁器。这不能不令人感到奇怪。但是证之以上面引用的《星槎胜览》中关于同一个地方的记载，我们只能说《咸宾录》的记载值得怀疑。因为在《星槎胜览》中磁器归入“货用”一类，而不归入“地产”一类，可见不是本地产品。

明黄省曾《西洋朝贡典录》，卷中，锡兰山国第十五：

> 中国麝香、纻丝、色绢、青磁、铜钱、樟脑等物，彼则以宝石、珍珠易换。

《明会典》，卷一一二　礼部七〇　给赐三　外夷下　四，西域哈密：

> 使臣进贡到京者，每人许买茶叶五十斤，青花磁器五十副。

羡林按：从这里可以看到，不但南洋、西洋喜爱中国的青花磁器，西域亦然。

类似的例子还有很多，没有再引用的必要了。仅仅上引几个例子就足以说明，南洋、西洋、西域还有其他地区所特别喜爱的青花磁器是产自中国。在这里丝毫也没有怀疑的余地。

但是，在明代一些书籍关于孟加拉（宋代是“鹏茄罗”，元代是“朋加刺”，明代是“榜葛刺”或“榜葛兰”）的记载中，却有令人吃惊的东西。我也引几个具体的例子。为了周详起见，我从元代的《岛夷志略》“朋加刺”条引起：

> 产苾布、高你布、兜罗锦、翠羽。贸易之货用南北丝、五色绢缎、丁香、荳蔻、青白花器、白缨之属。

在这里，青白花器还不属于“产”一类，而只是“贸易之货”。

明《星槎胜览》，榜葛剌国：

> 地产细布、撒哈剌、绒毯、兜罗锦、水晶、玛瑙、珊瑚、真珠、宝石、糖蜜、酥油、翠毛、各色手巾、被面。货用金、银、布缎、色绢、青白花磁器、铜钱、麝香、银珠、水银、草席、胡椒之属。

在这里，“青白花磁器”仍然不属于“地产”，而属于“货用”。此书作者费信可能生于洪武二十一年（1388年），此书自序写于正统元年（1436 年）。

但是，到了六十多年以后出现的一本书里，调子忽然改变了。我指的是约成书于 1520 年间的黄省曾的《西洋朝贡典录》。在本书卷上，榜葛剌国第十六：

> 其朝贡无常。永乐六年（1408 年），其国王霭牙思丁遣使来朝贡。九年（1411 年），至太仓，命行人往宴劳之。十二年（1414 年），又遣其臣把一济等来朝，贡麒麟等物。正统三年（1438 年），贡同，表用金叶。其贡物：马、马鞍、金银事件、戗金琉璃器皿、青花白磁、撒哈剌、者扶黑答立布、洗白苾布、兜罗锦、糖霜、鹤顶、犀角、翠毛、莺哥、乳香、粗黄熟香、乌香、麻藤香、乌爹泥、紫肞、藤竭、乌木、苏木、胡椒。

上面曾讲到榜葛剌的产品："其布帛之品有六。"其后又讲到："其土物有珊瑚、珍珠、水晶、玛瑙、翠羽……。"

拿这些产品同上面讲到的"贡物"比较一下，只有几件对得上。按常识，贡物同产品不一定完全一致。如果完全一致的话，那就表示：把所有的土产都拿来进贡了。这是根本不可能的。但是，贡物是怎样来的呢？一般说来，不应该过多地轶出土产的范围。从别的国家或地区买奇物来进贡的情况也是有的。但一定受到严格的限制。

我讲这些话，用意何在呢？用意就在于贡物中有"青花白磁"一项，如何解释？我在上面已经明确无误地说明了：青花白磁是中国产品。从《岛夷志略》上可以看到，这种磁器元代已开始生产，至明而大盛，运出中国，受到所到之处的欢迎。

这种情况，印度学者 Haraprasad Ray（雷易）在他所著的《印中关系中的贸易和外交——十五世纪孟加拉之研究》（*Trade and Diplomacy in India-China Relations A Study of Bengal during the Fifteenth Century*，Radiant Publishers，New Delhi，India 1993）中，是完全承认的。在本书第 113—116 页，列了一个从中国输出和输入中国的物品表，表中列了不少的国家，但都只是陪衬，而以孟加拉为主。第 114 页，表中孟加拉，在“输出”（Exports）项下有“青花白磁”。顺便说一句：“输出”不是指的从孟加拉输出，而是从中国输出，完全是以中国为基准。这里列上“青花白磁”，是完全正确的。在“输入”（Imports）项下，没有列“青花白磁”。作者在第 185 页，有一个注 14：说这个表与李东阳《大明会典》中所列贡物是一致的。也就是说，李东阳没有列入“青花白磁”。可是《明会典》，卷九八，榜葛剌国“贡物”中却是有的。贡物名单如下：

> 马、马鞍金银事件、戗金琉璃器皿、青花白磁、撒哈喇、者抹黑答立布　洗白嚐布、兜罗锦、糖霜、鹤顶、犀角、翠毛、莺哥、乳香、粗黄、熟香等等。

这个表同《明史》，卷三二六，“榜葛剌”的叙述基本一致。为了利于比较，我也抄在下面：

厥贡：良马、金、银、琉璃器、青花白磁、鹤顶、犀角、翠羽、鹦鹉、洗白苾布、兜罗锦、撒哈剌、糖霜、乳香、熟香等等。

“青花白磁”这里也是有的。我再补充一条材料：明慎懋赏《四夷广记》，榜葛剌贡物中有“青花白磁”。

我们先不去纠缠，为什么李东阳《大明会典》中没有“青花白磁”。我仍然继续谈 H. Ray 的著作。第 116 页，在“中国向孟加拉输出的货物”这一段中列入了“青花白磁”。第 117 页，在“中国从孟加拉输入的货物”这一节中，没有提到“青花白磁”。第 144 页，Ray 根据《西洋朝贡典录》，在给中国的贡品中列上了“青花白磁”。《西洋朝贡典录》的原文上面已引，兹不赘，请参阅。

我在上面已经谈过，《西洋朝贡典录》成书较晚。《星槎胜览》成书在前，把“青白花磁器”列入“货用”一类，说明它不是孟加拉产品，而《西洋朝贡典录》把它列入“贡物”中，性质就完全不同了。可是《西洋朝贡典录》的叙述不够清楚。我们看不出，是孟加拉哪一年朝贡的贡品中有“青花白磁”。但是，无论怎样，孟加拉贡品中有了“青花白磁”，证之以《明会典》和《明史》的记载，是不容怀疑的，完全可以肯定的。

我在上面已经谈到过，贡品一般都应该是土产，从别的国家或地区买了东西来交贡品，是比较稀见的。何况“青花白磁”这种物品的原产地就在中国。向中国或别的国家购买了“青花白磁”，再用之向中国进贡。俗话说：“江边卖水，圣人门前卖字”，是十分荒谬可笑的事。孟加拉的统治者或大商人决不会糊涂到这个程度，竟把“青花白磁”充当贡品，运回中国。难道他们不怕中国皇帝老子见笑或怪罪吗？

那么，这个问题究竟应该怎样来解释呢？我想，唯一的一个可能性就是：孟加拉能生产“青花白磁”。

可是，问题跟着又来了：为什么在五天竺，甚至在整个南洋和西洋，以及其他任何国家，独独只有孟加拉能生产磁器？又为什么生产的偏偏是“青花白磁”？这些问题是回避不了的，我们必须回答。

据我个人的看法，答案只有一个，这就是：中国制造磁器术传入了印度，传入的地点是孟加拉，传入的时间是明初，至早是元末，正是中国同孟加拉外交和贸易活动最频繁的时期。要我拿出印度方面文献的证据，我拿不出。众所周知，印度人对历史事实不大重视，他们古代几乎没有一本像样的历史。但是，我有旁证。“白沙糖”在印度，特别是在孟加拉，名称是 cīnī，意思是“中国的”。关于这个问题，我曾写过两篇文章：一篇是《cīnī 问题》，见《季羡林学术论著自选集》；一篇是《再谈 cīnī 问题》，见《文史知识》1994 年第 2 期。在这两篇文章里，我论证了中国白沙糖传入印度，特别是孟加拉的问题。在第二篇文章里，我引用了《明史》卷三二六榜葛剌中的几句话：

> 官司上下，亦有行移、医、卜、百工技艺，悉如中国，盖皆前世所流入也。

用到“青花白磁”上，也完全适用。磁器制造术也是“前世所流入”的。这就是我的结论。我相信，它是正确的。

《再谈 cīnī 问题》发表以后，我又找到两条材料。一条是明郑晓撰《皇明四夷考》，卷下，榜葛剌：

> 阴阳、医、卜，百工技艺，大类中国。

一条是明罗曰褧著《咸宾录》，《西夷志》卷之三天竺：

> 又有榜葛兰，即西天东印度也。……其产……丝棉、镔铁、枪、剪（极巧且利）、漆器、磁器（俱极精巧）为奇。

“榜葛兰”，是“榜葛剌”的另一个写法。在这里，第一条材料明确说，孟加拉“百工技艺”“大类中国”，这同《明史》卷三二六的说法全同，只是没有说“前世所流入”。第二条材料证明，孟加拉能生产磁器，而且“极精巧”。这几个字也很重要。如果不“极精巧”的话，孟加拉的统治者和大商人怎么敢拿来向中国进贡呢？这也许能说明，孟加拉人在学习了中国制造磁器的技术以后，在某一些方面有了改进，有如中国唐太宗派人向印度学习了熬糖法，最后“愈西域远甚”。

1994 年 7 月 27 日写毕

后记：

文章写完了，我还想加上一条尾巴，写点后记，本文中提到了我两篇关于白沙糖传入印度孟加拉的文章。现在又写了这一篇中国制造磁器术传入印度孟加拉的文章。也许有人会认为，白糖和磁器都不是什么了不起的伟大物件，你这样剌剌不休不厌其烦，有什么意义呢？我认为有重要意义。我们经常讲，国与国，民族与民族之间的文化交流，能提高彼此的精神文化水平和物质文化水平，是互补互利的。这一点已为人类历史所证明，没有再争辩的必要。如果世界人民都能了解这一点，必能促进彼此的了解，提高彼此的友谊，大有助于世界和平之保卫。拿中国和印度来说，两国都是世界大国和文明古国，我们间的文化交流已有几千年的历史，两国皆受其益。但是一翻开历史书，特别是中国哲学史、中国文学史、中国宗教史、中国艺术史、中国音乐史，还有这史那史，连篇累牍，我们读到的几乎只有印度影响中国，中国对印度的影响则恍如蓬莱仙山在似有似无之间。如果历史真是这样的话，我们也无话可说。但我始终坚信，它不会是这个样子，这是违反历史发展规律的。好多年以前，一位好心的印度朋友对我说："在 1945 年以前，是中国学习印度，那以后是印度学习中国。"他称之为 one-way traffic（单向交通）。我感谢这位印度朋友的善意。但我却不相信，这就是事实。于是在探讨中印文化关系，我有意去搜寻中国影响印度的事例。印度民族是一个有天才的民族，但对历史却不重视，古代几乎没有可以称为真正历史的书。想在那里面搜求我想要的资料，有如大海捞针。但是，如果真是历史事实，不管埋藏得多深，总会留下痕迹的。比如 cīnī 问题，痕迹是留在语言上，我抓住这点痕迹不放，结果就产生了那两篇论文。现在这一篇关于制造磁器技术的文章，真相隐藏得更深；但是我相信，我还是把它抓住了。

希望这一个尾巴不会惹起读者的厌恶。

1994 年 7 月 27 日

中印文化交流史

序言

中国和印度是邻国，至少在两千余年来一直是好邻居。我们在包括哲学、宗教、艺术乃至自然科学和技术在内的不同领域里不断进行交流，从而使我们两国的文化丰富起来。我们甚至可以这样说，如果中印两国之间没有文化交流，两国文化的发展就可能不是今天这个样子。

这些年来，我经常考虑一些有关文化的问题。我于文化问题绝非内行里手，我也不装出这番模样。但是，我看到了一些东西，想到了一些东西，我不愿意妄自菲薄，也不愿意敝帚自珍，于是就写了一些短文，在不同的座谈会上也做了几次发言。得到的反应多是肯定的。连一些外国学者也不例外。这当然增强了我进一步探讨的信心。

我觉得，我们过去谈论中国文化，往往就事论事，只就中国论中国，只就眼前论中国。这样做的结果只能是像瞎子摸象一样，摸不到全貌，摸不到真相。经过我多年的思考，我认为，从人类整个历史来看，全世界人民共创造出了四个大的文化体系。所谓“大”指的是历史悠久、影响广泛、至今仍然存在的文化体系。拿这个标准来衡量，我发现了只有四个：中国、印度、伊斯兰和欧美。其中前三个属于东方文化范畴，第四个属于西方。东西两大体系，有相同之处，也有相异之处，相异者更为突出。据我个人的看法，关键在于思维方式：东方综合，西方分析。所谓“分析”，比较科学一点的说法是把事物的整体分解为许多部分，越分越细。这有其优点：比较深入地观察了事物的本质。但也有其缺点：往往只见树木，不见森林。所谓“综合”就是把事物的各个部分联成一气，使之变为一个统一的整体，强调事物的普遍联系，既见树木，又见森林。普遍联系这一点是非常重要的，它完全符合唯物辩证法。

我浅见所及，东西文化的根本差异即在于此。

中国文化是东方文化的重要组成部分。要想了解中国文化，必须了解东方文化；而要想了解东方文化，必须了解中国文化。对东方文化和中国文化的了解必须同时并进，相互对照，相互比较，初时较粗，后来渐细，螺旋上升，终至豁然。

我想先从医药中举一个例子。人们都知道，西医和中医是完全不同的，两者的历史背景完全不同，发展过程也完全不同，因此，诊断、处方、药材等等都不一样。最明显的差别是大家所熟知的：西医常常是“头痛医头，脚痛医脚”，而中医则往往是头痛医脚，比如针灸的穴位就是如此。提高到思维方式来看，中医比西医更注重普遍联系，注意整体观念。

再拿语言文字来作一个例子。西方印欧语系的语言，特别是那些最古老的如吠陀语和梵文等，形态变化异常复杂，只看一个词儿，就能判定它的含义。汉语没有形态变化，只看单独一个词儿，你就不敢判定它的含义，必须把它放在一个词组中或句子中，它的含义才能判定。使用惯了这种语言的中国人，特别是汉族，在潜意识里就习惯于普遍联系，习惯于整体观念。

从上面几个简单的例子中可以看出中国文化的特点。约而言之，这个特点可以归纳为普遍联系和整体观念。从“科学主义”的观点上来看，这未免有点模糊，但是这个“模糊”却绝非通常所谓的“不清不楚”，而是有比较严格的科学含义，它强调的正是普遍联系。这同我上面讲的东方文化的思维方式是“综合”，是完全一致的。

我的这一点想法，颇得到一些学人的赞同。在北京召开的“东方文化与现代化国际学术讨论会”上，我讲了我的看法。会议结束以后，一位日本大学教授专程来到我家，向我表示他很赞成我的意见。我后来到南朝鲜访问，在社会科学院的一次座谈会上，我又谈了我的看法，一位大概是主张“全盘西化”的教授说：“我们韩国没有东方文化！”我在大吃一惊之余，举了几个我在汉城几所大学中看到的例子，说明那里是有东方文化的。那位教授最后还是承认了我的看法。

但是，不管有多少人赞成我的想法，我毕竟不精于此道，亿而偶中，是可能的；亿而不中，又何尝不可能呢？我这一点粗略的想法，在可预见的时间内，无法用实践来证明。即使在非常长的时间内，也只能逐渐地通过世界文化的发展来验证。这一点我想是大家都能同意的。

无论是从前还是现在，都有一些中国同志和印度朋友向我提出加强研究中印文化关系史的问题。他们的意见是十分正确的。在整个世界历史上，像中国同印度这样两个国家有着至少两千多年的文化交流友好往来的历史，是十分罕见的。这两个古老的国家又一直到今天还都在朝气蓬勃地大跨步走上前去，这更是绝无仅有的。因此，两国人民都珍视我们的友谊，愿意继续发扬我们的友谊，切望了解我们友好历史的具体内容，这是完全可以理解的。

今天的世界，正处在一个新的历史时期，中国和印度也都处在一个新的发展阶段。中国在迅速发展，所取得的成就，为世界所公认；印度亦在日新月异地发展变化，尤其是高科技的发展，为世界所瞩目。在新的形势下，中印两国为了更好地建设各自的国家，相互学习，彼此交流，则显得更为重要。这对我们两国文化的发展，经济的繁荣，人民的物质生活和精神生活的改善，起到了促进作用。

我的学生王树英，对我的一些关于中印文化交流的文章和讲话一直很感兴趣，他建议我出个专门的集子，他还亲自进行了选编，还附上一些有关照片，现已汇集成册。我想：这些年来，中印两国之间，无论是官方互访，还是民间往来，都在日益增多，合作项目与合作领域亦在逐渐扩大，两国间的友谊得到了进一步的发展，这些可喜的事情，令人鼓舞。在这种形势下，我的这个集子问世，也许有利于中印文化交流与合作，有助于中印友谊不断和谐地发展，对两国，甚至对世界和平，都会有好处的。因此，最后我同意出版这个集子。是为序。

季羡林

2007 年 4 月 27 日

一 导言

中印文化交流史，这确是一个大题，即使给了我十二万字的篇幅，这一本书我也只能小做。

我半生搜集有关中印文化交流的资料，至今我写的笔记和纸片，说是积稿盈尺，那还是不够的，比盈尺还要多。我曾零零碎碎写过一些文章，已经集成了一本《中印文化关系史论文集》(三联书店1982年版)。在这一本集子之外，还有不少单篇的论文，数量相当可观。我原本想写一部完整的《中印文化关系史》。但羁于杂事，因循未果，至今心中耿耿。1987年，应周一良教授之邀，写了一篇《中印智慧的汇流》，虽也有将近四万字，但并未能畅所欲言，又限于时间，写得比较粗糙潦草，歉愧之感，时来袭我。现在，又有了《神州文化集成》这样一个机会，但是，杂事越来越多，年龄越来越大，现在动笔写起来，仍然有不少困难。我只有在杂务猬集中挤出时间，尽上我现在还能调动起来的力量，在限定的篇幅内，戴着枷锁跳一场舞。倘若天假我以长年，在若干年以后，把我手头必须完成的工作做完，我还要尝试着写一部《中印文化关系史》——这是以后的事，目前暂且不谈吧。

现在，在进入本文以前，我想首先谈几个抽象的原则问题。了解了这些原则问题，对了解本书会有很大的好处。

首先，我想谈一谈文化交流的意义。

中印两国同立国于亚洲大陆，天造地设，成为邻国。从人类全部历史来看，人类总共创造出来了四个大的文化体系，而中印各居其一，可以说是占人类文化宝库的一半，这是一件了不起的事实。印度河和恒河孕育出来的印度文化，影响了南亚、东南亚以及这一带的广大地区。黄河和长江孕育出来的华夏文化，影响了东亚、东南亚以及这以外的地区。两个文化各自形成了自己的文化圈，对人类文化作出了积极的贡献。两大文化圈之间又互相影响，交光互影，促进了彼此文化的发展。我们甚至可以这样说，如果中印两国之间没有文化交流——这当然是绝对不可能的，而且也是无法想象的——那么，两国文化的发展就可能不是今天这个样子。

由此看来，我们文化交流的意义可谓极大极大了。

现在，再谈一谈文化交流的特点。

特点多得很。如果用子丑寅卯甲乙丙丁的方式来计算，那就会极端繁琐而不得要领。我现在提纲挈领地提出两点以概其余，这就是时间长，方面广。谈到时间，我们两国文化交流的历史究竟有多长，现在还不能完全说得清楚，有文字记载的至少有两千年，在这之前就难说了。至于方面，虽说容易说清楚，但也非轻而易举。在精神文明和物质文明两个方面，都有所交流，上自天文、地理，下至语言和日常生活，中间包括文学、艺术、哲学、宗教、科学、技术，等等，在很多方面，无不打上了交流的烙印。在全世界民族之林中，像中印两大民族文化交流得这样密切、广阔，即使不是绝无仅有，至少也算是难能可贵了。

最后，我再谈一谈交流的规律。

世界文化是世界上各个国家和民族共同创造的。有人主张世界文化一元起源论，是站不住脚的。在历史上和现在，世界上的国家和民族林林总总，幅员有大有小，历史有长有短，人口有众有寡，资源有瘠有富，但是，无不对人类文化作出了或大或小的贡献。有了文化，必有交流，接受者与给予者有时候难解难分，所有国家和民族都同时兼有二重身份。投桃报李，人类文化从而日益发扬光大，人类社会从而日益前进不停。这是交流规律中最重要的规律，是其他所有规律之本。

谈到其他规律，我们首先要区分物质文化的交流和精神文化的交流，这二者的规律是完全不一样的。物质的东西，交流比较简单。比如动物、植物、矿物等，以及科技的制造与发明，就像中国的蚕、丝、纸、火药、罗盘针、印刷术，等等，别的国家和民族，一接触到这些东西，觉得很有用，很方便，用不着多少深思熟虑，也用不着什么探讨研究，立即加以引用，久而久之，仿佛就成了自己的东西，仿佛天造地设，有点数典忘祖了。中国接受外来的这一类的东西，从几千年前一直到今天，层出不穷，风起云涌，见怪不怪习以为常了。我们"菜篮子"里许多不可须臾离开的菜，什么西红柿、菠菜、胡萝卜、土豆、圆白菜、洋葱，等等，数也数不完，谁还会想到这是"舶来品"呢？至于最近几年兴起的肯德基烤鸡、比萨饼、可口可乐，等等，我想，这就是活生生的文化交流了。

谈到精神文化的交流，则情况就复杂得多了，规律也复杂得多了。根据我个人的看法，两种陌生的文化一旦交流，一般来说，至少要经过五个阶段：撞击——吸收——改造——融合——同化。由于各国情况不同，一个阶段同下一个阶段之间的交替关系，有时候并不十分明显，界限难以截然划清，还可能有两个阶段混淆在一起以致泾渭难分的情况。但是，总起来说，有五个阶段说是能够成立的。特别是在中印文化交流史上，这五个阶段，尽管难免有的地方有交光互影的情况，但大体轮廓是比较清楚的。我在下面的叙述中就是按这五个阶段来划分的，我在这里当然讲的是历史事实，而不是空洞的理论。

还有一件事我必须在这里提一下。这与一般的交流规律稍有距离，但谈到中国和印度两国的文化交流，它似乎又是交流规律中不可缺少的一部分，不能不加以重视。什么问题呢？就是一些学者们往往提到的单向流动或双向交流的问题。

我在很多地方都提到过，既然是“交流”，当然是双向的。为什么又有所谓“单向流动”呢？这个词儿是几个印度朋友创造的，英文是onewaytraffic，意思是，在新中国成立以前，印度文化单方面地向中国流动，是中国学习印度。到了新中国成立以后，中国的新文化又一个劲地流向印度，是印度学习中国。事情当然不是这个样子。从表面上来看，在两千年的时间内，随着印度佛教的输入，印度的许多东西大量涌人中国，其影响既深且广，至今不衰。然而，中国文化对印度怎样呢？其影响微乎其微，似乎在若有若无之间，因而在许多人心目中，中印文化交流就成了单向流动了。但是，倘一深入研究，则立刻会见其不然。对待历史的态度，中印两国迥乎不同。马克思甚至说，印度古代没有历史。因此，中国文化在印度几乎是无案可查。我相信，在将来中印双方的学者都在这方面努力探讨之后，情况将会逐渐大白于天下的。我在这方面做了一些研究工作，在下面叙述中，我将在适当的地方加以叙述，也算是弥补一下这方面的缺憾吧。

二　滥觞（汉朝以前）

文化交流是人类的一种集体活动。既是活动，必有一个时间上的起点。然而，中印文化交流的起点则是“难言也”，谁也说不清楚。

起点说不出来，又非说不行。汉朝以前，根本没有可靠的文字记载。目前，我只能进行推测。谈到推测，我只有三条路可走：一是乞灵于考古；二是求助于天文；三是探索于神话。所有这三者都发生在渺茫的远古，除了极少数的考古资料外，古籍多荒诞难稽。我们只能暂时依靠这些东西，探索有心，苛求无方，这是我们唯一的出路了。

就考古而言，近世以来，印度以及英国等国的考古工作者，在属于今天印度和巴基斯坦疆域内的印度河流域，以及几个邻近的地区，进行了考古发掘，取得了辉煌的成绩，照亮了印度古代史，以及古代东西交通史、民族迁移史，等等。研究成果至今还没有完全整理和发表。最重要的问题是文字还没有读通。与中印文化交流史有关的是在 Harappa 和 Mohenjodaro 等地出土的彩陶上，这些彩陶在花纹等方面与中国甘肃出土的史前彩陶，有一些相似或共同之处。因此，学者们就推断，它们之间可能有传授或互相学习模仿的关系。

至于天文，则两者间的传授关系，较之考古，确凿可靠得多。我举二十八宿做一个例子。把汉文和梵文并列起来，原数码写在前面：

	汉文		梵文
1	角	12	citrā
2	亢	13	svātī

3	氐	14	visákhā
4	房	15	anurādhā
5	心	16	jyeṣṭhā
6	尾	17	mūla
7	箕	18	pūrva—ṣāḍhā
8	斗	19	uttarā—ṣaḍhā
9	牛	20	abhijit[1]
10	女	21	śravaṇa
11	虚	22	śravṛṣṭhā
12	危	23	śatabhiṣaj
13	室	24	pūrva—bhadrapadā
14	壁	25	uttara—bhadrapadā
15	奎	26	revatī
16	娄	27	āśvanī
17	胃	28	bharaṇī
18	昴	1	hṛttikā
19	毕	2	rohiṇī
20	觜	3	mṛgaśiras
21	参	4	ārdrā
22	井	5	punarvasu
23	鬼	6	puṣya
24	柳	7	āśleṣā
25	星	8	maghā
26	张	9	pūrva—phālgunī

27	翼	10	uttara—phalgunī
28	轸	11	hastā

汉文和梵文的数码顺序稍有不同。这个问题我在这里不去讨论。总的数目，二十八对二十八，是完全一样的。其间的渊源关系一目了然。我们关心的问题是，究竟谁影响了谁？在这方面，一百多年以来，中外学者的意见是有分歧的。Biot 主张起源于中国[2]。A. Weber 反驳 Biot 的学说，主张起源于印度[3]。Hommel 倡巴比伦起源说[4]。Ginzel 也主张起源于巴比伦[5]。到了 1894 年，A. Weber 忽然一反前说，也成了巴比伦派。似乎巴比伦说已成定论。实际上，巴比伦说是当时最时髦却又是昙花一现的东西，有如堂吉诃德向风车挑战，不过捕风捉影而已。

到了晚些时候，中国学者竺可桢和日本学者新城新藏[6]，重新探讨了这个问题，他们两位的结论完全一致。竺可桢只是顺便提到（《科学通报》），似乎还没有专文论述。我现在极简要地谈一谈新城新藏的主要论点。就二十八宿这个分法的原有目的来说，它选择的星象应当近于月道，即应取黄道赤道附近的星象。然而，印度二十八宿却含有大角（Arcturus）、织女（Vega）、牵牛（Altair，中国名河鼓）。这些星象距黄道赤道颇远，这是很值得注意的。中国二十八宿原来也包括这些星象，以后大概经过一次整理，代之以黄道赤道附近的星象，就是以角代大角，并且以之为二十八宿的起点；以须女代织女；对于牵牛，把它的代用者改为牵牛，而把原有的牵牛改为河鼓。印度却把没有整理前的二十八宿输入本国，忘记了原来的意义，仅用于星占。所以北斗与牵牛、织女对印度虽然毫无意义，也被传入。由此可见，二十八宿起源于中国，然后传入印度，时代大概是在周初（《中国上古天文》，第24页）。

最后，我再谈一点神话和民间传说。

印度人民是极其富于幻想的民族，他们创造的寓言、童话、小故事，等等，流布世界。我现在只举一个例子。这个例子见于许多书中，我从玄奘《大唐西域记》卷七：

> 劫初时，于此林野有狐、兔、猨，异类相悦。时天帝释欲验修菩萨行者，降灵应化为一老夫，谓三兽曰："二三子善安隐乎？无惊惧耶？"曰："涉丰草，游茂林，异类同欢，既安且乐。"老夫曰："闻二三子情厚意密，忘其老弊，故此远寻。今正饥乏，何以馈食？"曰："幸少留此，我躬驰访。"于是同心虚己，分路营求。狐沿水滨衔一鲜鲤，猨于林树采异花果，俱来至止，同进老夫。唯兔空还，游跃左右。老夫谓曰："以吾观之，尔曹未和。猨狐同志，各能役心，唯兔空返。独无相馈。以此言之，诚可知也。"兔闻讥议，谓狐、猨曰："多聚樵苏，方有所作。"狐、猨竞驰，衔草曳木，既已蕴崇，猛焰将炽。兔曰："仁者，我身卑劣，所术难遂，敢以微躬，充此一餐！"辞毕入火，寻即致死。是时老夫复帝释身，除烬收骸，伤叹良久，谓狐、猨曰："一何至此！吾感其心，不泯其迹，寄之月轮，传乎后世。"故彼咸言，月中之兔自斯而有。

大家知道，中国也有月中有兔的说法。这个说法来源于何处呢？根据这个故事在印度起源之古、传布之广、典籍中记载之多，说它起源于印度，是比较合理的。

中国古书上也有很多月中有兔的记载。其中最早的当推屈原（约生于公元前343年）的《天问》，里面有这样一句话：

而顾菟在腹。

后来注者几乎都把“顾菟”解释为兔子。近代学者闻一多先生独辟蹊径，解释为“蟾蜍”[7]。我个人认为是独到的见解，能够站得住脚。不过，屈原《天问》以后的许多中国古代典籍中，有大量月中有兔的说法。我举几个简单的例子。宋谢庄《月赋》：

擅扶光于东沼，嗣若英于西冥，
引元兔于帝室，集素娥于后庭。

梁简文帝《水月》：

非关顾菟没，岂是桂枝扶？

刘孝绰《林下映月》：

攒柯半玉蟾，裛叶彰金兔。

李白《把酒问月》：

白兔捣药秋复春。

杜甫《八月十五夜月》：

此时瞻白兔，直欲数秋毫。

这样的诗句举不胜举，我也就不再举了。至于中国民间千百年来相信月兔的故事，南北皆同，更无须再举什么例证了[8]。

印度古代对中国是颇为了解的。印度古书上对中国有记载。至于这些书“古”到什么程度，由于印度古代历史概念差，每一部书的成书年代都有问题。蜚声世界的两大史诗的完成时间，学者间意见相差极大。用今天的科学方法来探讨，这两部书的成书年代也长达六七百年之久。因此，我在这里举例子，只能笼统地称之为“古”代，详细年代无论如何也是说不出来了。

先说《摩诃婆罗多》。这一部史诗中有很多地方提到中国（Cīna）。我想，我在这里必须先把 Cīna 这个字的来源问题做一点交代，否则举的例子就会失掉意义。这个字的汉译很多，其中最流行的为大家所熟知的是“支那”，一看就知道是音译。汉文原文是什么呢？迄今众说纷纭，莫衷一是。我个人，还有其他一些中外学者，比较同意法国学者伯希和的意见，他认为这个字来自中国的“秦”字，但是，比秦始皇统一中国的时间要早一些，总在公元前三世纪中叶以前。有了这个时间的界定，这个字的出现对印度古代了解中国，在时间上就比较有把握了。

在《摩诃婆罗多》中，Cīna 这个字多次出现，多半同其他一些民族的名字联系在一起，比如 Kirāta、Hūna、Tukhara，等等，这些民族，征诸史籍，赫然具在。至于他们都是什么人？因为与我现在要讨论的问题无关，我在这里就不详细讨论了。在另一部大史诗《罗摩衍那》中，Cīna 这个词同样多次出现。除了这两部大史诗以外，在其他古代印度的重要典籍中，我们也同样能够找到 Cīna 或 Mahācīna 这样的字样。在著名的《摩奴法论》中也讲到了 Cīna，联系在一起提到的民族有 Pauṇḍaraka、Draviḍa、Kamboja、Yavana、śaka、Pārada、Pahlava、Kirāta、Darada、Khaśa，等等。这些民族也都能在史籍中找到。有趣的是 Cīna 在这里被看做是刹帝利种姓。在其他一些佛典中，比如 Milindapañha、Lalitavistara，等等，也都提到中国人，因为这些书成书年代还没有研究得十分清楚，我就不再引用了。

总之，以上这些例子足以说明，印度古代人民是颇为熟悉他们的老朋友——中国人的。中印两国的友好的文化交流的关系真可以说是源远流长了。

三　活跃（后汉三国　25—280 年）

我们现在进入了有可靠的实物和文字记载的时期。两国的文化交流从而活跃起来了。

我想分两部分来叙述：一是物质文化方面的交流；一是精神

文化方面的交流。

时间已经到了汉代。我觉得有必要在这里先谈一谈中国汉代正史中有关印度的记载，这毕竟是中印关系有正式记载的开始。

首先当然是《史记》。在本书卷一一六《西南夷列传》中，司马迁讲到在公元前138年至公元前137年奉武帝命出使西域的张骞在大夏（Bactria）看到了中国蜀布和邛竹杖，他问是从哪里来的？大夏国人说：

> 从东南身毒国可数千里，得蜀贾人市。或闻邛西可二千里有身毒国。

同书卷一二三《大宛列传》有几乎完全相同的记载，用不着再引用。“身毒国”就是印度。可见至公元前二世纪，中国四川的产品已经传到了印度，这是中印文化交流可靠的证据。

《前汉书》卷九十五《西南夷两粤朝鲜传》，抄袭了《史记·西南夷列传》的文字，只在词句上作了几处无关重要的修改。显然，班固对印度情况有了较多的了解。他在书里讲到罽宾，也就是克什米尔。《前汉书》卷九十六《西域传》讲到罽宾国的情况，气候、出产、手工艺、金银币，等等，以及罽宾与汉朝的关系。产品中有珠玑、珊瑚、虎魄、璧流离，等等。本书卷二十八下《地理志》，有一段有名的关于古代中印以及其他国家交通的记载，受到中外学者极端的重视，讨论其中地名的文章连篇累牍，至今也还没有大家一致同意的结论。其中地名之一的“黄支国”，绝大多数学者认为就是印度的建志补罗，也就是位于印度东海岸的康契普腊姆（Conjevaram）。这是中印古代海路交通可靠的证据。

到了宋范晔的《后汉书》卷一一八《西域传》，特别为天竺(印度）立了一个传。里面对印度各方面的情况描写得相当具体。可见此时中国人对印度的了解程度已大大增加。

在物质文化方面的交流这个题目下，我想分几个小题目来谈。

1. 中国的丝、纸、钢传入印度

首先谈丝。

古今中外的人士都知道，丝是中国古代人民最伟大的发现之一。发现的历史却湮而不彰。传说，最早发现丝的人是黄帝的妃子嫘祖（公元前两千多年）。这恐怕只是传说，不大可能是历史事实。中国考古工作者在西阴村发掘出来了一个蚕茧，足证中国在石器时代已有蚕丝了。《书经·禹贡》记载着许多州都产丝，可见蚕丝在中国传布之广。

这样奇妙的东西传出国去，是很自然的事情。公元前400年左右的一位希腊作家Ctesias，在他的著作里谈到Seres人，说这种人长得很高，有十三肘，寿命很长，能活二百多岁，指的就是中国人。据学者们的意见，这个字的来源就是汉文的“丝”字，所以它也有“丝”的意思。以后罗马的许多诗人和作家也都这样称呼中国人。他们普遍认为，丝是从树叶子里抽出来的。只有个别的人知道丝是从一种虫子身上产生出来的。

中国的丝传入罗马帝国，在那里为朝廷和贵族所珍视。从输入的丝中收的税数目也极可观。

中国的丝既然能够输入万里以外的罗马帝国，必然也会输入中国的邻国印度，这是非常自然的事情。输入的道路就是闻名全世界的所谓“丝绸之路”。在世界史上，在世界人民文化交流史上，这一条道路的重要意义，无论如何评价，也是不会过高的。这条“丝绸之路”并不是简简单单的一条路，而是路线颇多，分歧不少。我们无法详细叙述。我只着重指出，这一条路也通到了印度，在一千多年的长时间内，它是中印文化交流的干线。此外，还有通过西藏的路，还有川、滇、缅、印路，等等，在陆路方面，也都起过重要的作用。陆路之外，当然还有海路。所有这些路，都随着时代的不同而有变化，时通时阻，变幻不定。在这样长的时间内，在这样辽阔的土地上，这样的变幻是不可避免的。

总之，中国的丝通过“丝绸之路”也传到了印度。中印古书上有很多记载，我在这里只举印度一部古书。这就是 Kauṭalya 的《政事论》（*Arthasāstra*）。关于这一部书的真伪问题，产生的时间问题，学者间有激烈的争论，这里不是讨论这样问题的地方，我不去管它。有的学者认为这是写于公元前四世纪的一部书，我姑从其说，从其中引用一句话：

> Kauśeyam cīnapaṭṭāsca cīñabhūmijāḥ
>
> 丝（憍奢耶）及丝衣产于支那国

“憍奢耶”，玄奘在《大唐西域记》卷二说：“憍奢耶者，野蚕丝也。”此字往往泛指蚕丝，不一定就是野蚕丝。不管怎样，中国丝在这样早的时代就已经传入印度，却是一个无法否定的历史事实。

玄奘又说："其所服者，谓憍奢耶衣及氎布等。"可见，中国丝衣已经在印度人民的服饰中占了重要的地位。

从语言上来看，古代印度人民对丝是有正确了解的。"丝"字在梵文中有许多表示方法，比如 kīṭaja，kṛmija，kīṭasūtra，kīṭajasūtra，kṛmijasūtra，kīṭatantra，kīṭakosa，kīṭakose，kīṭakosaja，kṛmikosaja，kauśeya，kauṣeya，等等。kīṭa 和 kṛmi 的意思是"虫子"，ja 的意思是"产生"。可见印度人民知道丝是虫子产生出来的，比起西方古代一些人高明多了。

中国蚕丝通过丝绸之路西传，并不顺利。我举一个例子来说明一下。《大唐西域记》卷十二瞿萨旦那国（于阗）说：

> 昔者此国未知桑蚕，闻东国有也。命使以求。时东国君秘而不赐，严敕关防，无令桑蚕种出也。瞿萨旦那王乃卑辞下礼，求婚东国。国君有怀远之志，遂允其请。瞿萨旦那王命使迎妇，而诫曰："尔致辞东国君女，我国素无丝绵桑蚕之种，可以持来，自为裳服。"女闻其言，密求其种，以桑蚕之子，置帽絮中。既至关防，主者遍索，唯王女帽不敢以验。遂入瞿萨旦那国，止麻射伽蓝故地，方备仪礼，奉迎入宫，以桑蚕种留于此地。阳春告始，乃植其桑。蚕月既临，复事采养。

中国的桑蚕费了这样多的周折，才传出国去。《大唐西域记》讲的虽然像一个传说，但其背后必有历史事实，这一点是可以肯定的。至于丝是怎样传入印度的，目前还不知道。反正印度丝是从中国传入的这个历史事实，是千真万确的，传入细节可以存而不论了[9]。

现在再谈纸。

纸是中国人民伟大发明之一，传遍了世界，也包括印度。

古代印度是没有纸的，书写兴起得也比较晚。书写兴起以后，书写资料最常见的是白桦树皮，梵文叶 bhūrja。十一世纪的阿拉伯旅行家贝鲁尼（Alberuni）在他的游记里还提到这种桦树皮。现在伦敦、牛津、浦那、维也纳、柏林等地的图书馆或博物馆里还保存着大量的桦树皮写本。此外，也用大叶棕榈树（tādatāla）来书写。Tāla 音译为“多罗”。这个字与另一个字“贝多罗”毫无联系。“贝多罗”的梵文原文是 pattra，原意是“树叶子”，后来才逐渐演变成为“用来书写的树叶子”。我们常常讲的“贝叶经”中的“贝”字就是“贝多罗”的缩写。把“多罗”与“贝多罗”弄混，是个错误。

在中国，相传造纸的人是汉代的蔡伦（105 年），这是有历史根据的，不能否认。但是，在蔡伦之前，中国已经有了用植物纤维造纸的经验，同样也不能否认。大概蔡伦在总结前人经验的基础上，在技术上作了某一些改进。所以，发明造纸术这一顶桂冠就戴到他的头上了。纸的起源是一个异常复杂的问题，我在这里不再讨论。对于“灞桥纸”算不算纸的问题，学者也有意见分歧，我在这里也不去分析。纸是中国人的发明创造，这一个结论是无论如何也否定不掉的。只有个别的人，企图标新立异，但是既无历史资料，又无考古发掘的成品，缺乏谨严的科学态度，我们置之不理可矣[10]。

中国纸沿着丝绸之路向西方（其中包括印度）传播的轨迹，昭然可见。近百年来的考古发掘工作，获得了大量的实物。传入印度以后的使用情况，我们不甚了了。因为使用起来比较方便，逐渐取代贝叶，是很自然的事情，只是还缺少文献记载。从语言方面，我们能找到证据。传说是唐代高僧义净（公元七世纪）所撰写的《梵语千字文》中有“纸”的梵文词儿：kākali，附《梵唐消息》：śaya。唐礼言集《梵语杂名》作 kākari。kākali，kakari 同阿拉伯文和波斯文相同，这里不谈。śaya，汉译“舍也”，这个字却很值得注意。有的学者主张，这个字就是汉文“纸”的音译。我个人认为，这个主张是有道理的。

总之，中国的纸传到了印度，甚至可能连这一个字都传了过去。纸在传播文化中起了多么巨大的作用，不用解释，也会明白了。

最后谈钢。

中国古代开始使用铁的时代，不是最早。《禹贡》说：“梁州，厥贡璆铁银镂”，不但有“铁”，而且有“钢”（镂）。但是《禹贡》的成书年代是有问题的，因此不足为凭。甲骨卜辞中没有“铁”字，在殷墟考古发掘中也没有找到铁器。可见殷代中国还没有铁。“铁”字古代又写作“銕”，有人就主张，铁是从“夷”人那里拿来的。但是，《说文》：“铁，从夷。”段注：按“夷”盖“弟”之讹也。我不是古文字专家，没有能力和兴趣探讨这些问题。

历史学家一般的意见是，在中国春秋时代（公元前770—公元前476年）已经有了铁，战国时代（公元前476—公元前221年）已经有了钢，楚韩两国的冶铁技术更是特别高明。当时很多地方能够用钢制造宝剑，干将莫邪是众所周知的。到了西汉时代，中国的炼钢技术大有提高，许多人因冶铁而致富。不但在国内是如此，而且中国钢铁的冶炼技术可能还传到了国外。《史记·大宛传》说："自大宛以西至安息……其地皆无丝漆，不知铸铁器。及汉使亡卒降，教铸作他兵器。"如果认为中国史籍权威性还不够，我再引用一本古代西方的著作，这就是 Secundus C. Plinius（23—79 年），所谓老 Pliny 的《博物志》（*Historial Naturalis*），其中讲到"中国的铁"（Serico ferro）。大家倾向于承认这可能是"钢"。不管怎样，在一世纪时，中国的钢铁已经传入罗马。这与《史记·大宛传》的记载是完全吻合的。中国的钢铁既然能传至大宛（Farghana，今天苏联乌兹别克一带），传至罗马，那么传到印度去也自是意中事了。

事实也正是这个样子。我还是从语言上来解这个问题。梵文中有许多字都有"铁"的意思，比如 sāraloha（意思是"钢"），tīkṣṇāyasa，tikṣṇaloha，piṇḍāyasa，citrāyasa，śastraka，lokasāra（钢），loha，ayasa，cīnaja，等等。前面的那一些字我不讨论。最后一个字 cīnaja 对我要谈的问题却至关重要，因为这个字的意思是"中国产"，这个字有多种含义，"钢"是其中之一。这就说明，尽管古代印度有钢铁生产，而且，印度生产的钢铁还输出国外，在古代颇有一些名气。但是，"中国产"的钢在某一个时期某一个地区曾输入印度，这是无法否认的事实。如果这个语言证据还不够的话，我还可以举出其他证据。约生于 820—830 年之间的阿拉伯地理学家 Ibn Kurdadhbah，在他的游记里提到中国的钢铁、瓷器和大米。可见一直到九世纪中叶以后中国的钢铁还是能够同瓷器相提并论的著名产品。另一位阿拉伯地理学家 Ibn Muhdhih（约生于 941 年左右），在克什米尔看到一座观象台，是用中国钢铁造成的。这个例子足以说明中国钢铁确实传入印度。我必须补充一句：传入时间绝不会就是十世纪，恐怕要早得多。

2. 印度物品传入中国

根据种种迹象判断，印度物品传入中国在汉代以前就已经有了。但是，目前我还没有实物可资佐证，暂时无从谈起。

到了汉代，中国典籍有了一些零星的记载。这些典籍，既有正史，也有所谓“伪书”。“伪书”并非毫无价值，只不过是托名古人，年代前移而已。只要使用得当，史料价值还是有一些的。

正史，首先是《前汉书》卷九十六上说：

> （罽宾国）有金银铜锡，以为器。市列，以金银为钱，文为骑马，幕为人面。出封牛、水牛、象、大狗、沐猴、孔爵、珠玑、珊瑚、虎珀、璧流离。

这些东西中，有一些见于中国，特别是“璧琉璃”。此文梵文原文是 vaiḍūrya，俗语是 velūiya，巴利文是 velūriya，等等。汉文“璧琉璃”，显然是这个字的音译，其他的译法还多得很，无需一一列举。此字后来进入汉语的词汇中，今天的“琉璃”就是。

《前汉书》卷二十八下说：

> （黄支国）户口多，多异物。自武帝以来，皆献见。有译长属黄门，与应募者俱入海，市明珠、璧琉离，奇

石，异物。赍黄金、杂缯而往。所至国皆禀食为耦。蛮夷贾船，转送致之。

这里又提到“璧琉璃”，而且说明中国以黄金和丝织品去换。璧琉璃之入中国，是丝毫无可怀疑的了。

举了正史，我再举一部“伪书”。《西京杂记》说：

武帝时，身毒国献连环羁，皆以白玉作之，玛瑙石为勒，白光琉璃鞍。鞍在暗室中，常照十余丈如昼日。自是长安始盛饰鞍马。

这未必实有其事，但也绝非完全捕风捉影。

总之，印度在汉代传入中国的物品，必不在少数，连动物、植物都有不少。限于篇幅，我在这里不再细谈了。

印度佛教兴起于公元前六—公元前五世纪，佛祖释迦牟尼生存时代约与中国的孔子相同。最初佛教规模比较小，以后逐渐扩大，而且向国外传播，也传到了中国。

佛教传入中国，是东方文化史上，甚至世界文化史上的一件大事，其意义无论怎样评价，也是不会过高的。佛教不但影响了中国文化的发展，而且由中国传入朝鲜和日本，也影响了那里的文化发展以及社会风俗习惯。佛教至今还是东方千百万人所崇信的宗教。如果没有佛教的输入，东方以及东南亚、南亚国家今天的文化是什么样子，社会风俗习惯是什么样子，简直无法想象。

至于佛教究竟是怎样传入中国的？什么时候传入中国的？现在还无法说得很确切，很清楚。这是一个异常复杂的学术问题，学者关于这个问题的著作连篇累牍，大家在各个方面都同意的结论还没有，我在这里存而不论。如有兴趣，可参阅汤用彤先生的《汉魏两晋南北朝佛教史》，以及梁启超、任继愈诸位先生众多的论文和专著。

至于佛教是怎样传进来的？传进来的道路又是什么？这些都是极端复杂的问题，我在这里只能大体讲一个轮廓，着重讲一讲我自己对这个问题多年以来探讨的结果，以求教于高明。

我觉得有必要先讲一个相当有趣的看法，以资谈助。日本学者藤田丰八有一个见解，他先引《史记·秦始皇本纪》里的一句话：

> 禁不得祠明星出西方。

他认为"不得"就是梵文 Buddha（一般音译为"佛陀"）的音译，这句话的意思是秦始皇禁佛陀的庙，或者对佛陀的祭祀。结论是印度佛教在秦始皇（公元前 246—公元前 209 年）时代已经传入中国。这当然只能算是一个笑话。想不到中国有一位学者在各不相谋的情况下，也提出了同样的主张。尽管是"英雄所见略同"，但同样贻笑士林。因为许多学者都指出来过，像"禁不得什么什么"这样的句子在当时是颇为习见的，决不会是什么另外的解释。

在佛教传入中国这个问题上，最习见的说法是汉明帝（58—76年）永平求法。这个说法最早见于《牟子理惑论》等书。《理惑论》说：

> 昔孝明皇帝梦见神人，身有日光，飞在殿前，欣然悦之。明日，博问群臣：此为何神？有通人傅毅曰："臣闻天竺有得道者，号之曰'佛'，飞行虚谷，身有日光，殆将其神也。"于是上悟，遣使者张骞、羽林郎中秦景、博士弟子王遵等十二人，于大月支写佛经四十二章，藏在兰台石室第十四间。时于洛阳城西雍门外起佛寺。（下略）

所谓"水平求法"，大体上就是这个样子。《理惑论》里没有提到摄摩腾、竺法兰的名字，也没有"白马寺"这个名字。这几个名字都是较晚在别的书中出现的。研究中国佛教史的学者们大都认为，这个说法，尽管流传甚广，却是靠不住的。从佛教传入中国的种种迹象来看，肯定早于汉明帝。

但是，这个说法就一点历史事实都没有吗？根据我自己最近几十年来的研究与考虑，我觉得，其中确有一点十分有价值的内容或者暗示。我是专门研究所谓"混合梵语"或"佛教梵语"的，对古代中亚（中国的新疆是其中一部分）的民族语言，比如吐火罗语A和B，也稍有所涉猎。在探讨佛教梵语本身语言特点之外，时常涉及印度佛教在国内传布的问题。在这方面，在我的比较多的论文中，有两篇与这个问题有关，一篇是1947年写的《浮屠与佛》[11]，一篇是1989年写的《再论浮屠与佛》[12]。文长不见引。我只将我的推论方式和研究结论在这里简要地介绍一下。

在这里，关键是“浮屠”与“佛”这两个词儿。“浮屠”是梵文 Buddha 的音译，对此学者们毫无意见分歧。至于“佛”，则问题颇多。流行的意见是“佛”是 Buddha 另一个音译“佛陀”的缩写。但是，这个意见是有问题的。汤用彤先生指出“汉代称佛为浮屠”，这应该怎样来解释呢？为了方便起见，我把梵文 Buddha 这个字在不同语言中的表现形式列表如下：

大夏文	bodo，boddo，boudo
吐火罗文	pät，pud，pūd
拜火教经典的中古波斯文（巴利维文）	bwt
摩尼教安息文	bwt/but/
摩尼教粟特文	bwty，pwtyy
佛教粟特文	pwt
回鹘文	but，bur
达利文	bot

上面这个表中的字可以明显地分为两组：大夏文为一组；其余的中亚古代民族语言为一组。第一组大夏文的 bodo，boddo，boudo 与汉文音译的“浮屠”完全对应；而其余的则又同汉文音译的“佛”完全对应。可见“佛”字绝不是“佛陀”的缩写，而是另有来源。从梵文 Buddha 这个字的汉文音译来看，佛教从印度向中国传布，共有两条途径：

①印度→大夏（大月支）→中国

Buddha→Bodo，Boddo，Boudo→浮屠

②印度→中亚新疆小国→中国

Buddha→But 等→佛

《理惑论》中说，中国派人到大月支去写佛经四十二章，当时的大月支这个游牧民族正居住在大夏。《理惑论》这一句话是符合历史事实的，汉代之所以称佛为“浮屠”，也完全可以得到满意的解释。总之，印度佛教不是直接传入中国的，途径有两条，时间有先后。最早的是通过大夏，以后是通过中亚某些古代民族，吐火罗人最有可能。

我这个看法，颇得到一些同行们的赞赏。

总之，佛教就这样传进了中国。佛教既然属于精神文明的范畴，它同物质文明不同，必然受到异族文化相遇时出现的规律的制约，必然会有一个撞击的过程或者阶段。不过，我在这里必须指出，中华民族是一个对宗教比较宽容的国家，不管是本土的宗教，还是外来的宗教，都一视同仁，无分轩轾。中国历史上并没有像其他一些国家那样有十分剧烈的宗教战争。欧洲的十字军东征是一个最突出的例子。我这样说丝毫没有评价的意义，我不是说哪一个宗教好，哪一个宗教坏，我只不过是指出一个历史事实而已。在这样的情况下，印度的佛教传入中国，同本国的宗教或者文化，特别是伦理道德方面，是有撞击的，但是不激烈，不明显，表面上来看，似乎一下子就和平共处了。

一点不撞击也是违反规律的。仔细研究一下佛教初入中国的情况，表面上明显的撞击没有发现，但是，从佛教所抱的态度和它所倡导的伦理来看，撞击的痕迹隐约可见。从前汉开始一直到后汉，鬼神方术的信仰在社会上极为流行，这些与佛教教义是根本相违的，也许佛教在这方面碰过一些小钉子，也许是为了避免碰钉子，自己来一个先发制人的手段，先韬晦一下，遂以方术自隐，结果顺利地通过了最难过的第一关。

在伦理观点方面，我也可以举一个例子。众所周知，孝在中国传统的伦理道德中占有极其崇高的地位。社会风习不必说了，连帝王也几乎全部以孝治天下。尽管他们的行为有时与孝绝对相违，口头上却不得不这样表白。佛教要求信徒出家，这就与中国的“不孝有三，无后为大”的道德教条根本对立。怎么办呢？也只好迁就现实，暂时韬晦。在后汉三国时期翻译的佛经中，有不少讲到孝的地方。我现在举几个例子：

吴康僧会译《六度集经》第一：

> 子存亲全行，可谓孝乎？（《大正新修大藏经》1，6a）

失译人名在后汉录《大方便佛板恩经》第一：

> 佛法之中，颇有孝养父母不耶？（同上书，124c）
>
> 欲令众生孝养父母故，以是因缘故，放斯光明。（同上书，125a）
>
> 欲令众生念识父母师长重恩故。（同上书，127b）
>
> 为孝养父母知恩报恩故，今得速成阿耨多罗三藐三菩提。（同上书，127c）

例子不必再多举了，从中可以看出，最早的汉译佛经是多么强调这个“孝”字。梵文里面也有与汉文“孝”相应的字，比如 Mātrjña pitrjña 等，但是，这些字都绝非常用常见的字，它们在佛经甚至印度其他古代经典中所占的地位，完全无法同“孝”字在中国经典中的地位相比。佛教为了适应中国的伦理道德，不得不作出这样的姿态。关于这个问题，中外学者有很多人都注意到了，日本著名的梵文学者中村元博士就是其中之一。

从上面的两个小例子中也可以看出，佛教传入中国后，为了适应新环境，不得不采取一些比较隐晦的手段，使撞击不至于激化。这事实本身就说明，撞击是存在的。由于佛教徒手法的高明，撞击被掩盖起来了。

不管怎样，印度的佛教传到中国来了，印度的佛教在中国立定脚跟了。这在中印文化关系史上是一件大事，不能不大书特书一笔。

中印两国文化相遇时既然有撞击，既然是吸收阶段，就不可能是一劳永逸的。在这以后的千百年中，中国的传统文化与外来的佛教还不断有一些小的摩擦，比如六朝时代沙门不敬王者论的辩论，一些君王排佛的行动，所谓“三武灭佛”，等等，以及一些也不一定就算是正统儒家的学者的排佛，韩愈是一个众所周知的例子。如此等等，我认为这也是正常的现象，用不着大惊小怪。在中国没有残酷的宗教战争，这总是一个历史事实。

再回头来谈后汉三国时佛教初传入时的情况。撞击阶段基本上一过，吸收阶段便随之而来。根据中国历史的记载，最早崇信佛法的人，不是平民老百姓，而是宫廷贵族或者大官僚。《后汉书·光武十王列传·楚王英传》，记载着楚王英遣郎中令奉黄缣白纨三十匹，“以赎愆罪”，诏报曰：

> 楚王诵黄老之微言，尚浮屠之仁祠，洁斋三月，与神为誓，何嫌何疑，当有悔吝？其还赎，以助伊蒲塞桑门之盛馔！

这是一段值得重视的记载。首先，这件事情发生在汉明帝永平八年（65 年）。它说明，在一世纪中叶，佛教已经得到了比较广泛的传播。因此，正如我在上面说过的那样，“永明求法”说是靠不住的，它必定在永平前已经传入中国。其次，这里面出现了两个音译：“伊蒲塞”和“桑门”。“伊蒲塞”，梵文是 upāsaka，一般音译为“优婆塞”，“邬波斯迦”等，出现比较晚，意译是“近事”。“桑门”，梵文是śramaṇa，音译为“室啰末拏”、“舍啰磨拏”等，出现比较晚。“桑门”和另一个音译“沙门”，显然不会是直接从śramaṇa 译过来的，而是更接近巴利文的 samaṇa。但估计巴利文也不会是“桑门”的直接来源。这个音译的直接来源只能是中亚一个古代民族的语言。这就可以说明我在上面已经谈到过的印度佛教传入中国的途径是中亚。不管怎样，在一世纪印度佛教的专名词已经在中国，至少在中国一部分人中间流行了。

约在楚王英崇信佛教之后的一百年左右，汉桓帝又并祭二氏，指的是佛家和老子。桓帝延熹九年（166 年），襄楷上书说：

> 又闻宫中立黄老浮屠之祠。此道清虚，贵尚无为，

> 好生恶杀，省欲去奢。今陛下嗜欲不去，杀罚过理，既乖其道，岂获其祚哉！

前面是一个“王”，后面是一个“帝”，都相信了佛教，可见佛教在最高层人士中有了基础。但是，这一王一帝都不是专诚信佛，而是佛老兼信，由此又可见佛教的基础还不那么牢固，远远没有达到垄断的地位。

再晚一些时候，在汉灵帝中平五年（188 年）至汉献帝初平四年（193 年）之间，一个叫笮融的人大起浮图祠。《三国志·吴志·刘繇传》说：

> 笮融者，丹阳人。初聚众数百，往依徐州牧陶谦。谦使督广陵丹阳[13]运漕。遂放纵擅杀，坐断三郡委输以自入。乃大起浮图祠，以铜为人，黄金涂身，衣以锦采，垂铜槃九重，下为重楼阁道，可容三千余人，悉读佛经。令界内及旁郡人有好佛者听受道，复其他役，以招致之。由此远近前后至者，五千余人户。每浴佛，多设酒饭，布席于路，经数十里，民人来观及就食且万人，费以巨亿计。

看样子，这位笮融像一个游侠似的人物，是一个地头蛇，聚集了一帮子人，乘天下扰攘之时，弄到了一个官。他一方面“放纵擅杀”，另一方面又信了佛，塑佛像，举办浴佛节，招待人们吃饭，布席数十里，食者万人，气魄真够大的。这里值得注意的是，第一，中国造像立寺，这是首次见于记载；第二，佛教已经从宫廷王府走向平民老百姓，基础牢固了，势力增强了。

从楚王英和笮融皈依佛教的行动中，我们约略可以看出汉代佛法地理上之分布。楚王英的辖区跨今天的山东、江苏、河南、安徽等省，治所在彭城（今徐州）。后来楚王废徙丹阳，跟随他南移的有数千人。这些人中，即使不全是佛教徒，至少有一部分是。笮融是丹阳人，他皈依佛教必有根源，绝非偶然行动。由此可见，淮河南北地区是当时佛教中心之一，且是最大的中心，似无可疑。但是，佛教是从哪里传到这里来的呢？有人因此就提出了印度佛教最初是由海路传到中国来的。我在上面已经谈到佛教从陆路传来中国的过程。但是，我并没有明确排除海路传来的可能。当时中国同西方也有海路交通。不过，从各方面的情况来判断，海路的可能几乎是没有的[14]。到了晚一些时候，确有从海路传来的情况，但那是后来的情况，不能与汉代相混。

排除了海路传来的可能，陆路就只能通过北方的“丝绸之路”吗？也不是的。从很早的时候起就有一条陆路从四川通过云南到缅甸再到印度。详细论证请参阅拙著《邹和尚与波斯》，见《中国文化与中国哲学》1989 年版。最近，谈到阮荣春先生的《早期佛教造像的南传系统》，见南京博物馆《东南文化》1990 年第 1、2、3 期，是一篇极见功力、极有见解的文章。文章中有一段话：

> 由此可见，由中国经缅甸达印度，在东汉三国间这条道是相通的。中国僧人可结队成行去印度，印度僧人带经像由此道来华传教也是可能的。事实上在早期来华僧人

> 中，就有许多人是经由此道的，这些僧人不仅驻足于四川或长江沿线，也有由此北上东洛的，中国佛教史上最早来华僧摩腾与竺法兰，或经由此道。腾、兰俱为中天竺人，且在《四川通志》中曾记载大邑雾中山寺为腾、兰于永平十六年（73 年）创建。有趣的是，在四川地方志上载有多处寺庙建于东汉，其分布范围主要在紧邻成都的岷江区及长江线上，这不光与学者们长期以来探讨的“缅甸道”不谋而合，而且近年发现的早期造像也在这些范围之内，表明这些地区佛教造像的出现是有一定的思想基础的。（《东南文化》1990 年第 3 期，第 163—164 页）

这是很重要的论断，可以补充我在拙文中的论点。但是，谈到摄摩腾与竺法兰，则似有问题。因为这两个人本身的存在就在虚无缥缈中，他们走的道路更难以捉摸了（参阅汤用彤《汉魏两晋南北朝佛教史》（上）第 19、26—28 页）。这并不是要取消中印交通的川滇缅古道。佛教从这里以及从海路传入中国，也是历史事实。只不过在最早的时期只能通过中亚而已。

现在，谈一谈后汉三国时译经的情况。

后汉时译经著名的人物有安世高、安玄、支娄迦谶、竺佛朔、支曜、康巨、严浮调、康孟详，等等。其中最有影响的人物，当然首推安世高。他从汉桓帝建和二年（184 年）至灵帝建宁（168—171 年）二十余年中，共译出佛经三十余部。后人称他专务禅观，特专阿毗昙学，但偏于小乘。安玄与严浮调译的经，也属于小乘禅观。顺便说一句。严浮调是最早出家的汉人。同安世高同时到洛阳译经的有支娄迦谶。他活跃在灵帝光和（178—183年）和中平（184—189年）之间，译出了《般若道行品》、《首楞严》、《般舟三昧》等经。他弘扬的是大乘禅观。宣传的是大乘空宗思想。竺佛朔出《道行经》，似系竺佛朔口授，支谶传译。这是中国《般若经》的第一译。支曜译有《成见光明三昧经》，与支谶所出“光明三昧”实为同本异译。康巨（亦作臣）在灵帝时出《问地狱事经》。献帝时出《中本起经》等。

三国时在吴魏二国译经的人有支谦、康僧会、朱士行等。支谦，一名支越，月支人，是一个优婆塞（居士）。其父汉灵帝（168—184年）时来献中国。支谦生于中国。他似乎是先学汉语，后习胡书，据说备通六国语，是一个被华化的人。他没有见过支谶，却是支谶弟子支亮的弟子，自孙权黄武（222—228年）在南方译经，至刘禅建兴（223—237年），共出经数十部。他所出的《大明度无极经》，实即支谶《道行般若》之异译。支谦弘扬的也是大乘空宗理论。康僧会于赤乌十年（247年）初达建业，孙权为之立建初寺。江南佛法早已流行，至此益增影响。康僧会，其先康居人，世居天竺，其父经商，移居交趾。此时越南已有佛法流布。自魏起，老庄风行。此时，印度《般若》、《方》等适来中国，大申空无之义，为时人所喜爱。《般若经》之传译，前此已有之。到了朱士行时，他对此并不满足，于是以魏甘露五年（260年）出塞，至于阗国，写得梵文本《放光般若经》。汤用彤先生评之曰：“士行之所谓佛法者，乃重在学问，非复东汉斋祀之教矣。”[15]这是很重要的意见。

综观后汉三国的译经传教工作，可以看出以下几个特点：

第一，译经的人，不是姓安，就是姓支，还有的姓康。“安”代表“安息”，英文是Parthia，“帕提亚国”。“支”是“月支”，“康”是“康居”。都是古代中亚一带的民族姓氏。汉人仅有几个人，严浮调、朱士行等。可见印度佛教人中国，是经过中亚民族的媒介，这一点我在上面已经谈过。

第二，从译出的经可以看到，小乘和大乘都有，而大乘空宗似占上风。《般若经》译本之多，值得注意。

第三，我曾在《大唐西域记校注》的《前言》中谈到中国佛经翻译史上直译和意译之争[16]。我认为，从大体上来看，翻译初期是直译，自鸠摩罗什起转向意译，而玄奘则混合二者，成为集大成者。有如黑格尔所主张的“正题——反题——合题”三个阶段。我现在要着重指出，在初期直译阶段，也就是后汉三国时期，直译也并没有统一天下。支谦、康孟详等属于意译范畴，这可能与他们的汉化有关。

第四，汤用彤先生在他的《汉魏两晋南北朝佛教史》（上）第138—139页提出了一个观点：支谦、康僧会常掇拾中华名辞与理论，羼入译本，故其学非纯粹西域之佛教。牟子采老庄之言，以明佛理。康僧会亦颇悉老庄名词典故，与中夏思想渐相牵合，等等，最后汤先生说：“明乎此，则佛教在中国之玄学化，始于此时实无疑也。”我在上面“导言”中讲到文化交流的五个阶段。佛教在中国之玄学化属于哪一个阶段呢？我认为这只能是吸收阶段，双向吸收，距离融合还有很长一段路。

第五，我上面提到安世高的”小乘禅观”和支娄迦谶的”大乘禅观”，等等，大家都知道，后来菩提达摩传入的禅学逐渐发展成为禅宗，在中国延续时间最长，影响最大。但是，研究中国禅宗史者颇有人忽略了从安世高到菩提达摩这四百来年的禅法史，连著名的印顺的《中国禅宗史》，似乎都没有能避免这个现象。我觉得，这一点也值得注意。请参阅冉云华先生的意见[17]。

四　鼎盛（两晋南北朝隋唐　265—907 年）——两种文化的改造和融合阶段

三国以后，佛教的译经和传教活动继续进行，来华的梵僧增多了，译经的范围扩大了，汉土僧人的数目增加了，中国佛教宗派逐渐形成了。汤用彤先生对自三国以后至隋唐中国佛教的发展有以下的论断：

> 然自宗派言之，约在陈隋之际，中国佛教实起一大变动。盖佛教入华，约在西汉之末，势力始盛在东晋之初。（中略）自陈至隋，我国之佛学，遂大成。（中略）且自晋以后，南北佛学风格，确有殊异，亦系有陈隋之际，始相综合，因而其后我国佛教势力乃达极度。隋唐佛教，因或可称为极盛时期也[18]。

汤先生的论断是完全正确的。佛教在中印文化交流中所起的主导作用，尽人皆知。因此，我就把自两晋至隋唐（265—907 年）定为中印文化交流的鼎盛时期。

佛教并非中印文化交流的唯一媒介。自西晋以后，中印之间的陆路和海路交通日益畅通，到了七世纪中叶以后，海路的比重日益增强。又由于双方政治形势的变化和经济发展的要求，两国之间的贸易活动和政治上的友好往来，越来越频繁，因之在精神文化和物质文化两个方面，双向交流越来越多了。这当然促进了彼此文化的发展。有的印度商人甚至冒充政府的使者，以进贡为名义，进行贸易活动。这种例子在中国正史上都能找到不少。不管怎样，不管是什么形式的贸易活动，都能增进两国人民的福利。除了宗教原因以外，在政治和经济方面，我也必须把自两晋至隋唐定为中印文化交流的鼎盛时期。

1. 佛教影响的继续扩大

佛教源于印度，我想有必要谈一谈印度佛教发展的情况。佛教创立时间，我已经略有涉及。从小乘向大乘的转变，也就是大乘起源问题，是整个佛教史上一个重大而又争论极大的问题。我个人认为，大乘应该分为两个阶段：原始大乘（Primitive Mahāyana）和古典大乘（Classical Mahāyana）。原始大乘的诞生可能早至公元前二世纪，古典阶段则始于公元后二三世纪。所谓“大乘起源于南印度说”，指的是古典大乘。在我称之为“鼎盛时期”这一段时间内，前一半，在印度大小乘并存；在后期，金刚乘（Vajrayana）出现；到了末期，佛教衰微以至于消逝。极其简略地说，印度佛教的发展就是这个样子。

现在再来谈中国的情况。

西晋以后，来华的高僧和本土的高僧都日益增多，佛教影响的深度和广度都日益提高。佛教思想深入中国精神文化的各个方面。在物质文化方面，中印双方的交流也有显著的增加。在政治上的往来也频繁起来。这些事情都是与佛教活动分不开的。

下面我以人物为主把佛教影响的扩大简略地叙述一下。印度或西域来华高僧中，宣扬大乘者占主导地位。这当然与大乘佛教在印度的发展是密切相连的。

竺法护

竺法护，祖先是月支人，原名支法护。后来拜外国沙门竺高座为师，改姓竺，称竺法护。他既通天竺语，又通晋言，兼通西域众多的民族语言，是一个译经的大家。汤用彤先生说："法护于《法华》再经覆校，于《维摩》则更出删文，《首楞严三昧》译之两次。《光赞》乃《大品般若》，《渐备一切智德经》，乃《华严》之《十地品》，皆中土佛学之要籍，晋世所风行者。"这几句话简短扼要地总结了法护一生的译经事业。此时，名僧与名士互相结合，共同比附，影响了当时的学术潮流与社会风气。孙绰《道贤论》把竺法护来比山巨源。支道林为之像赞说："护公澄寂，道德渊美。微吟穷谷，枯泉漱水。邈矣护公，天挺弘懿。濯足流沙，倾拔玄致。"可见，竺法护这一位高僧在名士心目中的地位。

此外，在此时的名僧中还可以举出于法兰、于道邃、竺叔兰、支孝龙、帛法祖，等等。这些人多与清淡名士有来往，共畅玄风。西晋末衣冠南渡，名僧与名士又扇玄风于偏安，谈佛理于江南。西晋名士之佛学，今不能详。到了东晋，则颇见士大夫有佛教撰述。《世说新语》中于此颇有记载。

释道安

在中国佛教史上，道安开创了一个新时期。若用梁慧皎《高僧传·序录》所提出的标准来衡量，道安应该称为高僧，而非名僧。所谓“高僧”，用汤用彤先生的话来说：“至若高僧之特出者，则其德行，其学识，独步一世，而又能为释教开辟一新世纪。然佛教全史上不数见也。”道安就是这样一个人。

道安生于晋永嘉六年（312年），卒于太元十年（385年）。他年幼出家，在长达五六十年的活动中，他在许多方面都有突出的建树。他曾师事佛图澄。由于佛图澄对河北佛法之盛起了促进作用，道安早年也多在河北一带活动，令誉鹊起。但是，由于战乱频仍，他在河北移居九次之多，备尝颠沛流离之苦。晋哀帝兴宁五年（367年），慕容恪略河南，晋将陈佑率众奔陆浑。道安也率徒众南奔。他对弟子说：“今遭凶年，不依国主，则法事难举。”于是分张徒众，各谋生路。道安于365年到了襄阳，居此五年。在天下扰攘之中著述讲经。佛经旧译错讹极多。他穷览经典，寻文比句，于晋宁康二年（374年），作《综理众经目录》一卷，对后世有极大影响。他在这里又深感戒律传译之不全，而没有戒律，僧伽则实难维系。于是，他制定了切实可行的律条。还有一点需要提出，这就是，弥勒净土之信仰在中国道安时弘扬光大。原始佛教并没有未来佛弥勒之信仰，后来主要由于外来影响，此种信仰才逐渐萌生。萌生之后，在印度、中亚，以及中、日、朝等地都产生了深远的影响。晋孝武帝太元四年（379年），道安到了长安，甚受苻坚之崇敬，他在此协助组织中外僧众，翻译佛经，于晋孝武帝太元十年（385年），卒于长安，年七十四。

综观道安一生，他对佛教发展以及中印文化之交流，贡献实大。自汉以来，佛学共有两大体系：一为禅法，一为般若，安公实集二系之大成。他生前生后，影响广被，因此，我们才说他在中国佛教史上开一新纪元，成为极少数高僧之一。

鸠摩罗什

鸠摩罗什，约于晋康帝之世（343年或344年）生于龟兹。本天竺人，其父移居龟兹，遂成为龟兹人。七岁随母出家。天纵聪明，读经过目不忘。随母历游西域许多国家，访师问友，到处受到崇敬。他不但精通佛典，对外道的四《吠陀》、五明诸论，亦莫不博览，旁及阴阳书算，是一个无所不通的人。他在沙勒国遇大乘名僧，遂弃小乘而改宗大乘。他后来又回到龟兹。晋孝武帝太元九年（384年），吕光破龟兹。鸠摩罗什随吕光父子至凉州，时为太元十年（385年）。他在凉州前后住了十六年。于姚兴弘始三年（401年）至长安。在长安，他广收门徒，聚徒讲经，译经。姚兴待以国师之礼。此时，罗什名满天下，广通声气。他自己一方面仰慕道安，另一方面，又为庐山慧远所钦仰，书函往返，裁决疑难。同时，罗什又筹设译场，先后共译经三百余卷。许多重要佛经，都出自罗什之手。有的是新译，有的是重译。其最著者有《大品般若》、《法华经》、《大智度论》、《十诵律》、《维摩经》，等等。从中国翻译史上来看，他可以说是意译派的魁首。他有时甚至更动梵本原文，以求得译文辞意畅达。他深知翻译其中甘苦，他有几句话说："改梵为秦，失其藻蔚。虽得大意，殊隔文体，有似嚼饭与人，非徒失味，乃令呕哕也。"这几句话几乎成为中国佛教史和中国翻译史上的名言。罗什不但翻译经卷，还有著作。主要著作《实相论》，已佚。此外，他还有一些佛经注疏和几篇问答文。

鸠摩罗什的影响，除了译此著述之外，还在于他有众多弟子，而且其中颇有一些在中国佛教史上和中国哲学史上出类拔萃的人物。有所谓什门四圣、什门八子，及至隋唐，又有八俊十哲之目。但是具体的人究竟是谁，则说法微有参差。总之，罗什弟子既多，又多有特立独行之辈，影响了当时和后世的佛学研究。其中之一的僧肇是最突出的一个。罗什无疑是中国佛教史上一位名僧。

鸠摩罗什之后，北方战乱频仍，义学不得不被迫南渡，佛学在南方转盛，其代表人物必首推慧远。

慧远

道安在襄阳分张徒众时，慧远也在其中。道安对每一位徒弟都有所嘱咐，独对慧远一言不发。慧远跪下说："独无训勖，惧非人例。"道安说："如汝者岂复相忧！"可见慧远受安公器重之深。慧远确实在中国佛教史上开辟了另一个新纪元。

慧远，于晋成帝咸和九年（334 年），生于雁门楼烦，俗姓贾氏。354 年二十一岁时，就安公出家。少年时做过诸生，六经、老庄，无不综习。出家后又博通佛典。晋孝武帝太元三年（378 年），年四十五，别安公东下。约于太元九年至十七年（384—392 年）之间，迁居庐山东林寺，从此没有离开过，终生在这里受徒，说法。虽然足不出山，然而广通声气，与政界和佛教界有广泛的联系。

东晋孝武之世，佛教入华已超过四百年。一方面势力渐增，不但王公大人、名士学者纷纷皈依佛教，至少也是深通佛理；平民老百姓也信者日众。从当时寺院之多，便可以看出佛教影响之大。但在另一方面，根据事物发展规律，一经兴隆，往往流品渐杂。佛教也是如此。其尤甚者，僧尼介入政治，交通请托，窃弄权柄。许营上疏孝武帝说：“今之奉佛教者，秽慢阿尼，酒色是耽。”可见秽乱情况之严重。这当然会招来物议。对佛教本来就看不惯的文人学士，也多反佛之言论。佛教在中国又遇到一次危机。

我在上面曾谈到过，佛教初入汉土，也曾有过一个与汉土文化相撞击的阶段。虽然在现在这个中印文化交流的鼎盛时期，基本上是改造与融合的阶段，但是撞击仍时有发生。甚至到了唐代，撞击仍然延续，韩愈批佛是一个众所周知的例子。至于所谓“三武灭佛”，更是矛盾激化的典型事例。不过，这种反佛灭佛的事例，只能说是大潮流中的一些小股的逆流，既不可避免，也无伤大雅。中印文化交流的主流是阻挡不住的。

我还是谈晋孝武帝时的反佛事件。此事虽源于孝武帝时，然而却爆发于安帝时代。当时，桓玄曾短时期篡夺帝位。他对“沙门不敬王者”的言论本有反感。所谓“沙门不敬王者”，印度佛教确有此论。至今东南亚一些小乘国家，仍然遵行。但是它与中国的传统伦理道德，却有不可调和的矛盾。同我上面谈过的孝顺父母一样，君臣这一伦也是神圣不可侵犯的。佛教入华，在这两个方面都有所韬晦，暂时避免了正面冲突。但韬晦只能是短期的、暂时的，日子一久，真相必然毕露，随之而来的当然是新的撞击。桓玄当权时期，就是如此。他不但认为“沙门不敬王者”是妄诞之论，而且连宣传佛教他也不同意。他曾致函慧远，请其罢道。他曾下教令，沙汰沙门。大概是由于慧远的威德影响了他，他许令“沙门不敬王者”，在沙汰沙门教令的末尾说：“唯庐山道德所居，不在搜简之例。”可见慧远确实德高望重，至少在南方，他成了佛教的护法。

慧远在从道安受业时，尝有客对佛经深义颇有疑惑，反复解释，弥增疑昧。慧远利用庄子的话来连类佛经，加以阐释，听者晓然。于是，道安特许慧远不废俗书。这一个小例子也说明，到了晋代末期，佛教除了同桓玄一类的人有所争论外，佛教教义仍然难为一些文人学士所了解，只好乞灵于老庄，才勉强讲通。六朝时期流行的所谓“格义”，也属于这个范畴[19]。这说明，中印两种文化，经过了几百年的互相撞击与吸收，到了交流鼎盛时期，仍然在互相迁就，互相改造，还没有达到真正融合的阶段，有点儿像油与水的关系。慧远本人既兼综玄释，并擅儒学。他之所以这样做，与其说是一个偶然现象，说是慧远个人的特点，不如说是当时中印文化交流过程中客观的需要。

还有一件事必须在这里提一下，就是慧远与弥陀净土的关系问题。慧远持精灵不灭之说，深信生死报应，所以就立下宏愿，期以净土。元兴元年（402 年）与刘遗民、周续之、毕颖之、宗炳、雷次宗、张莱（亦作菜）民、张季硕等，于精舍无量寿佛像前，建斋立誓，共期西方。我在上面曾谈到慧远的老师道安虔信弥勒净土。同是净土，仅有一字之差，一“弥陀”，一“弥勒”，致使佛教史研究专家，甚至包括斯道权威汤用彤先生在内，不察二者之区别，等同视之。实则二者间有相当大之差别，不能混为一谈。崇信弥勒（Maitreya）净土者，期生此未来佛所居之兜率天（Tuṣita），然后，从那里获得最终解脱；崇信弥陀（此字梵文有二字：Amitābha，译为“阿弥陀佛”或“无量光佛”；Amitāyus，译为“无量寿佛”）净土者，则期能西天佛土。在印度佛教史上，“弥勒”先出，“弥陀”后兴。后者恐系受外来影响，特别是伊朗而产生者。此时，天国入门券价格已跌落，得到最后解脱容易得多了。这是印中佛教史上极为有趣的问题之一，值得探讨。道安与慧远，一师一弟，在净土信仰方面，有此区别。这一段公案颇为重要。但我只能在这里提上一笔，不能深谈了。

综观慧远一生，他德行淳至，学识超群，居庐山三十余年，不复出山；但是他声名远被，当时许多重臣硕学，如殷仲堪、桓玄、谢灵运等，无不倾倒。他对两晋佛法之兴隆，对印度文化之吸收，实有大功。他可以说是继道安之后的又一位高僧大德，在中国佛教史上开一新纪元。

法显

我追溯佛教在中国的发展，当前的这一阶段正在东晋。我先把几位大师的生卒年月列成一个表：

道安	312—385 年
鸠摩罗什	343（4）—413 年
慧远	334—416（7）年
法显	342—424（8）年

从这一个简单的表中，我们可以看出一些情况。首先，这几位大师活动的年代都在东晋（317—420 年）。其次，后三位几乎是活动在同一时间内。再次，在前三位大师中，从佛经的授受关系来看，道安和慧远都是受者，而罗什则是授者。总之，是在他们以前的几百年中，中国是接受过来的多，而自己去拿来者，几乎没有。原因何

在呢？据我个人的臆测，佛教源于印度，首先流布于中亚，那里的佛教僧侣们满怀宗教激情，不远万里，东来传教，弘扬大法。而中国则只是接受国，这里的僧侣们没有那种远涉异域轻万死以殉教的狂热。因此，只能被动地接受。在上列表中的四位大师，法显所完成的事业，与其余三者完全不同。他是第一个走到天竺去“拿”佛教的人。从这个意义上来看，法显是“拿来主义者”，不甘心等待“送来主义”。他在中国佛教史上真正开创了一个新纪元，同安公和远公开的新纪元完全不同。我甚至想称之为一个转折点。

西行求法运动，法显并不是第一个倡导者，在他以前已经有一些人西行求法。到了晋末宋初之际，几乎形成了一个西行求法的运动。法显之所以高出众人之上者，因为他是有确凿可靠证据的真正抵达天竺的第一人。

法显，平阳武阳人（在今山西临汾县西南），生于晋成帝咸宁八年（342 年），三岁出家，二十岁受大戒。在他学习佛经、参加僧伽生活的过程中，他同道安一样感到律藏残缺，不利于佛徒组织，而在中国又难以找到，因此才决心西行。他在所著的《佛国记》里（此书还有另外一些名称，这里不细论）一开头就说：“法显昔在长安，慨律藏残缺，于是，遂以弘始元年（399 年，这是姚秦的年号，晋安帝隆安三年），岁在己亥，与慧景、道整、慧应、慧嵬等同契，至天竺寻求戒律。”他出行的目的性是非常明确的。

法显去的时候，走的是陆路。这是顺应当时的潮流的。离开长安度陇，到乾归国（今甘肃兰州市西），他在这里“夏坐”。所谓“夏坐”，指的是印度和尚每年雨季在寺庙里安居三个月。这是法显离开长安后的第一次夏坐，时间是 399 年。此后，每年夏坐，他的《佛国记》里都有记录。因此，他的行程和年月是绝对可靠的。第二次夏坐是在张掖镇，时间是 400 年。他从这里经敦煌，渡沙河，到了鄯善国（今新疆若羌县）。又前进经焉耆到于阗，到子合国（今新疆叶城县），然后入葱岭，在于麾国第三次夏坐，时间是 401 年。然后经竭叉国，地处葱岭之中，度葱岭，到了天竺。这是法显抵印度以前的行程。

到了北天竺，首先到的是陀历，今克什米尔西北部的达丽尔（Darel）。这里的和尚都属小乘。渡河到了乌苌国，今巴基斯坦北部。和尚也属小乘。他在这里第四次夏坐，时间是 402 年。从此南下，到宿呵多国，在今斯瓦脱河两岸；又东下，到了犍陀卫国，今斯瓦脱河注入喀布尔河附近地带。这里的和尚也属小乘。自此东行，抵竺刹尸罗国，今巴基斯坦北部拉瓦尔品第西北的沙汉台里地区。又从犍陀卫国南行，抵弗楼沙国，约当今巴基斯坦白沙瓦。西行抵那竭国界醯罗城，今贾拉拉巴德城南之醯达村。从此又至那竭国城，南度小雪山。《祐录》认为从此才进入北天竺，《佛国记》则认为，到了陀历国，就已进入北天竺。

过岭以后，南至罗夷国，这里大小乘都有。法显在这里第五次夏坐，时间是 403 年。从此南下抵跋那国，今巴基斯坦北部之邦努（Bannu）。这里是小乘。东行复渡辛头河，至毗荼，今旁遮普，大小乘都有。从此东南行，进入中天竺。先到摩头罗国，今印度马土腊。从此以南，名为“中国”。关于“中国”，法显在《佛国记》里有一段有名的记载，成为研究印度古代史的极其珍贵的资料。从此东南行至僧伽施国，大小乘都有。法显在这里第六次夏坐，时间是404年。东南行，至罽饶夷城（即曲女城），尽小乘学。东南行，至沙祇大国，即今阿约底。北行至拘萨罗舍卫城，佛教遗迹极多。东南行，至那毗伽邑。东行至迦维罗卫城，在尼泊尔境内。东行至蓝莫国。东行至拘夷那竭城。东南行至毗舍离国。东行至五河合口，渡河至摩羯提国巴连弗邑，今巴特那，原为阿育王都，佛迹极多。东南行至一小孤石山。西行至王舍新城。出城至瓶沙王旧城，又至灵鹫峰。出旧城至竹园精舍。西行至伽耶城，佛迹极多。南行至鸡足山。法显又回到巴连弗邑，顺恒河西行至迦尸国波罗㮈城，今瓦拉纳西，鹿野苑即在此处。自苑西北行，至拘睒弥。从此南行，有达嚫国，法显没有亲临，他又回到巴连弗邑，亲自抄写戒律。他在这里住了三年，是他西行的第七、八、九年，即405、406、407年。从此东行至瞻波大国，至多摩梨帝国，是一个海口。法显在这里住了两年，写经画像，即408、409年。他在印度的活动至此结束。

法显渡海到师子国，住了两年（410—411年），然后浮海回国。

回国以后，他本想到长安去，未果，便转向建康（南京），在这里译经，主要的有《六卷泥洹》、《摩诃僧祇律》、《方等泥洹经》，等等，后来死在荆州，年龄有八十二、八十六两说。

法显在中国佛教史上的地位，我在上面已简略地谈过，兹不赘。我现在对法显的作用和贡献，再做几点补充。

第一，法显对大乘教义在中国的发展，特别是对顿悟说的形成，作出了重要的贡献。最近八年来，我经常考虑所有的宗教的发展规律问题。我的初步想法是，在一定的时期内，某一些人（不是一切人）确有一个宗教需要问题，记得恩格斯就曾使用过

“宗教需要”这个词。但是为了满足这个需要，就要付出劳动，作出努力。这些劳动与努力与社会生产力的发展，往往会形成矛盾。这个矛盾如果不妥善解决，时间一久，社会本身就会有难以存在下去的危险。宗教是有适应性的。为了解决这个矛盾，它会逐渐放宽获得宗教解脱的代价。一切宗教无不如此。西方的天主教变为新教，东方的佛教小乘变为大乘。在大乘中，“顿悟说”取代“渐悟说”，就是受这个发展规律制约的结果。我想把这条规律定为：用越来越小的努力（劳动）得到越来越大的宗教满足。用一句形象的话来表达：就是天国入门券越卖越便宜。

在中国，倡“顿悟说”的是竺道生。他主张“一阐提皆有佛性”。所谓“一阐提”，是梵文 icchantika 的音译，意思是“十恶不赦的恶人”，连这种人都有佛性，其余的人就不必说了。法显在这里显然起了作用。他从印度带回来并且翻译了的《六卷泥洹》中，就隐含着“一切众生悉成平等如来法身”的思想。据《高僧传》卷七《竺道生传》：

> 又《六卷泥洹》先至京师，生剖析经理，洞入幽微，乃说一阐人皆得成佛。（见《大正新修大藏经》50，366c）

这说明，竺道生受到法显译经的影响。但此说一出，守旧的和尚群起而攻之，他们都认为，这是异端邪说。不久，昙无谶译出了《大般涅槃经》，其中果然有这个说法，于是众生咸服。（见《大正新修大藏经》12，393b）

第二，法显对增进中印人民的友好情谊作出了突出的贡献。印度人民是伟大的、富有幻想力的民族，但对历史事实不太注意。因此，他们古代基本上没有历史典籍。而中国人民则正相反，是世界上最重视历史的民族。这个特点也表现在中国和尚身上。在上千年的中印佛教徒往来的历史上，印度僧人来华，是有来无回。中国僧人赴印，是有去有回。回来后往往撰写游记，把在印度的所见所闻，细致地实事求是地记录下来。法显的《佛国记》就是这样一本书，而且是第一本书。此书译为英文以后，在国外，特别是在印度，起了极大的作用。印度历史学家视此书如瑰宝，认为是研究印度古代及中古史不可或缺的材料。一般老百姓则认为法显是印中友谊的象征，至今依然如此。法显同以后的玄奘和义净，鼎足而三，几乎成为印度家喻户晓的人物。

竺道生

竺道生的情况，前面已经略有涉及，现在作一个简略而又全面的介绍。

竺道生，本姓魏，钜鹿人。据说不知寿若干岁，也不知生于何年。但是汤用彤先生说，他死于434年，寿六十年。那么倒推上去，他应该生于374年或375年[20]。

在中国佛教史上，道生也有极高的地位。论者说，他实际上集《般若》、《毗昙》、《涅槃》三方面之大成。他最重要的贡献，是提倡“顿悟说”。什么叫“顿悟”呢？我认为，这个字应该来自梵文动词字根 vbudh，意思是“觉悟”、“醒过来”。汉文“佛陀”的梵文原文 buddha，就来自这个字根。根据佛教教义，“悟”意味着“证得菩提”，或“成佛作祖”，或“获得最后解脱”，等等。而“悟”有两种形式，一是“渐悟”，一是“顿悟”。所谓“渐悟”指的是经过累世修行，费上极大的力量，受过极多的折磨，经过千辛万苦，最后才能获得解脱，跳出轮回。其困难程度简直比我们今天在极少数官僚主义衙门里，盖上几百个图章，跑断了腿，事情还不一定办成还要困难。真能令意志不坚者望而却步，不敢再抱什么成佛作祖的幻想了。佛教小乘和大乘的某些部派或某一些人，就是主张“渐悟”的。所谓“顿悟”，与此正相反。“放下屠刀，立地成佛”，这多么干脆利落，简洁了当。这样成佛，谁不愿意干呢？两者一比，谁的欺骗性更大一些，谁更能引诱信徒，谁对宗教发展更有好处，简直是一清二楚了。

竺道生就是主张这样“顿悟”的。但是“顿悟”又有两种：一个叫“小顿悟”，一个叫“大顿悟”。什么叫“小顿悟”呢？慧达《肇论疏》引了一些说法：“远师云：二乘未得无有（当是‘生’字），始于七地，方能得也。埵法师云：三界诸结，七地初得无生，一时顿断，为菩萨见谛也。肇法师亦小顿悟义。”竺道生主张“大顿悟”，汤先生解释说：“大顿悟者，深探实相之本源，明至理本不可分。悟者乃言”极照，“极照者冥符至理。理既不可分，则悟自不可阶段”[21]。抛开这些玄妙的佛教名词，我说几句直白的话。“小顿悟”还有点羞羞答答，其本质有的与渐悟实在差不多，还是要费一些力气的。“大顿悟”没有这样啰嗦，天国入门券人人可得，不费吹灰之力，就能成佛作祖。竺道生这种主张之所以引起一些保守僧徒的讥评，道理是非常清楚的。从我上面提到的宗教发展规律来看，竺道生无疑是最符合的。

附带说上几句话，著名文学家谢灵运也是主张“顿悟说”的。不过，他主张“小顿悟”，与生公颇不同。

真谛

南北朝时期最后一个高僧是真谛，他在中国佛教史上，在中印文化关系史上，具有重要的地位。

真谛，生于天竺，约于四十八岁时才来中国，时间是梁武帝中大同元年（546年），倒推上去，他大约生于498年。他是从海路来的，先到广州，然后到南京。他先受到梁武帝的尊崇，想请他译经，后因侯景之乱，未果。他活动在梁陈之际的兵荒马乱中，不遑宁处，有几次想重返西国，都没有能走成。终于陈宣帝大建元年（569年），逝世于中国。成为一个译经极多，被后人怀念的中印文化使者。

他译的经数量极大，如《十七地论》、《中论》、《如实论》、《涅槃经本有今无论》、《金光明经》、《仁王般若经》、《大空论》、《中边分别论》、《立世阿毗昙》、《俱舍论》、《律二七二明了论》，等等，并重翻《金刚经》，数量之大，可以说是空前的。

他在中国还有大量的弟子，其中颇有才华出众、影响广被者。

两晋南北朝的佛教在中国传布的情况，就介绍到这里。

我在这里不是讲佛教史，而是讲中印文化交流史。但是，在最早和比较早的时期，佛教几乎是唯一的、至少是最主要的中印文化交流的形式或者媒介。所以，讲中印文化交流史，必须涉及佛教，这是完全不可避免的。可是，选择佛教人物和史实，也不可能宽泛无边，以致写成一部佛教史。这是不适当的。我选择的标准就是看他或它在中印文化交流方面所起的作用，不是看他或它在中国佛教史上所占的地位。因此，中国佛教史上宗派的形成，以及僧伽内部的斗争则多不涉及。下面讲佛教，仍然是本着这个原则[22]。

2. 贸易活动和外交往来

在两晋南北朝期间，除了佛教活动以外，还有贸易活动和外交往来，二者有时难以区分。我根据中国正史，在下面列一个交通年表：

苻秦

建元十七年，晋孝武太元六年（381 年）　天竺国献火浣布于苻坚。

刘宋

元嘉五年（428 年）　天竺迦毗黎国（Kapilavastu）国王月爱（Chandragupta）遣使奉表，奉献金刚指环，诸宝物，赤白鹦鹉各一头。

明帝泰始二年（466 年）　又遣使贡献，以其使主竺扶大、竺阿珍并为建威将军。

梁

天监（502—519 年）初，其（指天竺）王屈多（Cupta）遣长史竺罗达奉表，奉献琉璃唾壶、杂香、吉贝等物。

北魏

高祖太和元年（477 年）　西天竺、舍卫诸国遣使朝贡。

世宗景明三年（502 年） 罽宾、乌苌、阿喻陁、南天竺，并遣使朝贡。

景明四年（503 年） 南天竺国献辟支佛牙。

正始四年（507 年） 南天竺遣使朝贡。

永平元年（508 年） 南天竺国遣使朝贡。七月，辛卯，罽宾国遣使朝贡。

永平二年（509 年） 辛豆（即身毒，印度）遣使朝贡。

永平三年（510 年） 乌苌国遣使朝献。

永平四年（511 年） 三月乌苌国遣使朝献。六月，伽使密（可能即《唐书》之个失密）遣使朝献。八月，伽使密等诸国遣使朝献。九月，莫伽陀（可能是摩揭陀），俱萨罗等诸国，并遣使朝献。十月，乌苌国遣使朝献。

延昌三年（514 年） 南天竺遣使朝献。

熙平二年（517 年） 罽宾国遣使朝献。

神龟元年（518 年） 乌苌国遣使朝献。

正光二年（521 年） 乌苌国遣使朝贡。

这只是一个极简单的表。从这个表中，我们可以看出：第一，中印交往，除了佛教以外，贸易和外交方面，也是有的；第二，中国正史的记载不是没有遗漏的，除了表中所列朝代和年代以外，一定还有其他来往；第三，即使正史有所遗漏，然而在一百多年以内，来往竟如此频繁；第四，从印度来看，北天竺、中天竺和南天竺都有使臣来华，可见涵盖面之广；第五，有的印度国家，一年之内竟数次派使臣来华，可见交往之密切；第六，贸易与外交不是泾渭分明的，有些商人冒充国家使臣，以外交之名，行贸易之实。这是中国历史上常见的现象，南北朝以后还是有的；第七，印度派使臣来华最多的是北魏。这是有原因的，因为北魏开疆拓土，直至西域，给中印往来在交通方面提供了便利条件。

两晋南北朝的情况，就介绍到这里。

我把两晋南北朝隋唐称为中印文化交流的鼎盛时期。在这一段时间内，隋唐又为鼎盛中之鼎盛，所以分开来谈。但隋代国祚极短，实际上不过是唐代之序幕，因此集中讲唐代。

我想在这里先讲一讲当时印度的情况，因为既然讲交流，必须把双方的情况弄清楚，才能把交流讲出一个道道。

印度整个历史有一点是与中国不相同的：在几千年的历史上，几乎没有真正统一过，没有真正形成一个自东至西、自南徂北的统一的大帝国，像中国的秦、汉、唐之类。公元前约321—公元前184年形成的孔雀王朝，只在北方行使权力。约公元前275—公元前232年的阿育王，疆土较大一点，也没能扩展到全印度。319—320年建立的笈多王朝，同前二者差不多。到了唐初，北印度小国林立，其中出现了两个联盟：一个是设赏迦王与摩腊婆的联盟，一个是萨他泥湿伐罗与穆克里的联盟，互相侵伐。于萨他泥湿伐罗建立的普西亚布蒂王朝，始于五世纪末或六世纪初（初期历史不明），玄奘在印度会见的戒日王，就属于这个王朝。在《大唐西域记》中，玄奘对戒日王颇有一些真实可靠的记述，是异常宝贵的印度古代史的资料。

1. 唐初中印交通年表

为了醒目起见，我先列一个唐初中印交通的年表。有了这一个年表，下面的叙述就都有了着落。这个年表的上限是唐高祖武德元年（618 年），下限是武则天统治的结束，长安四年（704 年），共有将近九十年的时间。

武德元年（618 年）

武德二年（619 年）　罽宾遣使入唐，送来宝带、金锁、水精盏、颇梨状若酸枣。（《新唐书》卷二二一上《西域列传》上）

武德九年（626 年）　中天竺沙门波颇赍梵经至长安。（《续高僧传》卷三《波颇传》；《辩正论》卷四）

贞观元年（627 年）　玄奘西行赴天竺求经。（据杨廷福）

贞观二年（628 年）　玄奘离高昌。（据杨廷福）

贞观三年（629 年）　诏沙门波颇于兴善寺译经。（《续高僧传》卷三《波颇传》；《辩正论》卷四）

贞观五年（631 年）　玄奘抵那烂陀寺。（据杨廷福）

贞观六年（632 年）　中天竺沙门波颇译诸经毕，敕各写十部，散流海内。太子染患，下敕迎颇入内一百余日。（《续高僧传》卷三《波颇传》）

贞观七年（633 年）　波颇卒于长安。（《波颇传》）

玄奘抵王舍城。（《佛祖历代通载》卷十一；《大正新修大藏经》49，569a）

贞观十一年（637 年）　罽宾遣使献名马。遣果毅何处罗拔等厚赍赐其国，并抚慰天竺。（《旧唐书》卷一九八；《新唐书》卷二二一上）

贞观十三年（639 年）　有婆罗门僧将佛齿来。（《资治通鉴》卷一九五）

贞观十四年（640 年）　五月，罽宾国遣使进方物入唐。（《册府元龟》卷九七〇《外臣部·朝贡》三）

玄奘著《会宗论》。秋末晤戒日王。（据杨廷福）

贞观十五年（641 年）　戒日王（尸罗逸多）遣使至长安，以后数遣使来，并赠郁金香及菩提树等。太宗命梁怀璥持节抚慰。（《册府元龟》卷九七〇；《旧唐书》卷一九八《天竺传》；《新唐书》卷二二一上）

戒日王于曲女城举行无遮大会七十五日，玄奘参加，会后返国。（据杨廷福）

贞观十六年（642 年）　乌茶，一曰乌仗（伏字误）那，亦曰乌苌，（《大唐西域记》卷三作"乌仗那"）王达摩国陀诃斯遣使者献龙脑香，玺书优答。（《全唐文》卷九九九；《新唐书》卷二二一上）

玄奘发王舍城，入祇罗国。（《佛祖历代通载》卷十一）

三月，罽宾遣使献褥特鼠。（《旧唐书》卷一九八；《新唐书》卷二二一上；《全唐文》卷九九九）

贞观十七年（643 年）　遣李义表、王玄策使西域，游历百余国。十二月至摩揭陀国。（《佛祖统纪》卷三十九）

贞观十八年（644 年）　正月七日，玄奘抵长安；三月住弘福寺译经，奉敕撰《大唐西域纪》。（据杨廷福）

正月二十七日，李义表、王玄策于王舍城登阇崛山勒铭。二月十一日，于摩伽陀国摩诃菩提寺立碑。（《法苑珠林》卷二十

九；《全唐文》卷二六二）

贞观二十年（646 年） 玄奘《大唐西域记》成。（《大慈恩寺三藏法师传》卷六）

王玄策归国。

那揭（法显《佛国记》作“那竭”，《大唐西域记》卷二作“那揭罗曷国”）遣使者贡方物。（《新唐书》卷二二一上）

贞观二（一本作“一”）十年（646 年） 西国有五婆罗门来到京师，善能音乐、祝术、杂戏、截舌、抽肠、走绳续断。（《法苑珠林》卷七十六；《大正新修大藏经》53，859c）

贞观二十一年（647 年） 以王玄策为正使，蒋师仁为副使，再使印度。（《新唐书》作二十二年）时戒日王已死，国大难，发兵拒玄策。玄策发吐蕃、泥婆罗之兵俘其王阿罗那顺归长安。《大唐故三藏法师行状》说：“永徽（650—655 年）元末，戒日王果崩，印度饥荒。”（见《大正新修大藏经》50，217a）时间恐有误。

摩揭陀遣使者自通于天子，献波罗树，树类白杨。太宗遣使取熬糖法，即诏扬州上诸蔗，柞沈如其剂。邑味愈西域远甚。（《新唐书》卷二二一上《摩揭陀》）

李义表自西域还，奏称东天竺童于王（Kumāra）请译《老子》，乃命玄奘翻译。玄奘又译《起信论》为梵文。（《集古今佛道论衡》丙；《续高僧传》卷四《玄奘传》）

“有伽没路国”（即《大唐西域记》中的“迦摩缕波国”），“其俗开东门以向日。王玄策至，其王发使贡以奇珍异物及地图，因请老子像及《道德经》。”（《旧唐书》卷一九八，参阅《新唐书》

卷二二一上）这同上面讲的一定是一件事。（《宋高僧传》卷二十七《含光传》）：“系曰：……又唐西域求易《道经》。诏僧道译唐为梵。二教争菩提为道，纷拏不已，中辍。”（《大正新修大藏经》50，879c）可见翻译并没有搞成。《释迦方志》卷上：“然童子王刹帝利姓，语使人李义表曰：‘上世相承四千年。先人神圣，从汉地飞来，王于此土。’”（《大正新修大藏经》51，958a）

贞观二十二年（648 年）　五月，玄策献俘阙下。

王玄策以天竺方士那逻迩娑婆寐（Nārāyanasvamin）来京师。（《旧唐书》卷一九八，《新唐书》卷二二一上，《唐会要》卷一〇〇）王玄策议状：沙门不应拜俗。（彦悰《集沙门不应拜俗等事》卷四）

贞观二十三年（649 年）　太宗卒。《唐会要》卷五十二，《识量》下：太宗饵天竺胡僧长生之药，暴疾崩。胡僧指的就是那逻迩娑婆寐（上面引《新旧唐书》，均作“那逻迩娑婆寐”。参阅《旧唐书》卷八十四《郝处俊传》）

沙门道生经吐蕃至天竺。（《大唐西域求法高僧传》上）

贞观中（641 年以后）　玄照经吐蕃由文成公主送往天竺。（《大唐西域求法高僧传》上）

永徽三年（652 年）　中天竺摩诃菩提寺沙门智光、慧天等遣沙门法常来中国致玄奘书，并赠白氎一双。（《大慈恩寺三藏法师传》卷七；《大正新修大藏经》50，261a—b）

中天竺沙无极高至长安。（《宋高僧传》卷二；《佛祖统纪》卷三十九）

永徽五年（654 年） 法常返国，玄奘附书分致智光、慧天。（《大慈恩寺三藏法师传》卷七；《大正新修大藏经》50，261c）

永徽六年（655 年） 中天竺沙门那提（福生）来长安。（《续高僧传》卷四《玄奘传》附传）

罽宾国沙门佛陀多罗于白马寺译《圆觉经》。（《佛祖统纪》卷三十九）

显庆元年（656 年） 敕那提往昆仑诸国采药。（《续高僧传》卷四《玄奘传》附传；《开元释教录》卷九）

显庆二年（657 年） 命王玄策送佛袈裟至天竺。（《法苑珠林》卷十六；《册府元龟》卷四十六）

显庆三年（658 年） 王玄策撰《中天竺国图》，此据《历代名画记》，但此时王玄策尚在印度，恐无暇撰述。

访罽宾国俗（《旧唐书》卷一九八），以其地为修鲜都督府。（《新唐书》卷二二一上）

显庆四年（659 年） 王玄策到婆栗阇国（Vrjji）。

显庆五年（660 年） 九月二十七日，王玄策到摩诃普提寺立碑。十月一日，天竺菩提寺主戒龙为王玄策设大会。王玄策归国。（《酉阳杂俎》卷十八；《法苑珠林》卷五十二）

龙朔元年（661 年） 王玄策进天竺所得佛顶舍利。（《佛祖统纪》卷三十九）

王名远进《西域图记》。

龙朔初，授罽宾国王修鲜等十一州诸军事兼修鲜都督。（《旧唐书》卷一九八）

龙朔二年（662 年） 五月，大集文武官僚议致敬事，非致敬者

有王玄策。(《广弘明集》卷二十五)

龙朔三年(663年)　王玄策第四次赴天竺。(据烈维:《迦腻色迦与王玄策》之假定)(《大唐西域求法高僧传·玄照传》)

那提返长安。(《佛祖统纪》卷三十九)

麟德元年(664年)　玄奘卒。

麟德二年(665年)　命玄照往迦湿弥啰国取长年婆罗门卢迦逸多。(《大唐西域求法高僧传》上)

总章元年(668年)　以乌茶国婆罗门卢伽阿逸多为怀化大将军,并令其合"长年药"。(《旧唐书》卷八十四《郝处俊传》)

咸亨二年(671年)　义净出。(《宋高僧传·义净传》)

咸亨三年(672年)　南天竺赠唐廷方物。(《册府元龟》卷九七〇)

咸亨四年(673年)　义净自室利佛逝至东天竺。《南海寄归内法传》卷四:"咸亨四年二月八日,方达耽摩立底国。"(《大正新修大藏经》54,233b)

咸亨五年(674年)　义净抵那烂陀寺。

上元三年,仪凤元年(676年)　中天竺沙门地婆诃罗(日照)来长安。(《高僧传》卷二《日照传》)

罽宾国沙门佛陀波利礼拜五台。(《宋高僧传》卷二《佛陀波利传》)

弘道元年(683年)　南天竺沙门菩提流支来中国。(《宋高僧传》卷三《菩提流支传》)

垂拱三年(687年)　菩提流支至东都。(《宋高僧传》卷三《菩提流支传》;《佛祖统纪》卷三十九)

日照卒。(《华严经传记》)

永昌元年（689 年） 义净将梵本寄至室利佛逝国。（《大唐西域求法高僧传》下；《佛祖统纪》卷三十九）

天授二年（691 年）（《旧唐书》卷一九八作“二年”；《册府元龟》卷九七〇作“三年”。） 五天竺国皆遣使来：“东天竺王摩罗枝摩、西天竺王尸罗逸多、南天竺王遮娄其拔罗婆、北天竺王娄其那那、中天竺王地婆西那，并来朝献。”（《旧唐书》卷一九八）

天授三年（692 年） 义净返长安。（《大唐西域求法高僧传》下）

长寿元年（692 年） 罽宾国遣使朝贡。（《册府元龟》卷九七〇）

长寿二年（693 年） 北天竺沙门阿你真那（宝思惟）敕于天宫安置。（《宋高僧传》卷三《宝思惟传》；《佛祖统纪》卷三十九）

南天竺沙门菩提流支上所译《宝雨经》。（《宋高僧传》卷三《菩提流支传》）

天竺沙门慧智于东都授记寺译《观世音颂》。（《宋高僧传》卷二《慧智传》）

证圣元年，天册万岁元年（695 年） 义净还至洛阳。（《宋高僧传》卷一《义净传》）

圣历二年（699 年） 北天竺婆罗门李元谄为新罗僧明晓译《不空羂索陀罗尼经》一卷。（《续古今译经图记》）

久视元年（700 年） 于阗沙门实叉难陀又共吐火罗沙门弥陀山（寂友）等译《大乘入楞伽经》。（《宋高僧传》卷二《实叉难陀传》）

长安四年（704 年） 沙门义净于东都少林寺立戒坛，并自制铭。（《金石萃编》卷七十《少林寺戒坛铭》）实叉难陀还于阗。

（《宋高僧传》卷二《实叉难陀传》）

年表就到这里为止。自618年开始，至704年终结，时间还不到九十年，中印交通并不是到这里就停止了，当然还是会继续下去的。我之所以选取这一段时间，是因为这一段时间有典型意义。从表中我们看出几个特点：第一，交通频繁的程度是颇为惊人的，有的时候年年都有往来，甚至一年数次。有的时候有点间隔，也不过几年的工夫。这在中印文化交流史上是空前绝后的（当代当然除外）。第二，交流的内容并不限于宗教，政治（外交）、经济、哲学、科学技术、文学艺术，几乎都有。由于这些原因，我称唐代为中印文化交流活动鼎盛时代中的鼎盛时代。

为什么会出现这种情况呢？这是当时中印两国的历史环境和地理环境所决定的。到了唐初，封建社会的发展达到了很高的水平，文化的发展也是灿烂辉煌，远迈前古。大唐帝国声威广被，寰宇宾服。唐太宗李世民被西域林立的小国推尊为“天可汗”。首都长安既是全国政治、经济、文化的中心，也是对外活动的中心。当时那里外国侨民的人数之多，所来的国家名目之众，都是空前的。关于这方面的情况，中外载籍都有详略不同的记载，最有权威的著作是向达先生的《唐代长安与西域文明》[23]。长安在当时实际上是世界政治、经济和文化的中心。欧洲还处在分崩离析之中，没有一个可以称为中心的国家。文化发展的水平也不高。有一些今天文化昌明、声威煊赫的国家，当时还处在只能算是蒙昧的阶段，同中国是无法相比的。

印度的情况，我再作一点补充。当时北天竺虽然是小国林立，掠夺侵伐，战无宁日，有点像中国的春秋战国时代——我要加上一句：在中国是分久必合，合久必分；在印度则是有分无合——但是也同中国一样，在某一个时期内，一国崛起，成为盟主。戒日王就是这样一个盟主。他一方面热心战伐，另一方面又尊崇学术，礼贤下士，对佛教和印度教都加崇奉，似乎偏向佛教。他久仰唐太宗的大名，对玄奘尤其尊敬。在这样的情况下，中印双方往来频繁，也就是意中事了。

频繁往来的原因，还要增加几项。从历史上来看，横亘欧亚长达万里的丝绸之路，由于沿途各国政局变幻，存亡不定，所以，时断时续，时通时塞，由来久矣。到了唐初，大唐兵威远被，至少从中国到印度的一段，畅通无阻。在海路方面，由于航海知识日增，航海工具日新，也是畅通无阻的。海陆两方面交通都无困难，这当然也成了中印两方往来频繁的重要原因。还有一个原因也必须在这里提一下。由于文成公主下嫁西藏赞普。由中国经过西藏至印度的道路，也在此时畅通。年表中就有由藏入印的僧人。

以上种种原因，都促成了唐初不到九十年内中印交通空前的繁荣状况。

下面，我分别介绍佛教交流和贸易以及外交交往的情况。

2. 佛教交流达到最高点

在中印佛教交流的历史上，以人物为中心加以介绍的，第一个当然是玄奘。他在几千年的中印文化交流史上影响是最大的，至今仍然为中印两国人民念念不忘，成为空前绝后的中印友好的象征。

（1）玄奘

在所有的古代高僧中，关于玄奘的资料是最为丰富的。我在下面先列举几种。如果有人对玄奘发生了兴趣，可以自行参阅：

A. 唐冥详撰《大唐故三藏玄奘法师行状》（《大正新修大藏经》卷五十）

B. 唐慧立本，彦悰笺《大唐大慈恩寺三藏法师传》（同上书、卷）

C. 唐道宣撰《续高僧传》卷四（同上书、卷）

D. 唐玄奘译，辩机撰《大唐西域记》（同上书，卷五十一。有日英等国翻译注释本，有季羡林等校注本，中华书局版）

近人著作中有杨廷福《玄奘年谱》（中华书局版）等[24]。

根据上述资料我对玄奘作一个简略的介绍。玄奘的年寿，学者争论颇多。我个人觉得，杨廷福先生的说法是比较可靠的。我现在就采用他的说法。杨先生在这方面的文章颇多，主要的都收在《玄奘论集》中。

为了醒目起见，我采用了年谱的形式。

隋文帝开皇二十年（600 年）　玄奘生。俗姓陈，名袆。他生于河南缑氏县（故居在今河南省偃师县陈河村）。

隋炀帝大业三年（607 年）　玄奘八岁。读《孝经》，“自后备通经典，而爱古尚贤”[25]。

大业六年（610 年）　玄奘十一岁。随仲兄长捷法师住东都净土寺，读《维摩》、《法华》等经。

唐高祖武德元年（618 年）　玄奘十九岁。因东都战乱频仍，奔长安，又从长安入蜀。

武德三年（620 年）　玄奘二十一岁，在成都受具，坐夏学律。

武德四年至九年（621—626年） 玄奘到处游学。

太宗贞观元年（627年） 玄奘二十八岁。他在游学中痛感众师之说不同，佛典之论各异，“乃誓游西方以问所惑”，“结侣陈表，有诏不许”，乃决心不惜身命，只身西行。

贞观二年（628年） 玄奘经过今天的新疆、苏联、阿富汗、巴基斯坦等地的许多城市（当时称之为“国”），到了迦湿弥罗。离开中国时，几次几乎为边境巡逻的箭所射中，幸而不死。“时行百余里，失道，觅野马泉不得。下水欲饮，袋重，失手覆之，千里之资一朝斯罄。……自念……宁可就西而死，岂归东而生！”此时，一口水也没有，“四夜五日无一滴沾喉，口腹干焦，几将殒绝。不复能进”。路上的艰难困苦可见一斑。

贞观三年（629年） 玄奘三十岁。春夏两季在迦湿弥罗学习。秋季出发，经半笯嗟国、遏逻阇补罗国、磔迦国，至至那仆底国，从毗腻钵腊婆（调伏光）学习《对法论》和《显宗论》。

贞观四年（630年） 玄奘三十一岁。他从至那仆底国到了阇烂达那国，从旃达罗伐摩学习《众事分毗婆沙》。从这里经屈露多国、设多图卢国、波理夜呾罗国，进入中印度境的秣菟罗国。又经萨他泥湿伐罗国至窣禄勒那国，从阇耶毱多听受《经部毗婆沙》。

贞观五年（631年） 玄奘三十二岁。渡河至秣底补罗国，巡礼佛迹，并从蜜多斯那学《怛埵三第铄论》（《辩真论》）、《随发智论》。又经婆罗吸摩补罗国、垩醯掣怛罗国、劫比他国等地到戒日王都羯若鞠阇国（曲女城）。从毗离耶犀那三藏学《佛使毗婆沙》和《日胄毗婆沙》。又到何踰陀国、阿耶穆佉国、憍赏弥国、鞞索迦国、室罗伐悉底国、劫比罗伐窣堵国，蓝摩国、拘尸那揭罗国、婆罗痆斯国、战主国、吠舍厘国、摩揭陀的波吒厘子城。约在十月初，至那烂陀寺，师事戒贤法师。这是当时印度的最高学府。曾巡礼王舍城。

贞观六年至贞观十年（632—636 年）　玄奘二十三—三十七岁，在那烂陀寺学习。从戒贤学习《瑜伽师地论》、《顺正理论》、《集量论》和因明学、声明学以及婆罗门教的经典。

贞观十年（636 年）　玄奘三十七岁。辞别戒贤法师，出游五印度，随处问学。

贞观十一年至贞观十三年（637—639 年）　玄奘在中印度、南印度、东印度等地，到了许多城市。中间曾想渡海到僧伽罗国（今斯里兰卡），没能去成。他也曾参谒过阿旃陀石窟寺。于贞观十三年回到那烂陀寺，参拜恩师戒贤，戒贤是当时印度学界的泰斗。

贞观十四年（640 年）　玄奘奉戒贤命为僧众讲《摄大乘论》、《唯识抉择论》。玄奘著《会宗论》三千颂，调和中观、瑜伽两派之争论。应戒日王之邀，与小乘正量部大师般若毱多展开学术辩论。又在那烂陀寺折服顺世外道，著《制恶见论》，以上两书均佚。秋季，戒日王闻玄奘已在鸠摩罗王处，遣使敦请，玄奘乃与鸠摩罗王往晤戒日王，戒日王决定在曲女城举行学术辩论大会，使五印度不同宗教、不同教派的僧俗聚会，瞻聆玄奘风采议论。

贞观十五年（641 年）　玄奘四十二岁。春初，辩论大会开始，戒日王恭请玄奘为论主。时到会者有印度十八国国王，大小乘佛徒三千余人，婆罗门及尼乾外道两千余人，还有那烂陀寺僧众千余人。据《译经图记》卷四所载，当时以玄奘《制恶见论》为主要论题。玄奘坐宝床上，“称扬大乘序作论意，仍遣那烂陀寺沙门明贤法师读示大众。别令写一本悬会场门外示一切人，若其间有一字无理能难破者，请斩首相谢。如是至晚，无一人致言，戒日王欢喜”[26]。印度僧俗无不钦佩。大乘众尊玄奘为“摩诃耶那提波”（大乘天），小乘众尊玄奘为“木叉提婆”（解脱天）。玄奘参加完第六次七十五天的“无遮大会”（梵文 **pañcavārṣika**，意为“五年大会”）后决意回国，戒日王再三挽留。玄奘归国心切，终于辞别戒日王等，仍由陆路回国。

贞观十六年（642 年）　玄奘四十三岁。渡信渡河时，风浪大作，“遂失五十经本及花种等”。玄奘除了取经以外，还带了印度花种，可见他是非常热爱生活的。

玄奘于本年末到了当时西突厥统治的地区。

贞观十七年（643 年）　玄奘四十四岁。他又向前行走，走过了今天苏联塔吉克共和国，然后过帕米尔，到了今天的新疆。岁末到瞿萨旦那国（今新疆和田县）。

贞观十八年（644 年）　玄奘四十五岁。在瞿萨旦那国讲经说法。派高昌俗人马玄智随商侣奉表给唐太宗李世民。表中说：“玄奘往以佛兴西域，遗教东传，然则胜典虽来而圆宗尚阙，常思访学，无顾身命。遂以贞观三年四月[27]冒越宪章，私往天竺。”其用意当然想祈求太宗的宽恕。唐太宗得表大喜，立即降敕迎劳：“闻师访道殊域，今得归还，欢喜无量，可即速来与朕相见。”法师得敕，即辞别于阗国王东行。到了沙州，又上表报告行踪。

太宗时在洛阳，敕西京留守房玄龄使有司迎接。

贞观十九年（645 年）　玄奘四十六岁。正月二十四日，玄奘抵长安。二十五日，进入长安。他从印度携回佛经六百五十七部，以及舍利、佛像等。“始自朱雀街内终届弘福寺门，数十里间，都人士子、内外官僚列道两旁，瞻仰而立，人物阗阓。”热烈场面，可以想见。

玄奘即赴洛阳，二月初一，谒见唐太宗，“帝又察法师堪公辅之寄，因劝罢道，助秉俗务”。玄奘辞谢，返回长安，在弘福寺译经。工作勤奋，异乎寻常，几乎每月出一经。

贞观二十年（646 年）　玄奘四十七岁。居弘福寺译经。

从现在起，一直到唐高宗麟德元年（664 年）玄奘逝世，我不再采用年谱的办法，因为他的活动与本书主题关系不大了，再用年谱，则拖沓累赘，脱离主题，反而不好。玄奘这十八年的生活，内容可以说是包含着两大部分，一是译经；一是奉陪两个皇帝：太宗与高宗。玄奘是一位高僧，这是毫无问题的，但同时他又有政治头脑和手段，所以极得圣眷。值得一提的是，永徽三年（652 年），中印度国摩诃菩提寺大德智光、慧天等致书于法师。“自别之后，饮伫不忘，乃使同寺沙门法书，并赍赞颂及氎两端，揄扬之心甚厚。”永徽五年（654 年），法长辞还，玄奘写了回信[28]。这可以算是中印文化交流史上的佳话。

玄奘的工作精神和毅力是十分感人的。《大慈恩寺三藏法师传》卷七有一段叙述：

> 法师还慈恩寺。自此之后，专务翻译，无弃寸阴。每日自立课程，若昼日有事不充，必兼夜以续之。遇（过）乙之后，方乃停笔。摄经已，复礼佛行道，至三更暂眠，五更复起，读诵梵本，朱点次第，拟明旦所翻。每日斋讫，黄昏二时讲新经论，及诸州听学僧等恒来决疑请义。既知上座之任，僧事复来咨禀。复有内使遣营功德，前后造一切经十部，爽纻宝装宝像二百余躯，亦令取法师进止。日夕已去，寺内弟子百余人咸请教诫，盈廊溢庑，皆酬答处分无遗漏者。虽众务辐凑，而神气绰然，无所拥滞。犹与诸德说西方圣贤立义，诸部异端，及少年在此周游讲肆之事，高论剧谈，竟无疲怠，其精敏强力，过人若斯。复数有诸王卿相来过礼忏，逢迎诱导，并皆发心，莫不舍其骄华，肃静称叹。

从这一段简短的叙述中，完全可以看出玄奘译经、讲学之勤奋，待人、接物之周到，用一句现在的话来说，就是处理教学与行政工作，井井有条，精力过人，威德有加，千余年之后还不禁使我们肃然起敬。

根据《慈恩传》卷十所记，玄奘一生共译经一千三百三十五卷，又写《能断般若》、《药师》、《六门陀罗尼》等经各一千部，供养悲、敬二田各万余人，烧百千灯，赎数万生。临终前，口说偈教傍人云："南无弥勒如来应正等觉！愿与含识速奉慈颜，南谟弥勒如来所居内众，愿舍命其中！"[29]

就这样，中国最伟大的高僧离开了人间，或许真能升入弥勒佛的兜率天。我曾经谈到弥勒信仰与弥陀信仰，玄奘就是崇奉弥勒净土的，值得我们研究时注意。

综观玄奘一生，无论是在生前，还是死后，他涉及和影响的方面都是既广且深。我现在归纳起来，简短扼要地谈上几点。

第一，佛经翻译。

在世界翻译史上，中国占有独特的地位。在中国翻译史上，玄奘占有独特的地位。我在《大唐西域记校注·前言》中，曾对中国翻译史的发展规律提出了一个看法。我认为，在佛教初入中国的后汉三国时期，外来译者不通华言，虽有合作的华人，但语言仍然扞格，译出的佛经多为直译，有时直到难以了解的程度。只有支谦等极少数人，译文接近意译，比较易懂。这是第一阶段，我称之为直译阶段。到了鸠摩罗什，虽然他的汉语也有问题，但是，助译者众，而且多为高才硕学之士，译风以意译为主，不死死地忠于梵文原本，有时甚至大胆地改变原文的文体。译出的经典文字流畅，毫无扞格之弊。这是第二阶段，我称之为意译阶段。第二阶段虽胜于第一阶段，但二者各有优缺点，哪一个也不能说是最理想的。到了玄奘，他在中国译经史上开辟了一个新时代。他的译风既是直译，又是意译。换一句话也可以说，既非直译，又非意译。他的译文完全忠实于原文，又明晓畅达。这是第三阶段，是直、意有机结合的阶段。我利用了黑格尔的三段式：正题——反题——合题。后汉三国属于正题，自罗什起属于反题，玄奘代表合题。

第二，宗派建立。

玄奘基本上继承了大乘有宗的传统，在中国创立了一个新的宗派——“法相宗”。“法相宗”基本理论是所谓“八识”，即世间一切都是从“识”变现出来的。因此，此宗也被称为“唯识宗”。前六识——眼、耳、鼻、舌、身、意，而第七识末那识则是联系第八识阿赖耶识的，第八识是一切的关键，精神性的单子——种子，就藏住在第八识中。根据“法相宗”的理论，只有佛才能断尽有漏种子，而只有断尽有漏种子才能成佛。这简直就是鸡与蛋的关系，这当然会使“法相宗”陷入窘境，不能自拔。很明显，这一切是完全违反我谈到的宗教发展规律的——天国的入门券越卖越便宜。“法相宗”不但不是越卖越便宜，而是越卖越贵，天国有时候简直好像挂出了牌子，上面写着：整修内部，暂停营业。这完全不符合有宗教需要的人们的愿望和心理。“法相宗”之所以只有极短的生命，原因就在这里。

第三，炼糖技术。

唐太宗曾派人到印度去学习熬糖法，这是几千年中印文化交流史上的一件大事。我在中印交通年表中已经提了一句。关于这个问题我曾写过八篇文章，比如：

《一张有关印度制糖法传入中国的敦煌残卷》，见《历史研究》1982 年第 1 期，又见《季羡林学术论著自选集》。

《对〈一张有关印度制糖法传入中国的敦煌残卷〉的一点补充》，见《历史研究》1982 年第 3 期，又见《季羡林学术论著自选集》。

《唐太宗与摩揭陀》，见《文献》1988 年第 2、3 期，等等。

请读者参阅，这里不再细谈。我只想谈玄奘与这一件大事也似有牵连。《续高僧传》卷四《玄奘传》说：

> 戒日及僧各遣中使，赍诸经宝，远献东夏。是则天竺信命自奘而通，宣述皇猷之所致也。使既西返，又敕王玄策等二十余人，随往大夏，并赠绫帛千有余段。王及僧等数各有差。并就菩提寺僧召石蜜匠。乃遣匠二人、僧八人，俱到东夏。寻敕往越州，就甘蔗造之，皆得成就。

这与《新唐书》卷二二一上《西域列传·摩揭陀》的说法不同，详情请参阅上述拙文。总之，由于玄奘通了中国与天竺的信命，才有王玄策在菩提寺招致印度石蜜匠到中国来的行动。关于王玄策这个当时在中印关系方面起过重要作用的人物，中外学者颇多研究。法国学者烈维（Sylvain Levi）和伯希和（Paul Pelliot）均在八九十年前就写了专门论述王玄策的文章。中国学者柳诒徵在《学衡》第39期上也发表了《王玄策事辑》。后来居上，冯承钧在1932年12月《清华学报》上发表了《王玄策事辑》，在前人搜集的基础上，搜得的材料最为完整。王玄策著有《中天竺国行记》，佚文散见于许多书中。他在印度曾向尼泊尔借兵，加上吐蕃的兵，打败了尸罗逸多王（戒日王）死后篡位的大臣那伏帝阿罗那顺并俘虏了他，送回长安。这在中印关系史上当然是不友好之举。然而，从人类整个历史上来看，邻国间没有或大或小的争端者，绝无仅有。这并不影响中印两国人民友好的发展。

第四，沟通中印信息。

我在上一节里已经涉及这个问题。在沟通中印信息，特别是在两国统治者之间的信息上，玄奘作出了突出的贡献。我们甚至可以说，中印两国正式外交关系的首次建立，应该归功于他。《慈恩传》卷五有一段记述他与戒日王初次会面时情景的文字：

> 既至，顶礼法师足，散华瞻仰，以无量颂赞叹讫，谓法师曰："弟子先时请师，何为不来？"报曰："玄奘远寻佛法，为闻《瑜伽师地论》。当奉命时，听论未了，以是不遂参王。"王又问曰："师从支那来，弟子闻彼国有《秦王破阵乐》歌舞之曲，未知秦王是何人？复有何功德，致此称扬？"法师曰："玄奘本土见人怀圣贤之德，能为百姓除凶剪暴、覆育群生者，则歌而咏之。上备宗朝之乐，下入闾里之讴。秦王者，即支那国今之天子也。未登皇极之前，封为秦王，是时天地板荡，苍生乏主，原野积人之肉，川谷流人之血，妖星夜聚，沴气朝凝，三河苦封豕之贪，四海困长蛇之毒。王以帝子之亲，应天策之命，奋威振旅，扑剪鲸鲵，杖钺麾戈，肃清海县，重安宇宙，再耀三光。六合怀恩，故有兹咏。"王曰："如此之人，乃天所以遣为物主也。"

这是玄奘在印度向戒日王讲述唐太宗。他回到祖国以后，《慈恩传》卷六又有一段记载：

> （唐太宗）因广问彼事。自雪岭已西，印度之境，玉烛和气，物产风俗，八王故迹，四佛遗踪，并博望之所不传，班、马无得而载。法师既亲游其地，观睹疆邑，

耳闻目览，记忆无遗，随问酬对，皆有条理。帝大悦。

这是玄奘向唐太宗讲述印度的情况，书中虽未明说，但肯定会谈到戒日王的。从上面的记载来看，沟通中印两国最高统治者，甚至两国人民之间的信息的，确实就是玄奘大师。因此，才有了我在上面年表中提到的戒日王派使臣来华之举。我说玄奘是促成中印两个世界大国第一次建交的第一人，不是完全符合历史事实吗？

第五，《大唐西域记》。

为沟通中印两国的信息，玄奘向中国人民介绍印度情况的著作，有《大唐西域记》一书。《慈恩传》卷六关于这件事有一段记载：

前又洛阳奉见日，敕令法师修《西域记》，至是而成。

这一部书的完成时间是在贞观二十年（646年）七月。完成以后，玄奘进表说：

时移岁积，人愿天从，遂得下雪岫而泛提河，窥鹤林而观鹫岭，祇园之路髣像犹存，王城之基坡陀尚在。寻求历览，时序推迁，言返帝京，淹逾一纪，所闻所履，百有二十八国。窃以章允之所践籍，空陈广袤，夸父之所陵厉，无述土风。班超侯而未远，张骞望而非博。今所记述，有异前闻。虽未极大千之疆，颇穷葱外之境，皆存实录，匪敢雕华。谨具编裁，称为《大唐西域记》，

> 凡一十二卷，缮写如别。望班之右笔，饰以左言，掩《博物》于晋臣，广九丘于皇代。但玄奘资识浅短，遗漏实多，兼拙于笔语，恐无足观览。（见《慈恩传》卷六）

在这里，玄奘把成书过程简略介绍了。对于本书的内容记述，我曾在《大唐西域记校注·前言》中作了比较详尽的分析和评价，这里不再重复。所有的国内外研究印度古代史的专家学者，无不对本书极口赞誉。我在这里只引用印度著名的史学家、当时史学大会的主席阿里（Ali）教授于1978年给我的一封信中的一段话：

> 如果没有法显、玄奘和马欢的著作，重建印度史是完全不可能的。

由此可见，印度史学家对此书评价之高。说这一部书是空前的瑰宝，它是当之无愧的。

第六，玄奘在今天印度的影响。

我曾多次访问印度。印度人民对中国人民代表的欢迎，简直达到了狂热的程度。孟买深夜，飞机场内外挤满了四五万人，人声鼎沸，“印中友好万岁！”的口号震天动地。加尔各答中午，飞机场上聚集了至少有十万人，红旗如林，呼声如雷，我们被迫登上候机大楼，站在阳台上同群众见面。这样的场面还有几次，使我终生难忘，激动不已。原因何在呢？原因当然是非常多的。但是，我认为，玄奘和他的《大唐西域记》，也在其中起了重要的作用。有的印度朋友告诉我，在很多印度小学教科书里就有玄奘取经的故事。因此，在印度，玄奘可以说是家喻户晓，妇孺皆知。其知名度绝不下于中国名扬天下历久不衰的《西游记》。

第七，玄奘在中国人民心目中的形象。

玄奘不仅在印度有极高的威信，他在中国人民心目中的威信也是很高的。他毕竟是中国历史上一个伟大的人物。正如鲁迅所说：

> 我们从古以来，就有埋头苦干的人，有拼命硬干的人，有为民请命的人，有舍身求法的人……虽是等于为帝王将相作家谱的所谓“正史”，也往往掩不住他们的光耀，这就是中国的脊梁[30]。

在“舍身求法”这一类里，鲁迅虽然没有一一指出名字，但是玄奘肯定会在里面的，而且可能是第一位。

综上所述，我们可以说，玄奘是中国佛教史和翻译史上开辟一个新纪元的高僧，是中印文化的传播者，是中印人民友谊的象征，是中国人民的脊梁。

(2) 义净

义净同玄奘可以说是同一时代的人，他降生的那一年，玄奘三十六岁。

我现在仍然遵照叙述玄奘时的办法，先给义净写一个简略的年谱，根据的资料是王邦维《大唐西域求法高僧传校注》附录的《义净生平编年》，中华书局1988年版。

贞观九年（635 年） 义净生。本姓张，字文明，齐州山庄人士。

贞观十五年（641 年） 年七岁。入齐州城西四十里许土窟寺，侍善遇法师及慧智法师。

玄奘四十二岁，正在印度参加佛学士辩论，作为论主，取得胜利。

贞观十八年（644 年） 年十岁。从师受学，犹未能领会深旨。

贞观二十二年（648 年） 年十四岁，“得沾缁侣”。

义净十一岁时（645 年），玄奘回国。本年，玄奘四十九岁，住弘福寺译经。

贞观二十三年（649 年），高宗永徽二年（651 年），永徽三年（652 年） 义净“志游西域”，“拟向西天”。

永徽六年（655 年） 年二十一岁，受具足戒。

玄奘五十六岁，住慈恩寺译经。

显庆五年（660 年） 年二十六岁。出游东魏，继游长安，负笈西京，到处问学。

麟德元年（664 年） 年三十岁。

玄奘逝世。

咸亨二年（671 年） 年三十七岁。自齐州出发。坐夏扬府。冬十一月，与门人晋州小僧善行附波斯舶南行。未隔两旬，抵佛逝。

咸亨三年（672 年） 年三十八岁。停佛逝六月，渐学声明。又往末罗瑜国（后改室利佛逝），转向羯荼。十二月（约等于公历次年一二月），乘王舶北行。

咸亨四年（673 年） 年三十九岁。经裸人国，抵东印度耽摩立底国，留住一载，学梵语，习《声论》。与大乘灯禅师相见。

咸亨五年（674年）　年四十岁。五月，偕大乘灯诣中印度。先到那烂陀，次上耆阇崛山，至王舍城，往大觉寺。北行至薜舍离，又西北行至拘尸城。又西北行至劫比罗伐窣堵。又西行至僧迦施国（玄奘称之为劫比他国），顺路过曲女城。又东南行至婆罗痆斯，途经钵逻耶伽。

上元二年（675年）　义净四十一岁。

光宅元年（684年）　义净五十岁。在这九年（675—684年）间：义净住那烂陀寺（当时仍然是全印最高学府），学习佛典。在这里遇到的唐朝僧人有玄照、佛陀达摩、僧哲、慧轮、道琳、智弘、无行等。上距玄奘初抵那烂陀寺之年（贞观五年，631年）四十四年。玄奘当时，那烂陀寺好像只有他一个中国留学生。将近半个世纪以后，中国留学生竟然增加了这样多。可见中印文化交流关系大大地提高了一步。义净在这里受学于宝师子。又曾往距此约两驿处的羝罗荼寺，问学于智月；还有可能至南印度某地，问学于呾他揭多揭婆。

垂拱元年（685年）　年五十一岁。离那烂陀寺东归。冬，自耽摩立底登舶，携梵本三藏五十万余颂。

垂拱二年（686年）　年五十二岁。春初，到羯荼国。在这里遇到了道琳和智弘。停此至冬，复泛舶南行。

垂拱三年（687年）　年五十三岁。船行一月许，抵末罗瑜，再往佛逝，停于此处。

垂拱四年（688年）　年五十四岁。留室利佛逝，请学于佛逝固名僧释迦鸡栗底。

永昌元年（689 年）　年五十五年。七月二十日回到广州，邀贞固等往佛逝襄助译事。十一月一日，偕贞固、怀业、道宏、法朗，回到佛逝。

载初元年（690 年）　年五十六岁。留室利佛逝译经。

天授二年（691 年）　年五十七岁。撰成《大唐西域求法高僧传》、《南海寄归内法传》等。五月十五日，遣大津归唐，携回两传及新译经论十卷，并清朝廷于西方造寺。

天授三年，如意元年，长寿元年（692 年）至长寿二年（693 年）年五十八岁，五十九岁。停佛逝。

长寿三年（694 年），五月改元延载　年六十岁。偕贞固、道宏回到广州。

证圣元年（695 年），改元天册万岁和万岁登封　年六十一岁。五月，回到洛阳。武后亲迎于上东门外。先后住于佛授记寺和大福先寺，译经。

万岁登封元年至圣历二年（696—699 年）　年六十二，六十三，六十四，六十五岁。在洛阳共实叉难陀等译《华严经》。

圣历三年（700 年）至长安三年（703 年）　年六十六岁至六十九岁，在洛阳长安译经。

长安四年（704 年）　年七十岁。赴少林寺，重结戒坛。

自此至先天二年（713 年），义净年七十九岁逝世，朝廷屡改年号，屡换帝王，义净或译经或陪侍朝廷。本岁，义净不愈，欲归齐州，未果。正月十七日，示寂于大荐福寺译经院。

义净的生平大略即如上述。

我现在对与义净有关的一些问题分门别类作一点简略的叙述和评论。

第一，义净出游的动机。

从法显和玄奘的例子看出，赴西天求经的中国僧人，莫不有各自的动机——义净的出游也绝不是为出游而出游，而是有十分明确的目的的。这种目的都是与当时佛教在中国传布和发展的情况密切相连的。佛教发展到某一阶段，出现了什么问题，一般庸僧是不会感觉到的；但是有识的高僧，出于对宗教的虔诚，由于自己的敏感，往往深切感知，而企图有以改变之，改变之方无他，只有到佛国去探求根源，寻觅妙方。法显是如此，玄奘是如此，义净也是如此。试将三人对比一下，是颇有意义的。

《法显传》开宗明义第一句就是："法显昔在长安，慨律藏残缺。于是，遂以弘始元年……至天竺寻求戒律。"法显出游的目的非常明确：寻求戒律。至于玄奘，《慈恩传》卷一说："法师既遍谒众师，香餐其说，详考其义，各擅宗途，验之圣典，亦隐显有异，莫知适从，乃誓游西方以问所惑，并取《十七地论》以释众疑，即今之《瑜伽师地论》也。"玄奘出游的目的也是非常明确的：寻求义理。他在印度时曾因听戒贤讲《瑜伽师地论》未竟，推迟了会见戒日王的时间。关于显、奘二公，我在上面已经谈到过了。这种缺什么就补什么的现象，在文化交流中屡见不鲜，是含有深刻的意义的。

义净怎样呢？佛教在中国的发展，到了唐代，从中印两国文化交流的发展阶段来看，已经到了融合的高级阶段，具有中国特色的佛教，基本上已经形成。但是，在佛教内部，戒律废弛，纲纪不整的现象也出现了。僧人中的害群之马，也所在多有。“律宗”虽已形成，但在这个宗教的内部，对戒律条文的解释也时有矛盾。义净西行的主要目的，就是要到西方去寻求戒律的真相。他在印度和室利佛逝时，对梵文佛典广为搜罗，重点似在律部，特别是“根本说一切有部律”。在回国后十多年的翻译活动中，他翻译的经很多。从量的方面来看，“根本说一切有部律”占有很大的比重，可见他译经重点之所在。此外，他在室利佛逝撰成后先派人送回国的《南海寄归内法传》，着重介绍印度的僧伽制度和具体的戒条，更可见他对律的关心。但是，我们必须注意到，他关心律和法显的关心律，外表相似，实有不同。时代变了，佛教发展的阶段变了，因此，对律的要求，也必然随之而变。我们可以说，义净是在比法显更高一层的水平上，关心佛典律部的搜求与翻译。

第二，赴印道路问题。

从中国僧人赴印的途径上，我们可以窥知在不同时期中西交通道路的变动以及盛衰消长的情况。讲到交通，当然以陆路为早。但是，从古代人类文化传播的情况来看，海路的兴起也不会太晚。就中国的中西交通情况而论，后汉时期，正史上已经有明确的海路通往西方的记载。《前汉书》卷二十八下《地理志》中那一段有名的记载，就是最可靠的证据。从印度佛教入中国的具体的历史情况来看，我们很难截然分为陆路交通时代和海路交通时代。总的情况是，始终以陆路为主，海路也很早就被利用。几乎每一个时代都是海陆并举，只是有所偏重而已。

根据我个人的看法，到了义净时代，似乎是一个转折点。姑以法显、玄奘和义净的出行路线为例。加以对比，加以说明。法显是陆去海归，玄奘是陆去陆归，义净是海去海归。这一个简单的事实，颇可以说明一些重要问题。义净是在 671 年去国，上距玄奘之死（664 年）仅有七年，距玄奘去国之年（627 年）仅四十四年。在这不能算太长的时期内，中印交通道路似乎发生了剧变，海路显然占了上风。不但中印交通路线起了变化，连整个的中国通向西方——包括西亚、非洲和欧洲——的海上交通也大大改变了。这并不等于说，陆路交通就被弃置不用了。在这个时期，甚至在这以后很长的时期内，仍然有不少中国僧人从陆路到印度去。

另一个值得重视的现象，是西藏尼泊尔赴印道路的开辟。

第三，义净译经情况。

我在上面第一中已经涉及这个问题。现在，专就义净的译经工作我再加以补充。我不可能，也没有必要把他所译的佛典一一列出，我仅举其荦荦大者。义净译经的数量是很大的。《开元录》卷九说他翻译和撰述的书共六十一部二百三十九卷。卢璨为他撰写的《塔铭》说，义净“前后所翻经一百七部，都四百二十八卷，并敕编入一切经目”。这两个说法出入很大，再加上《贞元录》的说法，都不相同。所有这些说法，同现存的实际数目，都不符合。可见，义净的著译有很多佚失了。

义净译经的范围很广，大乘、小乘和密宗的经典都有。最有影响的当推《华严经》与《金光明经》。用力最勤的则是“根本说一切有部律”。现存的也最多。顺便谈一句，义净还著有一卷《梵语千字文》，是使用中国《千字文》的形式，写出了一批习见的梵语单词，供初学者学习梵语之用。关于这部书是否真为义净所著，学者们之间是有争议的。但是，无论如何，对当时初学梵语的学者来说，它不失为一部有用的书。

第四，义净译经的技巧。

我曾经说到中国的译经史，从译文和原文的关系来看，可以分为三个阶段：直译——意译——意直兼有。这仿佛合乎黑格尔正题——反题——合题的三段式。玄奘是第三阶段的代表，是中国译经史上的集大成者，是一座高峰。义净仅晚于玄奘几十年，是玄奘同时代的人，应该说是属于同一阶段。事实上，从义净的译风来看，尽管与玄奘不完全相同，他确实应该归入第三阶段。他在玄奘这一座高山之下，之旁，继承玄奘的衣钵，戛戛乎其难哉！

但是，义净毕竟是义净，他也是身手不凡的。他在这个第三阶段上创造出来了自己独特的译风。1931 年，在克什米尔的基尔基特（Gilgit，现在属于巴基斯坦）地区，一个牧童在一座古塔里发现了一批佛经残卷，是写在白桦树皮上的。写的时间大约是六七世纪，内容是《根本说一切有部律》（*Mūlasarvāstivādavinayavastu*）。残卷刚发现时就流失了一些，剩下的由印度梵文学者 Nalinakasha Dutt 校订出版：*Gligit Manuscripts*，Srinagar - Kashmir，ed. by Dr. Nalinaksha Dutt，with the assistance of V. Pandit Shiv Nath Shastri，一些残卷流落到意大利，也出版了一些。

1950 年，我写过一篇短文《记根本说一切有部律梵文原本的发现》[31]。我觉得，梵本写的时间几乎正是义净在印度留学的时候，义净所搜求到的梵本，即使同 Gilgit 残卷不能完全相同，但也所差无几。因此，把义净译文拿来同 Gilgit 残卷对比，其结果必然是可靠的。我在这篇短文中，就把义净译的《根本说一切有部毗奈耶药事》同梵本 *Mūlasarvāstivādavinaya—bhaiṣajyavastu* 拿来对比。我只选了一段，局部可以反映整体。从这一段中得出来的结论，能够适用于全书。我对比的结果是，义净的译文确实忠于原文，但与玄奘的忠实又稍有不同。大概因为是律部，叙述多于理论，从而译文容易流畅易读。玄奘翻译的多是理论，读起来有点费劲。总之，义净属于玄奘所代表的中国翻译史的第三阶段——合题阶段，是毫无问题的。但这只限于散文部分。一到韵文部分，情况就完全不同。在这里，义净颇多删节。如果没有梵本可资对比，这一点是无从知道的。

第五，义净在印度的影响。

虽然义净在国外待的时间比玄奘还要长许多年，但是，他在印度的影响，却远远比不上玄奘。义净的影响主要来自他的两部著作，一部是《大唐西域求法高僧传》，一部是《南海寄归内法传》。前者有法国学者沙畹（E. Chavannes）和英国学者 S. Beal 的摘录和择要；后来又出了印度学者 Latika Lahiri（罗喜瑞）的全译本（英文）。后者有日本学者高楠顺次郎的英译本。义净在印度的影响既然是通过学术著作，所以几乎是仅限于学术界，没有像玄奘那样妇孺皆知。

第六，义净在中国佛教史上的地位。

在中国众多的和尚中到印度取经去而复归且翻译又卓有贡献者，只有三人，义净就是其中之一。他在中国佛教史上的地位，就奠基于此。他是法显、玄奘与他自己三峰鼎立中的一峰。

义净就介绍到这里。

（3）密宗：善无畏、一行、金刚智、不空

我在上面介绍的主要是小乘僧和大乘僧，我现在介绍几个密宗或真言宗的高僧，他们对中印文化交流也作出了卓越的贡献。

我要介绍的人物是善无畏、一行、金刚智、不空。因为他们之间的关系密切，难解难分。所以我不再分别介绍，而是合在一起。

佛教密宗源于印度，崇拜的对象是大日如来（Mahāvairocana 摩诃毗卢遮那），是一个前此不见经传的神，显然是后人制造出来的。有人认为，从这个神的性质来看，他受了拜火教的影响。这是可能的，但也还没有确凿可靠的证据。由于来路暧昧，为了证明此神的“有根”，信徒们造作了大量的神话，多属荒诞不经之论。这当然都是不可信的。反对之者，对此进行了大量的指斥和攻击。当然，也都是无稽之谈，同样是不可信的。

为什么会出现这种现象呢？原因就在于两方面都没有能从印度佛教的发展方向，从宗教的一般发展规律，来看待这个问题。因此，所论都搔不到痒处，宛如堂吉诃德大战风车。如果真正掌握了印度佛教的发展规律，则对密宗的出现必无骇怪之意，而会认为是自然的，甚至是必然的，是不可避免的。继小乘之后，大乘中已出现天国入门券越卖越便宜的现象。特别是净土宗，特别是弥陀净土，这种现象更是十分突出。密宗同弥陀净土一样，主张即身成佛。这样更容易招徕信徒，更能适应时代前进的需要。一般印度佛教史学者都把佛教的发展分为三个阶段：小乘→大乘→金刚乘（Vajrayāna，即密宗）。这个三阶段的发展式，最能体现出宗教发展的规律[32]。

从印度传来的密宗主张有两种曼荼罗（maṇḍala，“坛”或“道场”，亦有“真言”义），不必一定是咒诵，也可以绘图表示。一种叫胎藏曼荼罗，一名台密；一种叫金刚界曼荼罗，一名东密。传第一种者是善无畏，他是中天竺人，玄宗开元四年（716 年）来华。当时显教（指性、相二宗）渐趋衰微，代之而兴者是西方传来的密宗。传之者善无畏首当其冲，他以秘术干人生，受到青睐。他收了一个徒弟，就是大名鼎鼎的擅天文历算的一行。师徒共同译密宗经典，有时加以注疏。所谓“密宗三经”，即出善无畏之手。传第二种金刚界曼荼罗者是金刚智。他是南天竺人，开元七年（719 年）来华，先到广州，敕迎入都，设坛译经。一行也可以算是他的学生。

真正弘扬密宗的是不空，本名不空金刚，本北天竺婆罗门族，“幼失所天，随叔父观光东国”（《宋高僧传》卷一本传）。年十五，师事金刚智。师死后，奉遗命返印度，求得密藏经论五百余部，于天宝五年（746 年）赍归。所译密典共七十七部，一百二十余卷，并敕收入大藏，密宗经典随流行一时。他受到玄宗、肃宗及代宗三朝宠遇。密宗于是成了压倒一切的宗派。

秘咒翻译，后汉以来就已经有了。许多大乘佛典中都有或多或少的秘咒，这是适应信徒们的宗教需要所不可缺少的。玄奘在《大唐西域记》中讲到“咒藏”，义净说道琳到印度去寻求明咒，义净自己也翻译了不少的咒。虽然如此，都没有认为有一个独立的宗派密宗。原因也很简单，在玄宗以前，在印度本身，体系完整的金刚乘还不能说是已经存在。印度是本，没有本，哪能有末呢？密宗一旦传入中国，经过了必要的中国化——有人主张，密宗受到中国道教的颇大的影响——在中国立定了脚跟，自玄宗至唐末盛极一时。在所有的中国佛教宗派中，其寿命之长，仅次于禅宗。其原因，我认为，就在于密宗同禅宗一样，适应了宗教发展的规律。我甚至想在这里提出一个宗教发展的公式：一个宗派的寿命同它适应人民群众宗教需要的程度成正比。

（4）慧超、悟空

我在这里还想补充讲两个僧人，一个是慧超，一个是悟空。我在上面曾经比较详细地介绍了法显、玄奘、义净等大师。他们是赴西天去而复归，在著译方面有突出贡献的中国佛教史上鼎足而立的三位大师。慧超和悟空当然不能同他们平起平坐；但是这两位僧人（其中慧超是新罗人，用汉文著述），也是赴天竺去而复归的，只是他们的功绩仅在于两部行记，这两部行记对后世产生了很大的影响。

慧超，又作惠超，似在八世纪初期西行，所取路线似是北道。他几乎遍游了印度，最后回到龟兹的安西大都护府，时在唐玄宗开元十五年（727 年）。人们对他原来毫无所知，在敦煌石窟发现了他的《往五天竺国传》，虽甚残缺，但仍重要。慧琳《一切经音义》卷一百，有此书的名字。此书佚失千余年后，至是复得。经中外学者的研究，有德、英等文字的译本，南朝鲜学者对此书也十分重视，因为慧超毕竟是新罗僧人。

悟空，俗姓车，名奉朝，京兆云阳人。天宝九年（750 年），罽宾国愿附唐，其大首领来朝，请使巡按。次年（751 年），玄宗敕张韬光及悟空等四十余人西行，时空任左际卫泾州四门府别将。天宝十二年（753 年），抵建驮罗国。至德二年（757 年），空年二十七，因病笃发愿出家。游历健驮罗及迦湿弥罗。广德二年

(764年)，南游中天竺国。德宗贞元六年（790年），回到长安。其旅行记见《佛说十力经·序》。法国沙畹有法译本。

慧超和悟空的旅行记，对研究中印文化交流的历史，有重要的作用。

3. 外交往来和贸易活动

(1) 外交往来

我在上面已经列了一个“唐初中印交通年表”。我现在接上表再列一个年表：

唐中宗景龙四年，睿宗景云元年（710年）　南天竺遣使来朝，同年又贡方物。

玄宗先天二年（713年）　南天竺遣使朝贡。

开元二年（714年）　西天竺遣使贡方物。

开元三年（715年）　天竺国使来献方物。

开元五年（717年）　中天竺遣使来朝，献方物。

开元八年（720年）　南天竺献五色能言鹦鹉，其王请以战象及兵马讨大食及吐蕃等。玄宗应其请，名其军为怀德军，又赐寺额曰归化。十一月遣使册利那罗伽宝多为国王，遣使来朝。

开元十三年（725年）　中天竺遣使来朝。

开元十八年（730年）　中天竺遣使朝贡。

开元十九年（731年）　中天竺国王遣其臣大德僧勃达信来朝，且献方物。

开元二十九年（741年）　中天竺王子李承恩来朝，授游击将军。

天宝中（742—755年）　中天竺屡遣使来朝。

肃宗乾元元年（758 年）　乾陁罗国王使大首领中郎将踏匐勒特车鼻施远千，并授将军，放还蕃（《册府元龟》卷九七六）[33]。

（2）贸易活动

隋唐时代的中印贸易关系肯定是相当密切的。但是，这种关系不像宗教关系那样明确肯定，缺少具体的比较详明的记载。即使有点记载，也不像宋代以后那样系统细致。史籍或其他杂书上，比如《太平广记》之类，多有“胡人”等字样，“胡”字涵盖面极广，我们无法知道究竟指的是哪一国人。但是，“胡人”中肯定也包含着印度人，这一点是可以肯定的。

现在我们在探求隋唐时代的中印贸易关系时，只能乞灵于推测与类比。推测的根据还是可以找到一些的。我想至少有以下几个方面：

第一，隋唐西域载记极多，至今虽多已佚失，但从幸存的这一些中也可以窥见当时中国与西域诸国交通来往之频繁。“西域”一词有时候也包括印度在内，玄奘和义净之书可以为证。贞元宰相贾耽记有通西方之三道：安西入西域道、安南通天竺道、广州通海夷道[34]。这里就涉及印度。通过这些道所进行的活动当然是多方面的，其中肯定也有贸易活动。

第二，中国自唐代起建立市舶司，至宋大盛。这表明海上贸易已经发展到可观的水平，否则就不会在港口设立管辖对外贸易的衙门。从海上同中国进行贸易活动的国家很多，而且其数目是越来越多的。印度肯定也在其中。

第三，贸易港古已有之，因为只要有海上贸易，就必然有港口。到了唐宋时代，海上贸易空前发展，旧港口继续存在，而且新港口又不断出现。在隋唐时期，最重要的贸易港是广州、扬州、泉州等地。广州，远在秦代已经作为对外贸易的港口而存在，南越就在番禺定都。魏晋尤为商货之所聚。慧超《往五天竺国传》就谈到波斯国到广州取绫绢丝绵之类。《唐大和尚东征传》也讲到“（广州）江中有婆罗门、波斯、昆仑等船，不知其数”。对“婆罗门”有一些不同的解释。我认为很可能指的就是印度。

扬州是唐代重要的对内对外贸易港，当时繁华甲天下。外侨居此者极多。《旧唐书》一二四《田神功传》：“至扬州……商胡波斯被杀者数千人。”可见外商人数之多。鉴真就是从这乘船往日本的。

泉州，唐时已成为重要对外贸易港口，出国门户。到了后来，更为发达。

经过以上这些港口贸易的国家必然很多，其中有印度，是毫无问题的。

第四，在上列交通年表中，我们经常碰到“朝贡”、“贡方物”、“献方物”、“来朝且献方物”等词句。所谓“方物”约略等于今天所谓的“土产”，所谓“贡”、“献”，就是把这些本地（有时候也并不限于本地）出产的一些东西运到中国，献给皇帝，当然贵族和大官僚也都会各有一份的。按照惯例，其余的绝大部分的货物就公开贩卖。关于这方面有许多直接或间接的记载，兹不赘。因此，所谓“朝贡”在绝大多数的情况下，其实就是贸易的代名词。

第五，从海上交通工具的改善，也能推测出对外贸易繁荣的情况。海舶在中国也是古已有之的。但是，在唐初，我们的海舶其大小载重还比不了外国舶。因此，在《旧唐书》中我们常常遇到“西域舶”、“西南夷舶”、“蛮舶”、“番舶”等名词。中唐以后，中国商舶亦出海贸易；唐末以后，中国舶则凌驾于“番舶”之上了。与海舶有联系的还有在航行中使用的信鸽，在当时，信鸽的使用是远程通信最好的唯一的工具。信鸽起源于何时何地，我没有研究过。唐李肇《国史补》：“舶发之后，海路必养白鸽为信，舶没，则鸽虽数千里，亦能归也。”王仁裕《开元天宝遗事》中载张九龄以鸽通信的故事。所有这一些海上交通工具的发展，都说明了海外贸易的繁荣。印度在里面占有一份，是可以肯定的。

第六，从当时外侨在中国一些大城市的人数上，也可以推定贸易活动范围之大。长安住有大量的外国人，我在上面已经谈到过。在这里，以及在别的大城市或港口城市中，外侨主要是商人。在广州、扬州、泉州等地都住有大量的外国商人。扬州情况，上面已经谈到。黄巢攻破广州，杀阿拉伯人竟至数千之多。可见当时外国侨民之众。此外，在唐代载籍中还多次提到“胡姬”(外国女子)开的酒店。李白尤乐道之。他的《少年行》之二说：“五陵少年金市东，银鞍白马度春风。落花踏尽游何处？笑入胡姬酒肆中。”

我在上面列举了六项，从中可以推测出当时对外贸易之盛，其中必有印度的一份，对此我已屡屡强调。至于贸易的具体内容，由于缺乏史料，无法详细论述。但是，我认为，从下面即将叙述的中印文化交流的具体的成果时，间或可以推知一些。

具体成果包括两个方面：精神文明和物质文明；包括印度→

中国和中国→印度。我在下面分别加以论述[35]。

1. 印度→中国

为了醒目起见，我分门别类地来谈。

（1）文学

就广义的文学来讲，在两晋南北朝以前，中国已经受到了印度的影响。从南北朝起，印度的寓言、童话和小故事大量涌入中国。在六朝时期，中国产生了一种特殊的文学品种，这就是鬼神志怪的故事。最著名的有张华《博物志》、王嘉《拾遗记》、干宝《搜神记》、陶潜《搜神后记》、刘敬叔《异苑》、刘义庆《幽明录》、东阳无疑《齐谐记》、吴均《续齐谐记》，等等。此外还有一些释氏辅教之书。在这些书里有很多奇闻轶事、幽明报应和鬼怪故事，很多故事都与佛教有直接关系。

有些故事，初来时还有外来的痕迹，但是逐渐华化，最后连一点外国痕迹都没有了。这种改变，我认为有极重要的意义。我举一个例子，这就是阳羡鹅笼书或道人入笼子中的故事。晋荀氏《灵鬼志》首先讲了这个故事：

> 太元十二年（387年），有道人外国来，能吞刀吐火，吐珠玉金银，自说其所受师，即白衣，非沙门也。尝行，见一人担担，上有小笼子，可受升余。

下面就讲道人入笼，口中吐出一妇女，二人共食。妇口中复吐出一年少丈夫，此时，笼中共有三人。最后妇将外夫内口中，道人复将妇内口中，所有食器也都吞入口中。到了梁代，吴均（469—

520 年）作《续齐谐记》，收入了一个内容几乎完全相同的故事：

> 阳羡许彦于绥安山行，遇一书生，年十七八，卧路侧，云脚痛，求寄鹅笼中。彦以为戏言，书生便入笼。

下面讲书生口中吐出一铜奁子，奁子中有各种肴馔。他口中又吐出一妇女。女子口中吐出一男子。男子口中又吐出一妇人。最后，同上面那个故事一样。最后这个书生留给许彦一个大铜盘，其铭题是永平三年（510 年）作。第一个故事（387 年?）讲的是外国道人，第二个故事（454 年?）中就变成了中国书生[36]。我在上面讲到中印文化交流的五个阶段，最中间一个阶段，第三个阶段，我名之为改造。我觉得这个鹅笼的故事就是改造的一个具体的例证。改造的过程就是从 387 年（晋代）到 454 年（南朝的宋），时间不到七十年。我在这里想着重指出，我说的改造，是一个相当长的阶段，绝不会限于六七十年！而且是一个渐进的过程，绝不会是一蹴而就。但是，我们可不可以说，从晋到宋（我认为可能到吴均生存的时代齐梁）是改造的高潮时期呢？我上面说的这样的故事具有极重要的意义，意思就是这样。

到了唐代，印度文学继续对中国文学发挥着影响。唐代最有特征的文学体裁是传奇文。传奇文有点像后世的短篇小说。在六朝时代，已有小说的滥觞。到了隋唐，作者有意去写小说，在结构和修辞方面着意经营，与六朝时无意写小说者迥乎不同。印度文学对新兴的传奇文的影响，表现在两个方面：一是形式，二是内容。在形式方面的影响可以以王度的《古镜记》为例加以说明。

这一篇传奇文结构形式很特殊。它以一面古镜为线索，为中心，叙述了几个互不相干的小故事，用古镜贯串起来。这种结构形式在印度古典文学中颇为流行。比如流传全世界的《五卷书》就是如此。汉译的《六度集经》之类的书，在结构方面也表现出了这个特点。

从内容方面来看，印度影响更为明显。下列几种类型是最突出的例子：① 沈既济的《枕中记》，一称《黄粱梦》。属于这一类的还有《樱桃青衣》、沈亚之的《秦梦记》等篇。内容主要讲，在梦中飞黄腾达，荣华富贵，经历了数十年。忽然一醒，“蒸黄粱尚未熟”，原来不过是片刻的时间。② 李公佐的《南柯太守传》等篇。这与《枕中记》有类似的地方，但是细看又不完全相同。《枕中记》等入梦由于法术。《南柯太守传》则由于酒醉入梦，在梦中经历种种世态，醒后寻根究源，结果找到了蚂蚁的巢穴。这种故事不属于梦幻，而属于魂游。白行简的《三梦记》属于同一类型，但在表现手法方面，又有所创新。③ 生魂出窍的故事。这是魂游故事进一步发展的结果。在这里，灵魂可以同生人无大区别。这种故事在唐人传奇中例子甚多，比如陈玄祐的《离魂记》就是很有名的一篇。此外，张荐的《灵怪录》、李亢（?）的《独异志》等也属于这一类。④ 借尸还魂的故事。这一类故事大约起源于六朝而极盛于唐代。张鹭在《朝野佥载》中就有这类故事的记载。张读的《宣室志》和段成式的《酉阳杂俎》中也有这样的故事。⑤ 幽婚的故事。这一类故事也起源于六朝。到了唐代，盛极一时。几乎每一个传奇文的作者，都要写点这类的东西。戴君孚的《广异记》是最有代表性的一篇。《广异记》原本有二十卷，凡十余万言，久已散佚，但在《太平广记》中还保留了不少篇。李复言的《玄怪录》也属于这一类。⑥ 龙女故事。这种故事在唐代非常流行，如柳宗元的《谪龙说》、沈亚之的《湘中怨》、《震泽龙女记》等是最著名的例子。连玄奘《大唐西域记》中都有类似的故事。最为人所称道的首推李朝威的《柳毅传》。追本溯源，这一类故事已有相当长的历史了。杨衒之的《洛阳伽蓝记》、刘敬叔的《异苑》已有记载。⑦ 杜子春的故事。这个故事首见于李复言的《续玄怪录》（《太平广记》一六，题为《杜子春》）。一个道士告诫杜子春，无论经历什么情况，都要不动不语。杜子春经历了种种考验，都没有出声。最后看到自己的儿子被摔死，不觉失声。《大唐西域记》中的烈士故事，也属于这个类型。在以上七种类型的传奇文中，既有中国自己的创造，也有印度的影响。

在唐代文学中，受印度影响的，除了传奇文以外，还有变文。变文的“变”字是什么意思呢？虽然经过了长期反复的讨论、研究、争辩、推敲，但是一直到现在也还没有大家一致承认的结论。在佛经的译文中，有时候遇到“地狱变”之类的名词，多半指的是壁画。在我国敦煌石窟中发现了大量的变文。内容有的取材于佛经，比如《大目乾连冥间救母变文》、《目连变文》、《地狱变文》，等等。还有一些名叫“押座文”的，也属于这一类，比如《八相押座文》、《三身押座文》、《维摩经押座文》，等等。这些都是为宣讲佛经之用。但是，内容也有一些是中国的，比如《伍子胥变文》、《孟姜女变文》、《汉将王陵变文》，等等。这大概是受了前一类变文的影响而产生的。不管怎么样，变文的产生与印度有关，这已经是无可辩驳的事实。变文的形式是韵文和散文相结合的。这种体裁也来自印度。

我想在这里着重介绍一下一位美国学者的研究成果和意见，他就是 Victor H. Mair（梅维恒）教授。他写了不少有关变文的专著和文章。我在下面列举几种：

1. *Records of Transformation Tableaux pienhsiang TP* 72 (1986)；

2. *T'ang Transformation Texts*, Harvard University (1988)；

3. *Painting and Performance*（《绘画与表演》），University of Hawaii Press (1988)[37]。

他运用材料十分丰富，几乎到了"竭泽而渔"的水平；论证又十分确凿，不愧是异军突起，后起之秀。他的论点我只能极其简略地介绍一下。他把汉文"变"字同回鹘文 Körünĉ 联系起来，又把它同梵文 nirmāṇa 联系起来；最后从发音上同印尼文 phlaeṅ、泰语 Phlaeṅ、柬埔寨语 phlêng、越南语 bong 等联系起来[38]。我认为，他这个论点是颇有说服力的。有兴趣的读者可参阅上述书籍进行研究思考。

（2）史学

在这里，史学指的是正史。印度古代几乎没有真正的史籍。中国史籍受印度的影响，不是来自史籍，而是来自寓言和传说。

范蔚宗《后汉书》中有许多印度东西，特别是在《方术传》中。比如郭宪和樊英喷酒灭火的故事，就同佛图澄的故事完全一样。在陈寿《三国志》中也有印度故事，比如《魏志》卷二十《邓哀王冲传》里那一个曹冲称象的故事，就是其中之一[39]。

此外，在南北朝的许多正史里都讲到帝王，特别是开基立业的帝王们的生理特点，比如：《三国志·魏志·明帝纪》裴注引孙盛的说法，说明帝的头发一直垂到地上；《三国志·蜀志·先主纪》，说刘备垂手下膝，能看到自己的耳朵；《晋书·武帝纪》，说武帝的手一直垂到膝盖以下；《陈书·宣帝纪》，说宣帝垂手过膝；《魏书·太祖纪》说太祖广颡大耳；《北齐书·神武纪》，说神武长头高颧，齿白如玉；《周书·文帝纪》，说文帝头发垂到地上，垂手过膝，如此等等，不一而足。这些神奇的不正常的生理现象都是受了印度的影响。佛书就说，释迦牟尼有大人（mahāpuruṣa）三十二相和八十种好，耳朵大，头发长，垂手过膝，牙齿白都包括在里面[40]。

（3）音韵学

中国语言的特点：四声，当然是我们语言所固有的；但是，意识到它们的存在和明确地定为平、上、去、入，则是受了印度的影响。据陈寅恪先生的意见，在南齐永明时代，住在建康（今南京）的外国人很多，他们用自己本来娴习的声调来转读佛经。建康的土著和尚学习了这一套本领，成为善声沙门[41]。

到了唐代，印度对中国音韵学的影响，更具体、更切实可靠了。相传唐末有一个和尚，名叫守温。他创造了一套字母，据旧日一般的说法，共有三十六个：

牙音	见溪群疑
舌头音	端透定泥
舌上音	知彻澄娘
重唇音	帮滂并明
轻唇音	非敷奉微

齿头音	精清从心斜
正齿音	照穿床审禅
喉音	影晓匣喻
半舌半齿音	来日

但是，根据敦煌石窟发现的写本，原来的数目不是三十六，而是三十，缺“娘、帮、滂、非、敷、奉、微、床”八个字母，而多“不、劳”两个字母。无论如何，这一套所谓字母是受了梵文的影响才创造出来的。参阅罗常培《敦煌写本守温韵学残卷跋》，中央研究院历史语言研究所集刊，第三本，第二分册。今收入《罗常培语言学论文选集》，中华书局1963年版。

（4）著述体裁

从三国时代支谦起，佛教徒为了研诵方便起见，常常把同本异译的佛经合在一起，名之曰“合本”。办法是“上本下子”或“上母下子”。“本”或“母”指的是大字正文，“子”指的是小字夹注。实际上，就是把别本意义相同而文字不同的列入小注中，与大字正文互相比较。这种办法，影响了中国的著述体裁。最著名的例子是《洛阳伽蓝记》。这一部书原来是用大字、小字分别写的，大字是正文，小字是夹注。年深日久，把正文同夹注混了起来。所以，现在读起来就感到困难，有时甚至困惑莫解。我们现在的任务是努力把正文和夹注区分开来，还此书以本来面目。

此外，根据一些学者的研究，中国的经疏之学也是受了天竺影响而兴起的。饶宗颐先生[42]引牟润孙教授之言曰：“其中关键所系，厥为儒家讲经，亦采用释氏仪式，僧徒之义疏，或为讲经之纪录，或为预撰之讲义。儒生既采彼教之仪式，因亦仿之有纪录有讲义，乃制而为疏，讲经其因，义疏则其果也。”饶先生还进一步论述了印度“经”（sūtra）体一般都极简略，不加注疏，其义难明。有名的《波你尼经》就是如此，非有波颠迦利（Patāñjali）之《大疏》（*Mahābhāṣya*）等，则形同咒语，几不知所云了。

（5）艺术

艺术是一个总题目，其中包含着一些不同的项目，首先是雕塑。

古代希腊雕塑艺术水平之高，举世公认。这种艺术传到了亚洲，传到了古代的大夏（今阿富汗一带，Bactria），与印度艺术合流，形成了所谓健陀罗艺术。健陀罗艺术首先传到新疆一带，然后又逐渐扩大范围，传到了中国内地，影响了我国的佛像雕塑。最早的情况，因为没有遗物（或者还没有发现），不敢确定。到了三国时候，已经修造了不少的寺庙。可能已有雕塑佛像。大规模的佛像雕塑始于北魏，大同附近的云冈石窟就是这时候开凿的。开凿石窟的第一个皇帝是北魏的文成帝（452—465 年），发起者是和尚昙曜。窟中雕了很多佛像，大小都有。北齐的文宣帝（550—559 年）也模仿北魏，凿窟雕塑佛像。这种风气一直延续到唐初，给中国艺术留下了无数瑰宝。这样雕塑的佛像，多少都受到了健陀罗艺术的影响。

其次是绘画。中国绘画到了东晋出现了一种崭新的笔法。顾恺之在《画云台山记》里说：“山有面则背面有影。”这表示，当时的山水画已有阴影画法。这可能也是受了印度的影响。齐谢赫提出了“绘画六法”：气韵生动、骨法用笔、应物象形、随类赋采、经营位置、传移摹写。这同印度三世纪婆兹衍那提出的六法有点相似。影响也可能来自印度。此外，梁代大画家张僧繇所创造的没骨皴也可能脱胎于印度画法。

最后是音乐。中国古代音乐非常发达。我们的先民制造了大量的乐器，还发现了宫、商、角、徵、羽五声和黄钟、大吕、太簇、夹钟、姑洗、仲吕、蕤宾、林钟、夷则、南吕、无射、应钟十二律。尽管如此，西域的音乐还是传了进来。所谓西域音乐，实际上基本上还是印度音乐。这种传入也许从汉代已经开始，中间经过南北朝，到了隋唐，达到极盛的阶段。不但在音乐方面是这样，其他方面也一样。下面分别谈一下。

在雕塑方面，印度的所谓笈多式的风格传入中国，对当时的佛像雕塑产生了影响。在绘画方面，印度影响继续发展。唐代最早的画家尉迟跋质那及其子尉迟乙僧，老家在于阗（今新疆和田），那里容易接受印度影响。唐以前，中国人物画以线条为主。尉迟父子始以凹凸法渗入人物画中。吴道玄承其余绪，也属于凹凸一派。此外，还有康国等国来的画家。这些国家的画风都有明显的印度影响。最后是音乐。在隋代，天竺国经过四次翻译到中国来贡音乐，有乐器和乐曲。隋炀帝定九部乐。唐太宗平高昌，增为十部，其中一部是天竺乐，六部是西域乐：西凉、龟兹、安国、疏勒、高昌、康国。这六部或多或少都与天竺乐有关。谈到音乐家，著名的多来自这些国家，比如米国的米嘉荣等，龟兹的白明达等，康国的康昆仑等，安国的安叱奴等，还有曹保，子善才，孙纲，他们大概原是曹国人。至于乐器，也有不少来自西域，直接或间接来自印度。同音乐有关的舞蹈，其中也有印度痕迹。中国音乐也传入印度，比如《秦王破阵乐》。

（6）戏剧

戏剧，过去注意这个问题的人极少，申而论之的人，几乎没有。王国维在他的《宋元戏曲考·一上古至五代之戏剧》中说：

> 盖魏齐周三朝皆以外族入主中国，其与西域诸国交通频繁。龟兹、天竺、康国、安国等乐皆于此时入中国，而龟兹乐则自隋唐以来相承用之，以迄于今。此时外国戏剧当与之俱入中国，如《旧唐书·音乐志》所载“拨头”一戏，其最著之例也。

我最近几年以其余力从事吐火罗文 A《弥勒会见记剧本》的研究，因而对印度戏剧影响中国的问题，有一些考虑。印度古代一些梵剧曾流传到新疆，马鸣菩萨的几种剧就发现在新疆。这一部吐火罗文 A 剧本残卷也发现在新疆。这样产于印度的剧本以及戏剧结构及出场人物，也大有可能通过河西走廊进入内地。现在我把印度剧的特点与中国剧的特点列表如下：

① 韵文、散文杂糅，在中国是歌唱与道白相结合。

② 梵文、俗语杂糅，在中国不很明显。

③ 剧中各幕的时与地随意变换，二者相同。

④ 有丑角，二者相同。

⑤ 印剧有开场诗，中国有跳加官。

⑥ 结尾不团圆，二者基本相同。

⑦ 舞台，印度方、长方或三角，中国方。

⑧ 歌舞结合，以演一事，二者相同。

（7）天文历算

我在上面已经谈到，在渺茫的远古，中印天文学已经有了交流的迹象。佛教传入以后，这种交流一直没有停。最早来华的外国僧人多有善天文者。在他们翻译的经中也颇有与天文有关者，例如后汉安世高译的《佛说摩邓女经》等。到了三国晋初，中国学者颇有持“天如鸡子”之论者。这与印度古代典籍中所言之“金胎”（hiranyagarbha），极为相似，其中不大可能没有渊源的关系，而从各方面推断之，源只能是印度[43]。

到了隋唐，印度天文大量涌入中国。在唐初编纂的《隋书·经籍志》里列了一长串印度天文历算的书籍：

《婆罗门天文经》二十一卷

《婆罗门竭伽仙人天文说》三十卷

《婆罗门天文》一卷

《摩登伽经说星图》一卷

《婆罗门阴阳算历》一卷

《婆罗门算法》三卷

《婆罗门算经》三卷

此外，费长房《历代三宝记》卷三里，还著录了达摩流支译的《婆罗门天文》二十卷；《大唐内典录》卷五，著录了《婆罗门天文》二十卷。这些都已散佚。但是，它们在唐代必然起过作用，这是可以肯定的。

唐代前期的许多历法，都明显地是从印度传过来的，或者受了印度历法极大的影响。比如，唐初有几个姓瞿昙的人，他们的姓已说明来自印度。这个家族成员都在司天台工作。瞿昙罗上经纬历，后又奉诏撰光宅历；瞿昙谦作大唐甲子元辰历；瞿昙悉达修浑仪，又受诏译九执历，又撰《开元占经》一二〇卷；瞿昙譔续写九执历，其子晏亦曾任冬官正。另外，一些历也受印度的影响，例如一行作大衍历，曹大芀作七曜符天历。

以上只是一些极其简略的情况。

（8）科学技术

科学技术主要是制糖技术。这个问题，我已经讲过，现在稍作补充。

印度炼糖技术在七八世纪已经达到了相当高的水平，否则唐太宗绝不会派人去学习。同时，义净《南海寄归内法传》讲到印度吃饭时食用砂糖，可见砂糖在当时已经成为日常食用品了。

（9）医药

古代印度医学相当发达。佛教一传入中国，印度医药也就随之而来。中国古代医书中常常讲到的岐伯，据陈寅恪先生的意见，可能是印度古代神话色彩很浓的大医学家 Jīvaka 的音译。最早到中国来译经的安息国安士高所译的《㮈女耆域因缘经》中，讲到了神医耆域的种种奇术，耆域就是 Jīvaka 的音译。三国时，给曹操治过病的华佗，也是有名的神医、外科圣手，根据陈寅恪先生的意见，也可能与印度有某些联系[44]。《三国志·魏志》里记载了许多华佗的奇术，比如，他能给人破腹洗肠，再缝好，一月之间，就能够平复；广陵太守陈登得了病，胸中烦懑，面色发红，不能吃饭，华佗给他诊过脉，告诉他说，他肚子里有好几升虫子，原因是吃腥东西太多了。于是，华佗煮了二升汤，先让他喝一升，隔一会儿再喝一升，结果，吐出了二升多红头虫子，等等。这一些故事，同《㮈女耆域因缘经》里的故事十分相似。其中可能有点渊源关系。这个事实说明，像《三国志》一类的中国正史已经受到了印度传说的影响。另一方面，印度古代著名的外科手术，大概在这个时期已经传入中国。

到了唐代，这种影响继续发展。同时，中国土生土长的药材也传到了印度。总之，在这里，中印两国仍然是处在互相学习的阶段中。至于中国医理是否传至印度，则因文献不足，不敢臆断。印度对中国的影响彰彰在人耳目。《隋书·经籍志》里记载了一些医书的名字：

《龙树菩萨药方》四卷

《龙树菩萨和香法》二卷

《龙树菩萨养性方》一卷

《婆罗门诸仙药方》二十卷

《婆罗门药方》五卷

《西录波罗仙人方》三卷

《西域名医所集要方》四卷，本十二卷

《乾陀利治鬼方》十卷

《新录乾陀利治鬼方》四卷，本五卷，阙

《释僧医针灸经》一卷

《耆婆所述仙人命论方》二卷，目一卷，本三卷

《西域诸仙所说药方》二十三卷，目一卷，本二十五卷

只看书名，就可以知道，这些医书都与印度有关。隋唐以前的中国典籍中，已有印度医书的记载。尽管《隋书》中记载的这些书都已散佚，但估计在隋唐时期必然起过作用。事实也正是这

个样子。唐代医典里有不少印度成分。著名的医书《外台秘要》、《孙真人备急千金安方》、孙思邈的《千金翼方》等书里面都有不少的印度东西。最明显的是药材，比如诃梨勒、荜拨，等等，都与印度有关。义净《南海寄归内法传》里也介绍了印度的医学理论和药材。在当时从印度传入中国的医学中，眼科似乎特别突出。许多医典里都讲到印度的眼科。连文人学士的著作中也有印度眼科的痕迹，比如著名诗人刘禹锡就有一首诗《赠眼医婆罗门僧》："三秋伤望眼，终日哭途穷。两目今先暗，中年似老翁。看朱渐成碧，羞日不禁风。师有金篦术，如何为发矇。"描写患白内障人的情景，宛然在目。一些外国的医书中也讲到印度的眼科。可见印度眼科当时在世界上是非常突出的。当时的中国皇帝，对印度医生似乎特别信任。贞观六年，太子患病，太宗下敕迎波颇入内，在宫里住了一百多天，给太子治病。印度长生药也极有名。有的皇帝派中国和尚到印度去请能使人长生不老的婆罗门。

（10）印度的杂技和幻术

西域的杂技和幻术汉代就已经传入中国。到了唐代，就有了书面记载。《新唐书 · 西域传》说："乌苌人善禁架术。"注引《法苑珠林》引王玄策的《西国行传》，讲到王玄策在显庆四年到了婆栗阇国，在那里看到了印度杂技，舞刀、走绳、截舌、抽肠，等等，所有这些东西，都叫"禁架术"。《旧唐书 · 音乐志》说："大抵散乐杂戏多幻术。幻术皆出西域，天竺尤甚。"可见印度幻术之著名了。显庆元年(656 年)，高宗在安福门饮酒欢乐，有胡人持刀自刺，以为幻戏。高宗下令，禁"自断手足，刳肠胃"的天竺使入境。

(11) 印度物品传入中国

大概在汉代就已经有印度物品传入中国。在这交流的鼎盛时期，见于载籍的印度物品大略有下面这一些：琉璃（亦名火齐）、消石、胡椒（出摩伽陁国，呼为昧履支）、白豆蔻（出伽古罗国）、蜜草（出北天竺）、郁金香（出罽宾国）、菩提树、波罗树、天竺干姜、甘蔗、耶悉茗花（亦名茉莉花 Mālikā）、龙脑香、食蛇鼠、天竺桂、沉香、薰陆香（即乳香）、犀角优钵罗花（即昙花）、蓝天竺，等等。确定一件东西的来源地，有时极为困难，因为有不少东西，印度有，别的国家也有，波斯和印度就有不少东西是共同有的。

2. 中国→印度

现在谈一谈从中国传入印度的东西。由于印度方面史籍缺乏，查找中国传入的物品异常困难。因此，从表面上看起来，这样的物品就显得非常少了。

(1) 印刷术

中国发明印刷术，为时极早。汉唐的石经，南朝梁代的拓碑方法，都可以说是印刷的滥觞。以印章钤于纸上，也有助于印刷的发明。以小型纸印佛像，见于唐冯贽《云仙杂记》卷五引《僧圆逸录》说："玄奘以回锋纸，印普贤像，施于四众，每岁五驮无余。"由此可见，中国发明印刷，当在七世纪中。

估计中国印刷术传入印度，即在此后不久。义净《南海寄归内法传》卷四，提到"或印绢纸"，明明指印刷而言。中国早期之印刷品，佛像之外，还有佛经。敦煌石窟中曾发现刻本《金刚经》，是咸通九年（868 年）刻成的。后来中国又印成了纸币。到了宋代，毕昇发明了活字印刷术，较欧洲早四百年。

（2）造纸术

我在上面对中国纸传入印度的情况，已经谈过。我现在再补充一点唐代的情况。天宝十年（751 年），高仙芝兵败怛逻斯，不少中国的工匠被俘，杜环《经行记》有所记载。其中虽然没有提到造纸匠，但估计很可能是有的。因为阿拉伯人曾在撒马尔干建立造纸场，“撒马尔干纸”成为当时的名产。十一世纪史学家泰亚利比说：“此物（纸）仅产于撒马尔干及中国。”793—794 年（唐德宗贞元九年、十年），报达（巴格达）亦设造纸工厂，聘中国人为技师。

（3）罗盘

中国古代传说，黄帝造指南车。从周代至汉、晋、南北朝，屡有造指南车的记载与传说。至于磁石召铁，《吕氏春秋》（公元前 250 年）已有记载。《韩非子》也说：“先王主司南，以端朝夕。”东汉王充在《论衡》中说：“司南之杓，置之于地，其柄指南。”总之，中国利用磁石定方位，由来已久。罗盘是中国人民对世界伟大的贡献之一。传入印度，势在必然。只是详细情况，目前还无从得知。

（4）火药

火药的产生似源于炼丹术士。这也是中国人民对世界的伟大贡献。火药应用于军器，为时较晚。如何传入印度，目前也只能缺疑[45]。

（5）中国物品传入印度

中国物品传入印度的，估计不在少数。玄奘《大唐西域记》卷二：

> 至于枣、栗、棉、柿，印度无闻。梨、奈、桃、杏、葡萄等果，迦湿弥罗国已来，往往间植；石柑、甘橘，诸国皆树。

这里说明了印度缺什么果子（同上书，卷四）。

至那仆底国条：

> 此国质子冬所居也，故曰“至那仆底”，唐言“汉封”。质子所居，因为国号。此境已往，洎诸印度，土无梨、桃，质子所植，因谓桃曰“至那你”，唐言“汉持来”，梨曰“至那罗阇弗呾罗”，唐言“汉王子”。

“至那你”，梵文是 cīnanī，“至那罗阇弗呾逻”，梵文是 Cīnarājaputra。可见，桃和梨是从中国传到印度去的。此外，中国杏曾传到了世界上许多国家，印度杏也可能是从中国传入的。从中国传入印度的还有白铜、瓷土、肉桂、黄连、大黄、土茯苓，等等。举世闻名的茶，更不必说了。

（6）佛教的倒流

佛教源于印度（尼泊尔为佛生地），传来中华。一般研究佛教史或中印文化交流史者，往往只注意佛教东流的一个方面，留心佛教倒流而著成文章者，现当代东西各国尚未见其人。我在这里只想极其简略地谈一下这个问题。

中国古代有专门研究这个问题者，这就是宋代的《宋高僧传》的作者赞宁。他在本书第二十七卷《含光传》中写了一个“系”。

含光是唐玄宗开元年间的人，是密宗的创建者之一，不空的弟子。赞宁的“系”说：

> 又夫西域者，佛法之根干也。东夏者，传来之枝叶也。世所知者，知枝叶不知根干，而不知枝叶殖土亦根生干长矣。（中略）盖东人之敏利，何以知耶？秦人好略，验其言少而解多也。西域之人淳朴，何以知乎？天竺好繁，证其言重而后悟也。由是观之，利在乎念性，东人利在乎解性也。如无相空教出乎龙树。智者（指智𫖮——羡林注）演之，令西域之仰慕。如中道教生乎弥勒。慈恩解之，疑西域之罕及。将知以前二宗殖于智者慈恩之土中枝叶也。入土别生根干，明矣。善栽接者见而不识，闻而可爱也。

这话已经说得非常清楚。佛教从西天传入中土，将这枝叶植入中华之土中，又生根干，传回西天。这在宗教史上是少见而极其有意义的事情；在中印文化交流史上，也是少见而极有意义的事情。

两晋南北朝隋唐交流鼎盛时期的情况就介绍到这里。

五　衰微（宋元　960—1368 年）
——两种文化的同化阶段

中唐以后，中国政局不稳，中原板荡，中印文化交流活动，一落千丈，无复贞观、永徽、开元时代之盛况。同时，在印度，到了公元十和十一世纪，也就是中国宋代的前半段，印度教（婆罗门教的继承者）早已兴起，势力日益强盛。另一方面，伊斯兰教也逐渐传入。佛教因之逐渐消亡，终至完全从印度绝迹。从前佛教曾经是中印文化交流的主要载体，现在载体已失交流的余地，虽有其他因素的兴起，然而却所余无几了。但是，有一个很有趣的现象，过去几乎没有人谈到过，这就是，在佛教这个主要交流载体停止活动，中印文化交流反而走到了最高阶段：同化阶段。

1. 宋初中印交通年表

宋太祖乾德二年（964年）　诏沙门三百人入天竺，继业预遣中。

乾德三年（965年）　沧州沙门道圆游五天竺，往返十八年。及还，偕于阗使者至京师，献佛舍利、贝叶梵经。上召见便殿，问西土风俗，赐紫方袍器币[46]。

乾德四年（966年）　诏：秦凉既通，可遣僧往西竺求法。时沙门行勤一百五十七人应诏[47]。

开宝四年（971年）　沙门建盛自西竺还，诣阙进贝叶梵经，同梵僧曼殊室利偕来。室利者，中天竺王子也[48]。

开宝（968—976年）后　天竺僧持梵夹来献者不绝。

开宝八年（975年）冬　东印度王子穰结说啰来朝贡。

开宝九年（976年）　继业归寺。

太宗太平兴国三年（978年）　开宝寺僧继从等自西天还，献梵经、佛舍利塔、菩提树叶、孔雀尾拂。

太平兴国七年（982 年） 成都沙门光远游西天还，诣阙进西天竺王子没徙曩表、佛顶印、贝多叶、菩提树叶。诏三藏施护译其表。

太平兴国八年（983 年） 沙门法遇自西天来献佛顶舍利、贝叶梵经。法遇化众造龙宝盖，金襕袈裟，将再往中天竺金刚座所供养。

雍熙（984—988 年）中 卫州僧辞瀚自西域还，与胡僧密坦罗奉北印度王及金刚坐王那烂陀书。又有婆罗门僧永世与波斯外道阿里烟同至京师。永世自云："本国名利得国。"[49]

至道二年（996 年）八月 有天竺僧随舶至海岸，持帝钟铃杵、铜铃各一、佛像一躯、贝叶梵书一夹。与之语，不能晓[50]。

真宗大中祥符八年（1015 年）九月 注辇王罗茶罗乍遣奉使侍郎娑里三文、副使蒲恕、判官翁勿防，援官亚勒加等，奉表来贡。

大中祥符九年（1016 年） 使回。降诏罗茶罗乍，赐物甚厚。

天禧四年（1020 年） 注辇主又遣使琶栏得麻烈呧奉方物入贡。至广州病死，守臣以其表闻。诏广州宴犒从者，厚赐以遣之。

仁宗天圣二年（1024 年）九月 西印度僧爱贤智、信护等来献梵经。各赐紫方袍束帛。

天圣五年（1027 年）二月 僧法吉祥等五人，以梵书来献，赐紫方袍。

明道二年（1033 年）十月 注辇王尸离咵茶印陁啰注啰，遣使蒲押陁离等以泥金表进真珠、衫帽及真珠一百五两、象牙百株。西染院副使，阁门通使舍人符惟忠假鸿胪少卿押伴蒲押陁离。

景祐元年（1034 年）二月 以蒲押陁离为金紫光禄大夫，怀化将军，还本国。

景祐三年（1036年）正月　僧善称等九人，贡梵经佛骨及铜牙菩萨像，赐以束帛。

宝元二年（1039年）　沙门怀问欲自往天竺，为皇太后今正建塔。

神宗熙宁十年（1077年）　注辇国王地华加罗遣使奇啰啰、副使南卑琶打、判官麻图华罗等二十七人，来献豌豆、珠麻、琉璃、大洗盘、白梅花脑、锦花犀牙、乳香、瓶香、蔷薇水、金莲花、木香、阿魏、鹏砂、丁香。使副以真珠、龙脑，登陛跪而散之，谓之撒殿。既降，诏遣御药室劳之，以为怀化将军，保顺郎将，各赐衣服器币有差，答赐其王钱八万一千八百缗，银五万二千两[51]。

年表就到这里为止。从此以后，中印来往就不多了。熙宁十年的这段记载，很有意义：第一，它告诉了我们，当时中国从南印度注辇输入一些什么物品；第二，贸易性质十分明显。

有了这个年表作为基础，我们对宋初中印文化交流的情况一目了然。

2. 北京和摩伽陀与注辇的交通

中国正史《宋史》，关于中印交通特别突出了摩伽陀与注辇。交通的具体时间、人物和内容，表中已简略述及。摩伽陀代表中、北印度，而注辇代表南印度。可见当时交通的覆盖面是相当大的。我在上面已经说过，中印交通到了北宋时期，实已呈强弩之末之势。然而，总起来看，交通还是比较频繁的。关于摩伽陀和注辇的一般情况，《宋史》已略有记载。值得注意的是，《宋史》卷四十九《摩伽陀传》[52]中讲到施护的情况。施护是宋初译经大师，在中国翻译史上属于“鲁殿灵光”一流的人物。他是天竺乌填曩（《大唐西域记》中的乌仗那国）人。他将当时的印度地理皆记录在《宋史》中。

3. 继业

在宋初，继业是一个值得重视的人。他是一个到过天竺，取回真经，行踪又有记录的僧人。他的记录之所以能够保留下来，是由于一个极为特殊的原因。宋代文学家范成大著的《吴船录》是这样写的：

> 继业三藏，姓王氏，耀州人，隶东京天寿院。乾德二年，诏沙门三百人入天竺，求舍利及贝多叶书，业预遣中。至开宝九年，始归寺。所藏《涅槃经》一函，四十二卷。业于每卷后，分记西域行程。虽不甚详，然地里大略可考，世所罕见。录于此，以备国史之阙。

继业行程就是这样传下来的。下面我不录原文，只写出继业走过的地名，他的行程也就一目了然了。继业自阶州出塞西行，经过的地方，包括国内和国外，依次是灵武、西凉、甘、肃、瓜、沙等州，入伊吾、高昌、焉耆、疏勒、大石诸国，越葱岭后，至布路州、迦湿弥罗、健陀罗、庶流波、左烂陀罗国、大曲女城、波罗奈国、鹿野苑、摩羯提国、迦耶城、迦耶山、正觉山、骨磨城、王舍城、新王舍城、那烂陀寺、花氏城、毗耶离城、拘尸那城、多罗聚落、泥波罗国、磨逾里，后过雪岭，至三耶寺，由故道自此入阶州。

这一段行程记录，有几点值得注意：第一，朝廷派僧侣赴西天求经，规模之大，空前绝后。范成大说是“三百人”，恐不确。《宋史·天竺国传》记为一百五十七人，《佛祖统纪》卷四十三同。即使是一百五十七人，规模也够大的了。第二，继业走的路程，如果拿来同法显、玄奘、慧超的行程比较研究一下，可以看出这几百年中，中国陆路赴印路线的变化，这是很有意义的。第三，继业行程虽极简短，从中也可隐约窥见印度佛教发展的情况。到了继业时代，印度佛教已属强弩之末，面临灭绝了。

读者还可以参照敦煌残本《西天路竟》[53]。

4.《岭外代答》

到了南宋，由于对外贸易的发展，主要是通过海路的对外贸易，关于这方面的地理就应运而出。在上面义净一节谈义净赴印的道路问题时，我曾指出，义净时代是中印交通道路方面的一个转折点：由陆路为主向以海路为主的方向转变。到了宋代，海上贸易大大发展，以海路为主更是十分明显。这时出现的地理讲的都是南海地理。其中之一就是《岭外代答》。

此书作者是周去非，浙江永嘉人。淳熙年间（1174—1189年），官桂林通判。在职期间，他随笔札记所见所闻，最后写成此书。他在淳熙五年（1178年）为本书写的《序》中说：“盖因有问岭外事者，倦于应酬，书此示之，故曰《代答》。”书中讲的问题是多方面的：风土、人情、食用、宝货、花、鸟、虫、鱼，等等，无所不包。他在卷二三中专门列出《外国门》，讲从南海一直到北非、西班牙一带的地理。与印度有关的地方是故临（Quilon，今印度奎隆）、注辇、南尼华罗国（Kathiawar 今印度，卡提阿瓦半岛南部）。都是濒临大海的港口或与之相连的地带。书中对这三个地方都有叙述，是研究印度这个时代的历史的重要史料[54]。

5.《诸蕃志》

第二部这样的书就是赵汝括（适）的《诸蕃志》。

赵汝括生平不详，仅知他是宋代宗室。此书是他在嘉定（1208—1224 年）至宝庆（1225—1237 年）提举福建路市舶时所著。由于职务之便，书中所记都是他亲自询问得到的，所以相当可靠，史料价值极高。

全书两卷，上卷记述东起日本，西至北非摩洛哥四十余国的风土人情。有关印度的记载颇多。有南毗国（今印度马拉巴尔海岸一带），有故临（上面《岭外代答》中已有），有胡茶辣（今印度古吉拉特），有甘琶逸（今印度坎贝），有弼离沙（今印度布罗奇），有麻啰华（今马尔瓦），有冯牙啰（今芒格洛尔），有麻哩抹（今马尔范），有都奴何（今德利山 Maunt Delly，距柯钦不远），有嗷啰啰哩（今坎纳诺尔）等地方，这些地方都在印度西海岸，都是当时海上贸易的重要地带。此外，本书还讲到注辇国，《岭外代答》中已有。但是赵汝括的叙述特别详尽。书中还有鹏茄罗国，即今孟加拉。书中记述虽极简单，但有重要意义。后来孟加拉逐渐成了中印交流的重镇，到了明初，更有特殊的地位。赵汝括书中另一个重要的地方，是关于晏陀蛮国的记述，这就是今天的安达曼群岛[55]。

总之，从《诸蕃志》关于印度的记载来看，我们对印度的了解大大地增强了。

6. 南宋时居留印度的华侨

以上两书讲到海外番人来中国贸易者极多，其中当然会有印度商人。但是，有没有侨居印度的中国人呢？这两本书没有谈到。十六世纪时，葡人巴尔比（Gasparo Balbi）记绕锡兰岛时，在Nagapatam（奈格巴塘）看到“支那七塔”，是中国古代航海者所建。元汪大渊《岛夷志略》“土塔”条说：

> 居八丹之平原，木石围绕，有土砖甃塔，高数丈。汉字书云：“咸淳三年（案：南宋度宗年号，公元1267年）八月毕工。”传闻中国之人其年旅彼，为书于石以刻之，至今不磨灭焉。

“八丹”，即“巴塘”（Patam），印度地名末尾有－patam者颇多。《岛夷志略》此处之巴塘，或即Nagapatam，因为所记之“土塔”当即巴尔比所说之“支那七塔”。奈格巴塘，在南印度加惟利河口，与锡兰隔海相望。这里必有华人侨居，否则塔从何来[56]。

7. 同化问题

我在第五章一开始就明确标出：“衰微（宋元）——两种文化的同化阶段”。所谓“同化”，我指的是，印度佛教思想为中国思想所同化。有的人也许就认为这非常奇怪了：既然已经“衰微”，哪里还来的“同化”呢？我的看法却是，只有到了衰微时期，才能有真正的同化。中印文化交流从后汉三国时期开始。回顾以佛教为主要载体的交流活动，从最早的撞击与吸收阶段，经过了两晋南北朝、隋唐时期的改造与融合阶段，到了宋元进入同化阶段，延续有千余年，算是完成了一个大的发展过程。所有这一些阶段时间的划分，都只是相对的，没法截然区分开来，都是你中有我，我中有你交光互影的。这样，五阶段的划分，只不过表示一个发展的大方向而已。到了宋代的最后一个阶段，印度佛教在印度面临灭绝。此时，它已经失去活力，不可能再有新发展，无源无水，已不可能再影响中国佛教的发展了。只有在这样的情况下，佛教思想才能自由自在地为中国思想所同化，不会受到来自印度的任何撞击与干扰。

这种同化的具体表现是什么呢？我以为有两个方面：一是禅宗，二是理学。

先谈禅宗，印度禅法早就传入中国，后汉安世高、三国吴康僧会都译有这方面的经。到了南朝的宋代（420—479 年），菩提达摩来到中国，成为中国禅宗的一世祖。这时的禅宗，印度色彩当然极浓，以后继续发展下去。到了唐代，禅宗内部分成了不少小宗派，什么南宗、北宗、牛头宗、净众宗、菏泽宗、洪州宗，等等。到了五代，禅宗清凉文益的弟子天台德韶（891—972 年）接受了吴越忠懿王的诏请，成为国师。在南唐，禅宗也最为兴旺。这时的禅宗更进一步分成五家：沩仰宗、临济宗、曹洞宗、云门宗和法眼宗。这样的分宗，证明禅宗还有活力，而在分化的同时，印度色彩越来越淡，中国色彩越来越浓。自唐代至五代，逐渐出现了一批禅宗灯史。到了宋代，与禅宗的兴盛相适应，又出现了许多灯史，目的是为了明确禅宗传法灯的系谱。此时，禅宗兴盛至极，借用日本学者镰田茂雄的一句话：“禅宗成了宋代佛教界的元雄。”但是，中国禅宗的发展还没有尽期，它一直发展下去。到了元代，仍然借用镰田的话：“在元代佛教诸派中，禅宗最为繁荣。”在明代，“活跃于明代的僧侣，几乎都是禅宗系统的人”。一直到清代，甚至民国，禅宗依然颇有活力[57]。

禅宗为什么流行逾千年而经久不衰呢？我认为，这就是同化的结果。再仔细分析一下，可以归纳为两层意思。首先，一部分禅宗大师，比如百丈怀海，规定和尚必须参加生产劳动，认为“担水砍柴，无非妙道”。印度佛教本来是不让和尚劳动的。这种做法脱离群众，引起非议。中国禅宗一改，与信徒群众的隔阂就除掉了。这也符合宗教发展的规律。因此，在众多的佛教宗派中，禅宗的寿命独长。别的宗派几乎都销声匿迹，而禅宗巍然犹在。其次，这也是最主要的原因——禅宗越向前发展，越脱离印度的传统，以至完全为中国所同化，有的学者简直就说，禅宗是中国的创造。话虽过点分，却也不无道理。有的禅宗大师实际上是向印度佛教的对立面发展。他们呵佛骂祖，比如道鉴（慧能六世法孙，唐末865年死）教门徒不要求佛告祖（达摩等），说：“我这里佛也无，祖也无，达摩是老臊胡，十地菩萨是担屎汉，等妙二觉（指佛）是破戒凡夫，菩提涅槃是系驴橛，十二分数（十二部大经）是鬼神簿，拭疮疣纸，初心十地（菩萨）是守古冢鬼，自救得也无。佛是老胡屎橛。”又说：“仁者莫求佛，佛是大杀人贼，赚多少人入淫魔坑。莫求文殊普贤，是田库奴。可惜一个堂堂丈夫儿，吃他毒药了。”这样咒骂还可以找到不少。这简直比佛教最狠毒的敌人咒骂还要狠毒，咬牙切齿之声，宛然可闻。说它是向佛教的对立面发展，难道有一丝一毫的歪曲吗？这哪里还有一点印度佛教的影子？说它已为中国思想所同化，不正是恰如其分吗？

至于理学，情况当然与禅宗有所不同。它是宋代正统的儒学，自称是继承尧、舜、禹、汤、文、武、周、孔、孟以来的道统的，按道理应该是纯粹又纯粹的中国学问。因此，他们必然排佛，佛是夷狄之人，焉得不排？唐朝韩愈的《论佛骨表》是人所共知的例子。宋代的濂、洛、关、闽四大家，无不努力排佛。然而，倘若细细地研究他们的学说，又几乎无不有佛教的成分，受佛教或深或浅的影响。这也是尽人皆知的事实，中外学者无不承认。这当然也是中国同化的结果[58]。

从上面两个例子来看，以佛教为代表的印度思想已经为中国思想所同化。中印文化交流的关系发展到了最后一个阶段——同化阶段。交流当然并不会到此为止，印度佛教也还继续对中国产生影响。但是，这个佛教绝不会再来自印度，印度佛教也只是印度佛教的一个变种：喇嘛教。

元代在中国历史上是一个比较短的朝代。1206 年，成吉思汗建国；1279 年，忽必烈灭南宋；1368 年灭亡。时间虽短，但因元代是当时的一个大帝国，版图极为辽阔，所以同印度的来往相对来说是比较频繁的。

1. 元代中印交通年表

太祖十四年（1219 年，兔儿年）　太祖到了印度。（据《元朝秘史》）《长春真人西游记》则系此事于十六年（1221年）。

太祖十八年（1223年）　太祖率兵循辛目连河（即印度河）而北。（据《皇元圣武亲征录》）

太祖十九年（1224年）　帝至东印度国。（《元史》卷一）

太宗元年（1229年）　印度国主穆垒国主来朝。（《元史》卷二）

乃马真皇后称制第三年（1244年）　德里苏丹阿拉乌丁马思武德在位时，蒙古人经契丹及吐蕃犯孟加拉。（根据波斯史家费理胥塔）

宪宗二年（1252年）秋七月　命诸王托罗该萨奇勒征身毒。（《元史》卷三）

宪宗三年（1253年）夏六月　命塔塔儿带、撒里、土鲁花等征欣都思、怯失迷儿等国。（《元史》卷三）

世祖至元（1264—1294年）间　行中书省左丞唆都等奉玺书十通，招谕诸蕃。未几，占城、马八儿国俱奉表称藩，余俱蓝诸国未下。（《元史》卷二一〇）

至元九年（1272年）冬十月　遣使持诏谕扮卜、忻都。（《元史》卷七）

至元十一年（1274年）　亦黑迷失偕八罗孛国人以珍宝奉表来朝。帝嘉之，赐金虎符。（《元史》卷一三〇）

至元十二年（1275年）　亦黑迷失再使八罗孛国，与其国师以名药来献，赏赐甚厚。（《元史》卷一三〇）

至元十五年（1278年）八月　诏行中书省唆都、蒲寿庚向诸番国“宣布朕意”，劝其来朝。（《元史》卷十）

至元十六年（1279年）　遣广东招讨司达噜花赤杨庭璧招俱蓝。

（《元史》卷二一〇）六月，占城、马八儿诸国，遣使以珍物及象犀各一来献。（《元史》卷十）

至元十七年（1280 年）　杨庭璧至俱蓝。国主必纳的令其弟肯那却不剌木省书回回字降表，附庭璧以进，言来岁遣使入贡。十月，授噶扎尔哈雅俱蓝国宣慰使，偕庭璧再招谕。（《元史》卷二一〇）八月，占城、马八儿国皆遣使奉表称臣，贡宝物犀象。十一月，翰林学士承旨和尔果斯等言：俱蓝、马八儿、阇婆、交趾等国，俱遣使进表。（《元史》卷十）

至元十八年（1281 年）正月　噶扎尔哈雅、杨庭璧自泉州入海。四月，至马八儿国新村码头，登岸。与两位宰相谈假道赴俱蓝，不得要领。庭璧等二人以阻风不至俱蓝，遂还。（《元史》卷二一〇）十一月，赐出使马八儿国掩都剌等钞各有差。（《元史》卷十）

至元十九年（1282 年）　噶扎尔哈雅期以十八年十一月俟北风再赴俱蓝。至期，朝廷令庭璧独往，本年二月抵俱蓝。国主及其相马合麻等迎拜玺书。三月，遣其臣祝阿里沙忙里八的入贡。时也里可温兀咱儿撒里马及木速蛮主马合麻等，亦在其国，闻诏使至，皆相率来告，愿纳岁币，遣使入觐。会苏木达国亦遣人因俱蓝主乞降。庭璧皆从其请。四月，还至那旺国。庭璧又说降其主。（《元史》卷二一〇和卷十二）

至元二十年（1283 年）　马八儿国遣僧撮及班入朝。（《元史》卷二一〇）

春，正月，以诏讨杨庭璧为宣慰使，赐弓矢鞍勒，使谕俱蓝。二月，赐俱蓝国王瓦你金符。（《元史》卷十一）

至元二十一年（1284 年）春，正月　马八儿国遣使贡珍珠、异宝、缣缎。(《元史》卷十)

至元二十二年（1285 年）六月　遣马速忽、阿里赍钞千锭，往马八儿国，求异宝。赐马速忽虎符，阿里金符。(《元史》卷十)

冬，十月，马法国[59]入贡。(《元史》卷十三)

至元二十三年（1286 年）　海外诸番国，以杨庭璧奉诏招谕，至是皆来降。诸国凡十：曰马八儿，曰须门那，曰僧急里，曰南无力，曰马兰丹，曰那旺，曰丁呵儿，曰来来，曰急兰亦鲟，曰苏木都剌，皆遣使贡方物。(《元史》卷二一〇）十月，马法国进鞍勒毡甲。(《元史》卷十三)

至元二十四年（1287 年）二月　马八儿国贡方物。三月，马八儿国遣使进奇兽一，类骡而巨，毛黑白间错，各阿塔必。(《元史》卷十)

亦黑迷失使马八儿国，取佛钵舍利，浮海阻风，行一年乃至。得其良医善药。遂与其国人来贡方物。又以私钱购紫檀木殿材，并献之。(《元史》卷一三一)

至元二十五年（1288 年）十一月　马八儿国遣使来朝。(《元史》卷十)

至元二十六年（1289 年）十二月　马八儿国进花驴二。(《元史》卷十)

至元二十七年（1290 年）四月　遣桑吉喇失等诣马八儿国，访求方伎。(《元史》卷十)

至元二十八年（1291 年）八月　马八儿国遣使进花牛二、水牛土彪各一。九月，以别铁木儿、亦列失金为礼部侍郎，使马八儿

国。(《元史》卷十)

秋，九月，以铁里为礼部尚书，佩虎符；阿老瓦丁、不剌并为侍郎，遣使俱蓝。(《元史》卷十一)

至元三十一年（1294年）九月　遣秃古铁木儿等使阁蓝。(《元史》卷十八)

冬，十二月，卜阿里使马八儿还。(《元史》卷十八)

成宗元贞二年（1296年）秋，七月　遣岳乐，也奴等使马八儿国。(《元史》卷十八)

大德元年（1297年）秋，七月　赐马八儿国塔喜二珠、虎符。(《元史》卷十八)

仁宗延祐元年（1314年）三月　马八儿国主昔剌木丁遣其臣爱思丁贡方物。(《元史》卷二十五)

顺帝至正元年至二年（1341—1342年）间　中国皇帝遣使摩哈美德之廷，献方物，请重建佛寺。(《伊本·白图泰游记》)

至正九年（1349年）　汪大渊游历南洋群岛及印度沿岸诸国，归至泉州，作《岛夷志略》。

元顺帝二十八年（1368年，也就是明太祖洪武元年），元朝灭亡。

从上面的年表中可以看出，中国与印度的交通可以说是贯元代始终，而以世祖至元年间为高峰。交通最频繁的印度地区是马八儿与俱蓝。在中国方面，一个重要人物是杨庭壁。交通的内容已经不再是佛教，而是外交（实际上是商业贸易）。交通道路几乎全是海路。

2. 印度人入仕中国

元代一定有许多中国人侨居印度，马八儿和俱蓝等地都会有的。也有印度人留居中国的。我在这里举一个例子。

《元史》卷一二五，记述铁哥的事迹。铁哥，姓伽乃氏，迦叶弥儿人。父斡脱赤与叔父那摩俱学浮屠氏。二人同来中国，太宗礼遇之。定宗师事那摩，以斡脱赤佩金符，奉使省民瘼。宪宗尊那摩为国师，授玉印，总天下释教。斡脱赤亦贵用事，领迦叶弥儿万户。后为迦叶弥儿国主所杀。宪宗发兵诛国主。其子铁哥受世祖宠爱。成宗即位，以铁哥为先朝旧臣，赐银一千两、钞十万贯，并世祖所用玛瑙碗。仁宗皇庆二年（1313 年）死，赠太师，开府仪同三司，上柱国，追封秦国公，加封延安王。子六人，都成了大官。

铁哥只是一个例子，但有典型意义。

3. 中印通商情况

我在上面已经谈到，元代中印交通的内容主要是通商贸易。但是，对于这个问题并没有专书可资参考。我们只能从东西游历家的游记中爬罗剔抉，窥知一二。《马可·波罗行纪》[60]第三卷第一七四章，俱蓝国：

> 蛮子（指中国南方）地中海东阿剌壁诸地之商人乘舟载货来此，获取大利。

同上书，第三卷第一七六章，下里国：

> 蛮子及他国船舶夏季来此，即载货物，六日或八日即行，盖此地除河口外无海港，质言之，仅有沙滩沙礁

可庇也。蛮子船舶有木锚甚大，置之沙滩，颇多危险。

同上书，第三卷第一七七章，马八儿国：

船舶自极东来者，载铜以代沙石。运售之货有金锦、绸缎、金、银、丁香及其他细货香料；售后就地购买所欲之物而归。此国输出之粗货香料，泰半多运往蛮子大州。

第二本书是《伊本·白图泰游记》[61]。白图泰于1303年生于摩洛哥的丹吉尔。二十一岁时，赴麦加朝圣，开始旅行，周游各国，遍访穆斯林国家。到过马尔代夫群岛，到过印度，1346年（元顺帝至正六年），以印度德里苏丹使者的身份，来到了中国泉州，继至广州、杭州及元大都（北京）等地。他写的《游记》对于这些地方都有记载，是一部可以与《马可·波罗行纪》媲美的名著。我下面节录几段与我现在讨论的问题有关的记载：

马译第456—457页：

“素丹命我出使中国”：我静居这四十日后……素丹对我说：“我召见你，是让你作我的使者赴中国国王处。”

“向中国送礼的原因，随行人员和礼品”：中国国王送给素丹男女奴隶百名，花缎五百匹，其中百匹系在刺桐（泉州）织造，百匹系在汗沙（杭州）织造。麝香五曼尼，镶宝锦衣五件、绣金箭袋五个、宝剑五把。要求素丹允许他在上述的改腊格里山区修建佛庙，那地区名赛姆海里，中国人去那里朝圣。那里自被穆斯林大军进占后，将那庙破坏并抢掠一空。

马译第490页：

“中国船只”：中国船只共分三类：大的称作艟克，复数是朱努克；中者为艚；小者为舸舸姆。大船有十帆，至少是三帆，帆系用藤篾编织，其状如席，牵挂不落，顺风调帆，下锚时亦不落帆。每一大船役使千人：其中海员六百，战士四百，包括弓箭射手和持盾战士以及发射石油弹战士，随从每一大船有小船三艘，半大者，三分之一大者，四分之一大者，此种巨船只在中国的刺桐城建造，或在隋尼凯兰即隋尼隋尼（广州）建造。

接下来的545页，讲到中国瓷器，546页讲到中国鸡，讲到中国人的一些情况，547页讲到中国钞币，等等[62]。白图泰于公元1342年7月从印度出发，到中国来，约四年后回到印度。

4. 文献

关于中印文化交流的典籍，元代是颇有一些的。详情请参阅耿引曾《汉文南亚史料学》。我在这里只选择其中的几种介绍。

《岛夷志略》

汪大渊著。他生于元武宗至大四年（1311年），曾先后两次下东西洋，元顺帝至正九年（1349年），将游历中所见所闻，写成《岛夷志略》，成为研究中西交通史的重要著作，海内外学者研究之者，颇不乏人。书中有关印度的条目相当多，计有特番里（具体地带，请参阅耿引曾著《汉文南亚史料学》，下同）、班达里、曼佗郎、下里、沙里八丹、金塔、东淡貌、大八丹、土塔、第三港、华罗、须文那、小唄喃、古里佛、巴南巴西、放拜、大乌爹、马八儿屿、罗婆斯，等等。以上各条都有不同的史料价值。比如“沙里八丹”条讲到土产珍珠售与唐人；“土塔”条讲到中国人修建的塔，讲到糖霜，等等。有关孟加拉（书中称之为朋加剌）的记载很有价值。书中的天竺，即今巴基斯坦信德省。

《大德南海志》

作者陈大震，番禺增城人。全书大部分已佚失，剩余部分仍极有价值，特别是第七卷《物产篇》，更值得重视。其中所记物产，反映了当时中外贸易的具体内容。

除以上两书外，耶律楚材《西游录》和《长春真人西游记》、刘郁《西使记》、周致中《异域志》以及别史《元朝秘史》、《元圣武亲征录》、《文献通考》等都有各自的价值，特别是马端临《文献通考》记有关梵学的载籍，如《景祐天竺字源》等，更有特殊价值。

5. 印度佛教僧侣来华

一般载籍几乎都说，十一和十二世纪以后，佛教已经在印度绝迹。但是，据我涉猎所及，这些书都没有特别强调是彻底地、全部地绝迹。看来似乎也没有人认真研究过这个问题。陈高华先生注意了这个问题，写了一篇论文：《元代来华印度僧人指空事辑》[63]，他引危素写的《文殊师利菩萨无生戒经・序》：

> 皇元泰定（1324—1328 年）初，中印土王舍城刹底里孙日指空师，见晋王于开平，论佛法称旨，命有司岁给衣粮。

我认为，指空是一个很值得研究的人物，这一件事也是一个很值得探讨的问题。

6. 文学方面的影响

在这方面，有过几篇文章，讲到印度文学可能影响了中国戏剧。元代以戏剧著称，这在中国文学史上是一件大事。许多元剧取材来源是在中国经过长期演化而中国化了的印度东西，比如马致远的《黄粱梦》就是其中之一。有人想把《陈巡检梅岭失妻记》同印度影响联系起来，我看证据似不够坚实可靠[64]。

六　复苏（明　1368—1644 年）

在讲宋元时代时，我用了“衰微”这个词儿。我的想法是以精神文化的交流，也就是通过佛教的交流，为衡量标准。既然佛教在印度到了与中国宋元相当的时代——已基本上消逝，既然传播精神文化主要载体已不复存在，所以我就把此后中印文化交流称之为“衰微”时期。

除了精神文化的交流以外，还有物质文化的交流，主要表现形式是通商贸易和外交活动。外交活动基本上也是通商贸易活动，只不过披上一件“外交”的外衣罢了。当然，不可否认，少量的真正外交活动也是有的，如果拿通商贸易和外交活动来做标准，那么“衰微”时期就不能包括元代在内。因为，正如我在上面所讲的那样，元代中印在贸易方面的活动是相当频繁的。

在这里，我们就有了两个衡量标准。我现在这样的划分，是采用了第一个标准，这不是绝对的，因为二者必取其一，我取了前者，说它是一个权宜之计，也未尝不可。反正自从印度佛教失去了交流载体的作用以后，中印文化交流就主要表现在通商贸易与外交活动上了。

专从通商贸易和外交活动来讲，明代远远超过元代：一是时间长，二是地域广。元代活动的时间几乎集中在世祖至元年间，前后三十一年；而明代则自郑和、侯显起，一直延续了下去，虽然不都像郑和时代那样集中，那样频繁，但可以说是连续未断。至于地域，元代几乎只限于印度西海岸一带。而明代则除了西海岸以外，还延长到了濒临孟加拉湾的孟加拉地区。这一地区同明代中国交通之频繁，实在值得注意。

我在下面分别加以叙述。

明初的对外交通，其中包括印度，是与当时最高统治者明朝皇帝的对外政策紧密相连的，这种政策在太祖和世祖时代，有过一些变更。明太祖一即位，就想方设法保全在南洋（广义的南洋，包括印度在内）一带的政治权力。最常用的措施，就是遣使宣慰。宣慰使也到过印度，比如洪武二年（1369 年），刘叔勉使西洋琐里（Chola）；三年（1370 年），塔海帖木儿使琐里；明成祖继承了这种政策，永乐元年（1403 年），中官尹庆使古里（Calicut）、柯枝（Cochin）；闻良辅、宁善使西洋琐里（《明史》卷三二四至三二五《外国传》）[65]。

明太祖所追求的不外是名义上的统治权，还谈不到侵略。洪武二年，他列出了十五个不征夷国，并强调说："吾恐后世子孙倚中国富强，贪一时战功，无故兴兵，致伤人命。"（见《皇明祖训·箴戒章》）在这样的情况下，同各国的通商贸易关系乃在和平气氛中照常发展。后来倭寇猖獗，为了防止祸端，洪武七年（1374 年），罢福建泉州、浙江明州、广东广州三市舶司，停止远国入贡。洪武十四年（1381 年），又下令禁沿海居民私通番国。洪武二十七年（1394 年），下令禁民间用番香番货。洪武三十年（1397 年）又重新申禁人民不得出海与外国互市。自洪武七年至此年实行的闭关政策，影响了南洋诸国与中国的政治关系。

成祖窃位，一下子改变了这个闭关政策。《明史》卷三〇四《郑和传》说："成祖疑惠帝亡海外，欲踪迹之，且欲耀兵异域，示中国富强。"这里举出了两个理由。前一个理由论之者颇多，我总怀疑，这不是主要理由。成祖之所以改弦更张，主要原因只能到当时政治和经济发展的需要中去寻找。成祖在对外政策方面，也是有摇摆的。建文四年（1402 年），他在南京即位，也曾重申通番之禁。然而，人民向南洋发展已成无法阻遏之势。成祖乃改禁止为管制，恢复市舶司，国家可以坐收互市之利。但对人民又不放心，于是下令改造民间船只，使之无法出海航行。不管成祖怎样挖空心思，阻止人民通番，但是，开放解禁已是大势所趋。所谓大势，就是经济发展的大势。严从简《殊域周咨录》卷九

《佛郎机记》说："自永乐改元，遣使四出，招谕海番，贡献迭至，奇货重宝，前代所希，充溢府库。贫民承令博买，或多致富，而国用亦羡裕矣。"同书卷八《暹罗》说："夷中百货，皆中国不可缺者，夷必欲售，中国必欲得之。"由此可见，永乐开禁，实为适应经济发展之需要。

郑和下西洋，民间也称之为"三宝（保）太监下西洋"，在中国历史上是一件大事。在亚洲史和世界史上，也算是一件颇有意义的事情，值得我们重视。

这一次伟大盛举的起因，就是我上面引用的《明史》卷三〇四《郑和传》中所说的那两项，一个是踪迹建文；一个是耀兵异域。紧接着这两项起因，本传说："永乐三年（1405 年）六月，命和及其侪王景弘等通使西洋。"所谓"西洋"，需要解释一下。这个词儿始见元《岛夷志略》，古称南海，海南或西南海，现在指南洋加上印度洋的一部分。明张燮有《东西洋考》，东西分界在婆罗洲，又称文莱。"西洋"这个词儿在明代是通行的。

三宝太监下西洋，既然是一件大事，所以记载这件事的文献载籍极多。主要有《明史》卷三〇四《郑和传》和卷三二四以下真腊、暹罗、三佛齐、渤泥、满剌加、苏门答剌、西洋琐里、古里、柯枝、榜葛剌、拂菻等传，《明实录》、《大明会典》、《大明一统志》、《续通考》、严从简《殊域周咨录》、陈仁锡《皇明世法录》、茅瑞徵《皇明象胥录》、郑晓《吾学编》、罗日褧《咸宾录》、何乔远《闽书》及《名山藏》、归有光《震川集》、陆容

《菽园杂记》，等等。《明史》中直接涉及印度的有西洋琐里、古里、柯枝、榜葛剌等传。

但是，最重要的著作还是郑和出征随行人中的三个人的著作，以及明茅元仪编辑的《武备志》卷二四〇中的《郑和航海图》，一称《自宝船厂开船后从龙江关出水直抵外国诸番图》。现在对以上四种书略加介绍。

1. 马欢的《瀛涯胜览》

马欢，字宗道，浙江会稽人，回教徒，通阿拉伯文，在郑和麾下担任通事，即翻译。他根据自己的所见所闻，写成了这部书。书前有永乐十四年（1416 年）的《自序》，后来又陆续增订，成书约在英宗景泰八年（1457 年）之后。书中共记载二十个国家，还附有纪行诗。马欢参加郑和第三、五、七次的出征。本书的资料价值极高，为国内外学人所重视。印度历史学家甚至把马欢与法显、玄奘并列，可见其受重视之程度。本书由冯承钧先生校注，1955 年由中华书局出版。本书旧日版本颇多，请参阅方豪《中西交通史》第三册，第十三章，第一节。

2. 费信《星槎胜览》

费信，字公晓，江苏太仓人，原是太仓卫的戍军，后从军。他曾参加郑和的第二、三、四、七次出征，第三、七次，与马欢同时参加。本书成书年代是明英宗正统八年（1443 年）。书分两集，前集记亲历诸国的见闻，后集采集而成，按国分述，附有诗篇。冯承钧先生也为此书作了校注，1954 年中华书局出版。本书抄袭《岛夷志略》之处颇多。与《瀛涯胜览》也间有类似处。本书旧版本参阅方豪《中西交通史》第三册，第十三章，第一节。

3. 巩珍《西洋番国志》

巩珍，江苏南京人。他参加了郑和明宣宗宣德五年（1430年）第七次出征，往返三年。他在《序》中说，根据通事转译，记录了各国的风土人情。通事可能指的是马欢，马欢曾参加了这次的出征，而且《西洋番国志》内容与《瀛涯胜览》大致相同。巩珍的文学修养可能高于马欢，所以他的书“行文瞻雅”。向达先生对此书作了校注，1981 年由中华书局出版。此书旧版本参阅方豪《中西交通史》第三册，第十三章，第一节。

4.《郑和航海图》

本书用地图的形式来讲郑和的出征。限于当时地图学的水平，本书的地图不可能像现在的地图这样科学。但是，本书把郑和所到之地，用地图标出，令观者一目了然，然后再看上面三书的文字记录，有相得益彰之妙。本书由向达先生整理，1961 年和 1982 年由中华书局两次出版[66]。

我顺便介绍一本与明代航海有关的书：《两种海道针经》，1961 年中华书局出版。这两种书，一种叫《顺风相送》，一种叫《指南正法》，一看书名就能知道这书是与航海使用罗盘有关。早在十一和十二世纪的时候，中国已经知道把罗盘使用到航海上，这在世界上是最早的。明代由于航海事业的兴盛，讲指南针应用于航海的书很多，请参阅《两种海道针经》向达的《序言》，这里不再一一列举。

因为郑和下西洋是中国历史上的大事，所以国内外学者研究这个问题的人极多，详情可参阅方豪《中西交通史》第三册，第十三章，第一节。

我现在简略地介绍一下郑和下西洋的情况。

第一次出使

出发时间是永乐三年（1405 年）六月十五日，回国时间是永乐五年（1407 年）九月二日。

《明史·郑和传》说："六月命和及其侪王景弘等通使西洋，将士卒二万七千八百余人，多赍金币。造大舶，修四十四丈，广十八丈者六十二。自苏州刘家河泛海至福建，复自福建五虎门扬帆，首达占城，以遍历诸番国。"可见船队规模之大。他到的地方中可能有印度古里，是到那里去封王的。

第二次出使

出发时间是永乐五年（1407 年）冬末或次年春初。这个时间是方豪推断出来的。因为郑和九月二日回京，《明史·成祖本纪》说："五月九日癸亥（十三日）郑和复使西洋"，中间只有十二天休息，时间过短。回国时间是永乐七年（1409 年）夏。

《南山寺碑》说："永乐五年，统领舟师，往爪哇、古里、柯枝、暹罗等国。"七年二月初一日立碑于锡兰山。

这次出使，《郑和传》中没有记载。

第三次出使

即《郑和传》中的第二次出使。

出发时间是永乐七年九月。回国日期是九年九月十六日。

《实录》谓此次所到之地为古里、满剌加、苏门答剌、阿鲁、加异勒、爪哇、暹罗、占城、柯枝、阿拨把丹、小柯兰（Quilon）、南无里、甘把里诸国。

第四次出使

即《郑和传》中的第三次出使。

奉诏日期为永乐十年（1412 年）十一月十五日，出海日期约在次年冬，因次年四月郑和尚在陕西。回京时间是永乐十三年（1415 年）七月初八日。

《实录》记所到之国是：满剌加、爪哇、占城、苏门答剌、阿鲁、柯枝、古里、南渤利、彭亨、急兰丹、加异勒、忽鲁谟斯、比剌、溜山、孙剌。郑和还可能到过非洲东岸。

第五次出使

奉诏日期为永乐十四年（1416 年）十二月初十日。十七年（1419 年）七月十七日还。

《明实录》卷一八三记此次所到之国为：古里、爪哇、满剌加、占城、锡兰山、木骨都束、溜山、喃渤利（喃渤利即南巫里）、不剌哇、阿丹、苏门答剌、麻林、剌撒、忽鲁谟斯、柯枝、沙里湾泥、彭亨、旧港。此行在印度柯枝的活动至为重要。成祖赐柯枝王印诰，封其国中之山为镇国山，亲制碑文赐之，碑文见《明史・柯枝传》。

第六次出使

奉诏日期为永乐十九年（1421 年）正月三十日，出发时间为同年秋。回京日期为永乐二十年（1422 年）八月十八日。

此次所到之国，除亚洲一些国家外，还到过非洲东岸。

第七次出使

奉诏日期为宣德五年（1430 年）六月九日，出发日期为同年闰十二月六日，离中国海港日期为十二月九日。回京日期为宣德八年（1433 年）七月六日。

此次所到之处：占城、爪哇、斯鲁马盖、旧港、满剌加、锡兰山、别罗里、古里、忽鲁谟斯、苏门答剌、昆仑洋、赤坎、外罗山、南澳山、望郎回山、崎头洋、碗碟屿、大小赤，永乐八年六月二十一日进太仓。

此行人数及船号有详细记载，对研究郑和下西洋有重要意义，因录之如下：人数：官校、旗军、火长、舵工、班碇手、通事、办事、书算手、医士、铁锚、木艌、搭枋等匠、水手、民梢人等，共二万七千五百五十员。船号：如清和、惠康、长宁、安济、清远之类；又有数序一二等号。船名：大八橹、二八橹之类。由此可见舶上人员之众及组织之细密。

关于这个问题，我在前面已经略有所涉及，现在再集中起来谈一谈。

在政治意义方面，郑和的出使是明初八个皇帝想宣扬国威，争取广义的南洋一带在名义上承认其统治权，成为名义上的附庸。他们赐制诰，赐封号，甚至封为国王，都是这种愿望的表现。在这方面，明初诸帝甚至不惜成本，对外国国王颁赐金、银、彩缎，以及其他物品，其价值往往要超过番邦国主所进贡的东西。这是旧时代最高统治者爱面子、爱虚荣的具体表现。爱面子，正如鲁迅先生频频指出的那样，是中国很多人的特性，而集中表现在旧社会最高统治者以及统治集团的身上。

想要探讨经济意义，我认为，最好的办法是，分析郑和几次出使所携带的中国物品和外国进贡的物品，分析这些物品的实用价值，是哪一个阶级或阶层所需要的？它们同人民大众的需要有什么联系？中国物品在番邦是怎样分配或推销出去的？总之，是要透过“赏赐”和“进贡”这些堂皇的迷雾，实事求是地揭露事实的真相。

要想找关于赏赐和进贡的物品的记载并不难，我在上面谈到的那一些典籍中都可以找到。我只举些例子，以概其余。

首先，我想先介绍方豪在他的《中西交通史》第三册，第十三章，第七节中做的一个统计表。他这个表是据《明会典》与《明史》所载各国贡物，及《瀛涯胜览》所载市易之物，分类计之，可见其时进口者为何种外货，出口者为何种国货，以知郑和下西洋对民生所生之影响为何如。计进口有：

五金类十七种	香类二十九种
珍宝类二十三种	动物类二十一种
布类五十一种	用品类八种
药品类二十二种	(金属品不在内)
(香类不在内)	颜料类八种
食品类三种	木料类三种
(番盐、糖霜、胡椒)	

此外，《明会典》载满剌加贡黑小厮，《明史》及《明会典》载彭亨贡番奴，《明史》载婆罗贡黑小厮，则为特殊贡品。

方豪的这个统计表失之于太笼统，我现在引用几本书，提供点具体的物品：

1.《星槎胜览》卷四《榜葛剌国》

地产细布、撒哈剌、毯绒、兜罗锦、水晶、玛瑙、珊瑚、真珠、宝石、糖蜜、酥油、翠毛、各色手巾被面。货用金、银、段绢、青花白瓷器、铜、铁、麝香、银珠、水银、草席之属。

向中国输出（用“进贡”的名义）不出“地产”一类的东西。“货用”则是中国输出的物品。

2.《明史》卷三二六《榜葛剌国》

厥贡良马、金银琉璃器、青花白瓷、鹤顶、犀角、翠羽、鹦鹉、洗白苾布、兜罗绵、撒哈剌、糖霜、乳香、熟香、乌香、麻藤香、乌爹泥、紫胶、藤竭、乌木、苏木、胡椒、粗黄。

这里有点混乱，既然讲“厥贡”，应该都是向中国进贡的东西；实则不然。青花白瓷等绝不会从印度向中国“贡”。看来这个物品表是把输出和输入的物品，都混写在一起了。按《西洋朝贡典录》卷中，也把同这个表上几乎相同的东西都写为“其贡物”了。这是不正确的。

3.《皇明世法录》卷八十一《榜葛剌》

贡物有戗金、琉璃器皿、撒哈剌、兜罗锦、乌爹泥、藤竭、糖霜之属。

这个物品表就正确了，它没有把青花白瓷一类中国特有的东西包括在“贡物”里面。

用不着再多加引用了。上面列举的物品已经足够让我们对当时出口和进口的货物有一个清晰的轮廓了。

我在上面多次说到，这些名义上的“赏赐”和“进贡”，实际上绝大部分是做买卖。如果还有人怀疑的话，我现在从《瀛涯胜览·古里》中引一段话：

> 其二大头目受中国朝廷升赏。若宝船到彼，全凭二人主为买卖。王差头目并哲地、未讷几计书算于官府，牙人来会，领船大人议择某日打价。至日，先将带去锦绮等物，逐一议价已定，随写合同价数，彼此收执。其头目哲地即与内官大人众手相挐。其牙人则言某月某日子众中拍一掌已定，或贵或贱，再不悔改。然后哲地富户才将宝石、珍珠、珊瑚等物来看。议价非一日能定，快则一月，缓则二三月。若价钱较议已定，如买一主珍珠等物，该价若干，是原经手头目未讷几计算该还纻彩等物若干，照原打手之货交还，毫厘无改。

交易过程清楚明了，十分具体，其他交易都与此类似。

现在，根据上面提出的问题，我将列举的商品进行一些分析，主要分析进口的东西。综观这些进口物，其中极个别的只能供皇族使用，比如“黑小厮”、“番奴”之类，顾名思义，这其实就是外国奴隶。这种“贡品”，连一般上层统治阶级都不能染指，何况平头老百姓。另外一些东西，比如珍珠、珊瑚、宝石、贵重木材及香料，既可供朝廷使用，也可供大臣使用。方豪在他的书中说：“可见郑和颇能注意于民生之所需。”他指的可能是布类、药品与香类，其中包括犀角、羚羊角这一些所谓“日用必需品”。问题是什么人的“日用”品。舶来品的布类，想明朝的老百姓未必富到能使用的程度。至于药品，什么什么香之类，再加上犀角、羚羊角，这些东西在旧社会有些是价值连城的，老百姓，即使是性命交关，能吃得起吗？我可以断言，这些舶来品没有哪一件是老百姓有份的。七次出使，以及以前以后的其他朝代其他人的出使，其经济意义由此可见，绝不能无端夸大。

那么，郑和的出使就毫无意义了吗？否。古今中外的论者都认为郑和出使是一件大事，是一件历史上的盛举，它的意义远远超出了当时的政治意义和经济意义。在国内，郑和的出使引起了老百姓（至少是一部分）的轰动，成为街谈巷议的话题。这在某种程度上扩大了中国人的视野，知道“天朝大国”之外还有辽阔的世界，无形中增强了中国人民和南洋、西洋各国，其中当然包括印度人民的互相理解。在国外，郑和的出使给南洋、西洋各国的人民留下了深刻的印象。在许多地方，都有关于郑和的传说，现在三宝珑还有三宝洞、三宝庙，供奉郑和。苏门答剌和泰国也有三宝庙、三宝寺塔；满剌加有三宝山、三宝城和三宝井；爪哇有三宝墩和三宝井。诸如此类，名目太多，无法详述。总之，郑和扩大了南洋、西洋各国人民的眼界，增强了他们对中国的了解。郑和的声威源远流长，潜移默化，流风所及，至今不衰。新中国建立后，我两次访问科钦（Cochin，即明代的柯枝），那里的朋友们还津津乐道，谈到郑和留下的建筑风格和渔网。言谈举止之中，洋溢着对中国人民的古老而又新鲜的友情。

在这里，我还想顺便谈一个问题。晚于郑和时代的西方，在资本主义生产方式初起时，资本的原始积累起了关键性的作用，而资本的原始积累又与殖民地的开拓是分不开的。在中国明代初期，根本谈不到什么资本主义的萌芽。因此，郑和的出使，虽然在某些方面同西方的哥伦布等人的航行相似，却没能发展为开拓殖民地，为资本主义积累原始资本。

明初，在中国与印度的交通中，印度方面占重要地位的是孟加拉、古里和柯枝，而在这三个地方中，孟加拉更值得特别重视。

古里，即喀里古特（Culicut），在元代还不怎样重要。《元史》卷二一〇载：“（至元）二十三年，海外诸番国以杨庭璧奉诏招谕，至是皆来降。”下面列举了十国，其中没有古里。到了明代，《明史》卷三二六载：“古里，西洋大国，西滨大海，南距柯枝国，北距狼奴儿国，东七百里距坎巴国。自柯枝舟行，三日可至。自锡兰山十日可至，诸蕃要会也。”可见，此时古里的地位已经大大提高了。据《明史》，古里“所贡物有宝石、珊瑚、珍珠、琉璃瓶、琉璃枕、宝铁刀、拂郎双刃刀、金系腰、阿思模达、涂儿气、龙涎香、苏合油、花毯、单伯兰布、苾布之属”。“拂郎双刃刀”值得注意，这可能是西洋产品，通过古里传到中国。《瀛涯胜览》、《星槎胜览》、《西洋朝贡典录》卷下、《皇明世法录》卷八十二等书，也都有比较详细的关于古里的叙述，不是说“西洋大国也”（《瀛涯胜览》），就是说“古里绾西洋诸番之会”（《皇明世法录》）。可见从元代到明初在不算太长的时间内，古里已经成了总绾西洋交通的枢纽了。

柯枝，同古里一样，在元代也并不重要。杨庭璧招降的十国内没有柯枝。大概在十四世纪以前，古里还尚未形成一个海口商埠。根据《明史》和马欢、费信的记载，到了明初，它已成为一个重要海港。《星槎胜览》卷三：“地产胡椒甚广。富家俱置板仓贮之，以售商贩。行使小金钱名吧喃。货用色段、白丝、青花白瓷器、金、银之属。其酋长感慕圣恩，常贡方物。”运到中国来的大概胡椒最多。

同古里和柯枝一样，杨庭璧招降的十国中也没有孟加拉，但是在汪大渊《岛夷志略》中记印度的沿海各国中有朋加剌，即明初典籍中的榜葛剌，今之孟加拉，这是与前二者稍有不同之处。不过，朋加剌也并没有显出什么重要性。

到了明初，时间相距并不太久，却忽然来了一个突变：孟加拉同中国的关系大大地加强了。我想，其原因中印两方都有。在印度方面，孟加拉在政治和经济两个方面都有了突然的进步，而在中国方面，又适逢明初努力加强对南洋的统治，屡派使节出使。我在下面列一个简单的年表：

永乐元年（1403 年）　榜葛剌遣使朝贡。（《明会要》卷七十九）

永乐二年（1404 年）　榜葛剌王霭牙思丁遣使朝贡。（《皇明世法录》卷八十一；《皇明象胥录》卷七；《明史》卷三二六）

永乐六年（1408 年）　榜葛剌国王霭牙思丁遣使入贡，上金叶表。（《明史》卷六；《西洋朝贡典录》中；《皇明世法录》卷八十一；《皇明象胥录》卷七）

永乐七年（1409 年）　榜葛剌凡再至，携仆从二百三十余人。帝方招徕绝域，颁赐甚厚，自是比年入贡。（《明史》卷三二六；《明会要》卷七十九）

永乐八年（1410 年）　榜葛剌入贡。（《明史》卷六《成祖纪》）

永乐九年（1411 年）　榜葛剌入贡。（《明史》卷六）榜葛剌使至太仓，命行人往宴劳之。（《西洋朝贡典录》中；《皇明世法

录》卷八十一；《皇明象胥录》卷七）

永乐十年（1412 年）　榜葛剌又贡。(《明史》卷六)

费信随奉使少监杨敕（敏?）等往榜葛剌等国。榜葛剌使者至，宴之于镇江。使者告其王之丧，遣官往祭，封嗣子塞勿丁为王。(《明史》卷三二六)

永乐十二年（1414 年）　榜葛剌王遣使贡麒麟。(《明会要》卷七十九；《明史》卷三二六；《殊域国咨录》卷十一；《皇明世法录》卷八十一；《西洋朝贡典录》中；《皇明象胥录》卷七）

永乐十三年（1415 年）　上命侯显率舟师赴榜葛剌。其王塞佛（勿）丁遣使贡麒麟及诸方物，帝大悦，锡予有加。(《明史》卷三〇四，三二六）

永乐十九年（1421 年）　榜葛剌入贡。(《明史》卷七《成祖本纪》)

永乐二十一年（1423 年）　九月，江阴等卫都指挥佥事周鼎等九百九十三人，奉使榜葛剌等国还，皇太子命礼部赏钞有差。(《明成祖实录》卷二六三）榜葛剌入贡。(《明史》卷七）

宣德四年（1429 年）　榜葛剌入贡。(《明史》卷九《宣宗本纪》)

宣德六年（1431 年）　郑和使榜葛剌。(《西洋番国志》、《祝允明前闻记》)

正统三年（1438 年）　榜葛剌贡麒麟，百官表贺。(《明史》卷三二六；《皇明象胥录》、《皇明世法录》卷八十一；《西洋朝贡典录》中）

正统四年（1439 年）　榜葛剌入贡，自是不复至。(《明史》卷

三二六）

从上列这个简单的表中就可以看出，从 1403—1439 年，“自是不复至”，三十七年中，中国同孟加拉的交通竟频繁到这个程度，真不能不令人吃惊。这样频繁的来往，必然会产生政治影响和经济影响。《明史》卷三二六《榜葛剌传》说：

医、卜、阴阳、百工、技艺悉如中国，盖前世所流入也。其王敬天朝，闻使者至。遣官具仪物，以千骑来迎。

这是异常重要的几句话。开头列举的这几项，同中国都一样，是从中国“流入”的。可惜印度缺乏史籍，我们不知道，这里的“前世”是指的什么时代。反正在这几个方面中国影响了印度，这是可以肯定的。这也是几千年的中印文化交流史上的重要信息，不可不加以重视。

上面讲到，从 1439 年以后，孟加拉不再派人到中国来。这其实不限于孟加拉，印度其他地方基本上也一样。原因仍然只能到中印两国的政治发展与经济发展中去找。

孟加拉的情况，上面已经谈到。加异勒，《明史》卷三二六有传。宣德五年（1430 年），郑和曾使其国。宣德八年（1433 年）入贡。宣德八年（1433 年）古里派来之使，久留都下。正统元年（1436 年）命附爪哇舟西还，自是不复至。宣德八年柯枝派来之使，正统三年（1438 年）附爪哇贡舶回国。

从此以后，中印交通就一蹶不振了。

明代，印度对中国的文学创作仍然产生着影响。但这个影响不会像魏晋南北朝和唐代那样，主要是通过佛经从印度传来，到了明代，佛经翻译早已停止。此时的印度影响似乎多是承前代之余绪，是间接的。长篇小说《西游记》里就有印度影响，这是一个无法否认也否认不掉的事实。汤显祖的戏曲有的取材于黄粱梦一类的故事，这也来自印度。

至于科技，上面讲孟加拉时，已有所涉及。我在这里举一个“白糖”的例子。唐太宗从印度学习熬糖法，上面已经谈过。到了元代，根据马可·波罗的记述，埃及人来到中国传授炼糖技术，中国人制造白砂糖的技术又有所提高。到了明末清初，中国很多典籍里却记载着，中国的白砂糖输出国外，我估计印度也在其中。在印地语中，最精最白的糖叫做 cīnī，意思是“中国的”，可见其中消息。印地语中还有一个字：misarī，指不太精的一种糖，意思是“埃及的”，可见印度也向埃及学了制糖术。

明代有关中外交通的文献，种类之多，数量之大，都是前所未有的。这是频繁的中外交流产生的必然结果。我现在将已经提到的有关文献归纳起来，略加介绍。

书名：《瀛涯胜览》、《星槎胜览》、《西洋番国志》、《西洋朝贡典录》、《东西洋考》（张燮）、《大明会典》、《明实录》、《明会要》、《名山藏》（何乔远）、《图书编》（章潢）、《咸宾录》（罗日褧）、《皇明象胥录》（茅瑞徵）、《罪惟录》（查继佐）、《大明一统舆图》、《四夷方位图》、《四夷图记》、《天下郡国利病书》、《明朝统纪会纂》（王世贞）、《皇明从信录》（陈建）、《皇明典故纪闻》（余继登）、《明史》（虽撰于清代，但实记明代事），等等。我在这里想特别介绍郑振铎先生出版的《玄览堂丛书》，这部丛书收入很多明代刊本以及手抄本。其中颇多与明代中外交通有关的典籍，我举几个例子，三集中有：

《皇明职方地图表》二卷，明陈组绶撰，明崇祯九年刊本。

《四彝馆增定馆则》二十卷，《新增馆则》一卷，明吕维祺编，清曹溶新增，钱綎续增，清康熙十四年刊本。

《续集》中有；

《皇明本纪》，不分卷，明蓝格抄本

《倭志》不分卷，清初蓝格抄本。

《虔台倭纂》二卷，明谢杰撰，明万历乙未刊本。

《倭奴遗事》一卷，明钟薇撰，明万历刊本。

《寰产通志》一百二十九卷，明陈循等撰，明初刊本。

《炎徼琐言》二卷，明郭棐撰，明万历刊本。

《荒徼通考》，不分卷，明万历间红格抄本。

《粤剑编》四卷，明王临亨撰，明万历刊本。

《四夷广记》，不分卷，明慎懋赏撰，旧抄本。

特别值得介绍的是最后一种：《四夷广记》。这部书内容很庞杂，从琉球开始，鞑靼、女真、西番、吐蕃、撒马尔罕、天方、越南、暹罗等都包括在里面了。中间插入一本《榜葛剌》（第九十八册）介绍榜葛剌的疆里、山川、国统，等等。“国统”最有趣，里面讲到榜葛剌即东天竺，讲到释迦牟尼，讲到尸罗逸多（戒日王）与唐太宗，讲到本朝（明朝）永乐三年国王霭牙思丁遣使来朝，下面一段话最有意思：

> 命使往天竺迎异僧。既至京，居灵谷寺。教人念唵嘛呢叭𠺗吽（按：即六字真言）。翰林侍读李继鼎曰：“若彼既有神通，当通中国语，何为待译者而后知乎？且其所谓唵嘛呢叭𠺗吽云者，乃云：‘俺把你哄也。’人不知悟耳。”

这位翰林侍读这样来了解六字真言，真是异想天开，匪夷所思。可谓士林“佳话”！本书接着又介绍榜葛剌制度、风俗、物产、贡物等。最后讲印度文字，列了一个字母表，字形同天城体相似，并不是孟加拉字母，大概作者原意就是介绍天竺文字。下面是《榜葛剌译语》，分“天文类”、“地理类”、“数目门”、“五色类”、“人物类”、“身体类”、“衣服类”、“宫室类”、“器用类”、“珍宝类”、“鸟兽类”、“花木类”、“人事类”等，前面列汉字，下面附汉音译印度文，比如“天文类”：

日神	苏利耶	梵文 sūrya（这是我加的）
月神	苏摩	soma
日月	印度	indu
风神	婆庾	vāyu

如此等等，这一部《译语》给我的印象是，不是我们现在的“翻译手册”。用这些词汇担任“通事”（翻译）是不够的。

本书专有一类，叫“西南夷”，里面包括昆仑山、昆屯山、交栏山等，与印度有关的是：麻剌国、东南海、碟里国、琐里国、大葛兰国、小葛兰国、柯枝国、古里国等。对古里国有一段专门论述，也是讲古里国的疆里、柯枝往古里的路程、国统、制度、风俗、物产、贡物等，没有译语。

值得注意的是在上述国名表的后面，在须文达剌国、曼陀郎国、苏吉丹国、麻呵斯离国的上面书眉上写上了几句话：“以下诸国皆永乐宣德间中官使西洋有随去周老人所说。”这个“周老人”可能是随郑和等下西洋的人员之一。他把他的所见所闻，告诉了别人，别人随笔记了下来。这不是书本上来的材料。

七　大转变（明末清初）

在中国几千年的对外交通史上，明清之际是一个巨大的转折点。

中国的对外交流，大体可以分为东方和西方两个方面。东方的交通对象主要是日本和朝鲜。在一千多年中，我们同这两个国家交通不断。但是，从量上来看，并不占重要的地位。西方交通则不然，通过横亘中亚的丝绸之路直抵欧洲的东边，沿路国家不计其数。我觉得，同南亚和东南亚，有时候称之为南洋的国家的交通也可以归入这个范畴。因为，南亚一些地区，比如印度、巴基斯坦、孟加拉国，等等，有时候也被列入“西域”的范围内，玄奘的《大唐西域记》是一个典型的例子。至于东南亚，在许多地方和许多典籍内，同南亚密切相连，难解难分。明代史籍中的

“西洋”，范围更难确定。郑和下西洋，国家很多，都笼统地称之为西洋。至于张燮的《东西洋考》，有明确的界定，然而这个“东西洋”同“南洋”和郑和的“西洋”又怎么严格划分呢？总之，这是一个相当复杂混乱的问题。我现在一律归入对西方的交通中，只是一个不得已的权宜之计。如果想勉强分出一个“南洋”来，也未尝不可，冯承钧就是这样做的，但是疆域界线仍然含混，有许多问题仍待解决。

总之，截止到明代，中国的对外交通重要是西方，不包括欧洲在内的西方，包括南亚和东南亚，也就是明代的西洋和南洋。

但是，到了明清之际，却来了一个大转变。原因是欧洲资本主义国家一个接一个地兴起。为了获得资本主义的原始积累，他们竟向世界上比较落后的地区强行侵入、抢劫、掠夺；想方设法压迫、剥削、奴役当地的居民，把他们的土地化为殖民地或半殖民地，把他们的财富运往欧洲。于是，世界历史进入资本主义时代，亚、非、拉的人民也沦入奴隶境地。在这样的情况下，中国也未能幸免。

我们同欧洲的交通，开始很早。据《后汉书》记载：“（汉）桓帝延熹九年（166 年），大秦（罗马）王安敦遣使自日南徼外献象牙、犀角、玳瑁，始乃一通焉。”但这只能说是个别的例子，同欧洲经常的交通是没有的。

殖民主义者打破了这种情况，在欧洲殖民主义国家中，着先鞭的是信天主教的葡萄牙。最早到印度的是他们，最早来中国的也是他们。下面的叙述主要是根据方豪的材料[67]。

明代文献中没有“葡萄牙”这个词儿。方豪引用的文献中都称之为“佛郎机”。“佛郎机”这个名见于许多明人的载籍，但究竟指的是什么地方，却有点糊涂。上引《玄览堂丛书》中（第一〇二册）有一部书，叫《海国广记》，一开头讲的就是“佛郎机国”。在“疆里”这一节里说：“佛郎机，或曰喃勃利国，在真腊国南，滨海与爪哇国对峙，西至三佛齐国，北至占城。”这简直有点像丈二和尚令人摸不着头脑了。方豪引用的文献中，“佛郎机”都指的是葡萄牙。这个葡萄牙于明武宗正德五年（1510 年）侵占印度果阿；次年征服麻六甲。正德十六年（1521 年），末儿丁甫思多灭儿（Martin Affonso de Mllo Continho）奉葡王命，由里斯本直航屯门，以与中国通好。以后侵扰中国福建沿海地带和浙江沿海地带。最近于嘉靖三十六年（1557 年），从浪白澳移于澳门，逐渐霸占了这一地方。

欧洲人到亚洲一带，侵扰的不限于中国；欧洲侵扰者除了葡萄牙，还有信仰天主教的西班牙，跟着来的是信新教的国家，英国、荷兰、法国、德国、意大利等国都参加到这个侵略队伍中。与我们交往最久、关系最密切的印度且沦为英国殖民地。在这样的情况下，法显、玄奘、义净等人的万里投荒，寻求佛理，已经绝无可能。盛唐时期，唐太宗同戒日王的佳话，也绝不可能再有。明初郑和率庞大舰队，七下西洋的盛举，更是永远不可能再见于天下。我们中国同西方的交通对象一一更换。我们不得不丢开昔日文化交流的伙伴，被迫眼睛看着欧洲，另寻新欢了。简而言之，这就是我说的“大转折”。

八　涓涓细流（清代、近代、现代）

明清之际开始的大转折，改变了中外文化交流的“流”的性质。中国同欧洲的交流，成了一股激流，而同有传统交流关系的亚洲国家的交流，则成为一股涓涓细流，没有中断，但不强烈，大有若断若续之概。中印文化交流就属于这个范畴。

西方的新兴的资本主义文化，以排山倒海之势，涌向中华大地（世界上其他地区也一样）。西方的天文、历算、数学、机械工程、物理学、军器、兵制、生物学、医学、地理学等，都传入中国[68]。清代的康熙皇帝是一个很有头脑、能接受新事物的人。他自己亲身学习一些西方的自然科学，比如说几何学。在他的鼓励之下，西方文化很容易地得到了传播，甚至连西方的绘画都传了进来，如郎世宁就以绘画供奉清廷。在这样的情况下，中印再想交流文化实在是戛戛乎难矣哉。外交往来，根本没有。贸易往来，完全断绝。除了在西藏等边疆地区，两国人民还进行一些买卖交易活动以外，别的活动根本听不到了。稍微晚一些时候，确实又有“货物”从印度运来中国；但这不是一般的“货物”，而是毒害人民的鸦片，干这一行“死亡的贸易”的人主要是英国殖民主义者，而不是印度人民。

实际上，中印两国人民的来往并没有完全中断，信息也并没有彻底阻绝，只不过不像从前那样是通过僧侣，通过商人，通过外交官，而是难免要走一点弯路，通过明清之际来华的天主教神甫们的著作。这些人到中国来的目的是传教，传播他们上帝的“福音”；但是，正如我在上面讲到印度佛教传入中国时的情况那样，和尚们必须懂一点方伎、天文、历算、医药之类，以便给中国统治者和人民以使他们震惊的印象，这样才有利于传教工作。明清之际的天主教徒表演了一次“历史重现”，他们携西方的方伎莅临中华。对于世界大势、地理形势，他们了解得比中国抱残守缺的士大夫要高明得多。于是，他们就写了不少地理的书，比如利玛窦的《坤舆图说》、艾儒略的《职方外纪》、南怀仁和蒋友仁的《坤舆全图》等书。利氏书中有介绍“应第亚”（印度）的专章。艾氏的《职方外纪》介绍的世界地理远较利氏书为详，书中也有“印第亚”（印度）的介绍。还有专门介绍印度的书，比如玛吉士的《外国地理备考·印度国全志》。最后这一本书刊于道光二十五年（1845 年）。总之，通过上面这些西方传教士撰写的地理书，中国人民，首先是文人学士，得以了解一些印度的情况，也可以说是聊胜于无吧。

在这期间也间有中国人自己关于印度的地理的著作，比如陈伦炯的《海国闻见录》，刊于雍正八年（1730 年）。此书讲述了天下沿海形势，共分为八篇：《东洋记》、《东南洋记》、《南洋记》、《小南洋记》、《大西洋记》、《昆仑》、《南澳气》，前面冠之以《天下沿海形势录》。《小西洋记》里谈到印度：

> 小白头东邻民呀国。民呀人黑，穿着皆白，类似白头。英机黎、荷兰、佛兰西聚此贸易。

“白头”大概指的是穆斯林，他们头戴小白帽。“民呀”指今孟加拉。英国、荷兰和法国等国都到这里来做生意。紧接着这一段引文，讲到印度南部海岸，称之为“戈什塔”（Coast）；讲到房低者里（Pondicherry，本地治里），讲东岸的呢颜八达，是荷兰埔头；讲到苏喇（Surat，苏拉特）；讲到网买（Bombay，孟买），整个印度几乎都讲到了。从这一部书中我们可以知道，中国人对印度还是有一些了解的。

最有趣的是十八世纪中国著名诗人尤侗的《外国竹枝词》。其中有一些是关于印度的。我举几个例子：

古　里

山城海市拥名王，好马西来勒紫缰。
璎珞步摇金跳脱，美人不让汉宫妆。

五等皈依乃纳儿，葫芦弹唱间铜丝。
西风万里航人至，上崖先看永乐碑。

柯　枝

柯枝不见一枝荣，止有胡椒万斛盈。
却怪天公没分晓，半年雨落半年晴。

大　葛　兰

黑坟满野懒耘苗，乞米乌爹食亦饶。
才过高郎又巫里，长年三老莫停桡。

榜　葛　剌

宫殿车旗大国风，金银柱杖导呼嵩。
宾筵祇饮蔷薇露，三爵犹非卫武公。

东方印度古毗耶，比屋堪封节义家。
果有波罗香奄勒，土人自爱树桑麻。

以上只是几个例子，其余大多类似。尤侗自己并没有到过印度，这是他根据前人的载籍，加上自己的想象，绘形绘色，活灵活现，写成的竹枝词。由此可见乾隆时代的中国文人对待印度的感情。

这里的“复苏”，不同于明初的复苏。那时中印两国都是独立自主的主权国家，有完全的自由，可以互相往来。此时的“复苏”，其时代背景完全不一样了。中国逐渐变为半封建半殖民地的社会；印度则完全沦为英国殖民主义者的附庸国，根本没有行动的自由了。

但这只是问题的一个方面。唯其因为两国的处境都不美妙，都处在水深火热之中，因此两国人民，特别是感觉灵敏的有识之士，自然而然地产生了相濡以沫的感情，大家同病相怜，渴望了解对方的一些情况，了解对方的一些苦难。于是，才透过种种的尘霾，窥见了对方的一些真实情况。到了十九世纪中叶，中印两国都爆发了民族革命性质的战争。在中国，咸丰元年（1851 年）爆发了太平天国革命，矛头从表面上来看是对内的，但是对外反对殖民主义侵略的性质，也隐约可见。因为 1840 年的鸦片战争，唤起了广大人民的反侵略意识。咸丰六年（1856年），英国殖民主义者又发动了第二次战争，中国人民奋起抵抗。太平天国起义与第一次鸦片战争，有直接的联系。这一场起义到了同治五年（1866年）才被镇压下去。在印度，1857年爆发了民族大起义。在这中印两国的危机存亡之秋，两国人民，尽管在很大程度上是无意识地，却真正互相支援。英国原来准备派往中国来屠杀中国人民的军队，被迫改派到印度去；有的印度士兵被迫到中国来镇压中国人民的，调转了枪口，投到太平天国一边反对共同的敌人。十九世纪中叶，中印两国的政治形势就是如此。从那以后，专就中国方面来讲，闭关锁国的政策，再也不能继续下去。中国同欧洲国家的外交和贸易活动，活跃起来了。到了十九世纪末叶，全世界、全中国的政治形势，风雷激荡，忧国忧民之士都痛感必须了解外国，否则就难以图存。

整个十九世纪情况就是这样。我之所谓“复苏”就是在这个背景下产生的。其表现形式最突出之处，就在于陆续出现了大批有关外国的书籍，这些书籍或多或少，或直接或间接，都与印度有点关联。十九世纪前半，这样的书还不太多，而在中叶以后，则大量出现，其原因就是我在上面讲的那一番道理。

1. 前半的情况

我现在先谈一谈十九世纪前半的情况。在这期间，有关印度的著述不多，其中最著名的是嘉庆二十五年（1820年）出版的《海录》，一般认为这一部书是由谢清高口述，杨炳南笔录的[69]。本书王鎏《序》中有一段话：

> 方今烽烟告警，有志者抱漆室忧葵之念，存中流击楫之思。外洋舆地不可以弗考也。

讲本书产生的原因，也就是我在上面讲的那些话，是十分中肯的。

此书讲到印度的地方颇多，计有以下各地：

彻第缸	今孟加拉国吉大港
明呀喇	孟加拉
曼哒喇萨	马德拉斯
笨支里	本地治里
呢咕八当	讷加帕塔姆
打冷莽柯	科摩林角
亚英咖	亚廷加（Attingal）
固贞	柯钦
隔沥骨底	卡利卡特
马英	马埃（Mahé）
打拉者	特利切里（Tellicherry）
吗喇他	马拉他
小西洋	果阿
孟婆罗	维贾尔拉（Vengurla）
麻伦呢	马尔范（Malvan）
盎叽哩	任吉拉（Jangira）
孟买	
苏辣	苏拉特（Surat）
淡项	在苏拉特北

唧肚　　　　　　　卡提阿瓦（Kathiawar）

以上诸地，皆谢清高所亲历，因此，他的讲述真实、具体、可靠。在“明呀喇”一段里讲到孟加拉的鸦片：

> 鸦片有二种，一为公班，皮色黑，最上；一名叭第咕喇，皮色赤，稍次之，皆中华人所谓乌土也，出于明呀喇属邑，地名旦拏。其出曼哒喇萨者亦有二种，一名金花红，为上；一名油红，次之。出吗喇他及盎叽哩者，名鸭屎红，皆中华人所谓红皮也。出孟买及唧肚者，则为白皮，近时入中华最多。

讲鸦片来源，如数家珍，可见谢清高是颇为留心这些问题的。

还有一部书值得在这里介绍一下，这就是陈继畲的《瀛环志略》，道光戊申（1848 年）出版。这书与《海录》完全不同，并非作者所亲身经历的。《序》里面说：“道光癸卯（1843 年），因公驻厦门，晤米利坚人雅裨理，西国多闻之士也，能作闽语，携有地图册子，绘刻精细。”陈继畲就是从英国人这里得到全世界的地理资料，写成此书的。资料是第二手，其价值也就相对减少。在本书卷三，“亚细亚　印度”这一章里介绍了一些印度的地理情况，重点是讲英国在印度的统治。讲到“英人于沿海立藩部三：曰孟加拉，曰麻打拉萨，曰孟买。内地立藩部一：曰亚加拉”。又说：“五印度中东南诸国大半为英所夷灭。”由此可见，尽管陈继畲是利用别人的资料，他对印度的看法仍自有重点，他重视英国吞并印度的情况和过程。

在这期间，有一部书很值得大书特书，这就是魏源的《海国图志》，一部极为庞大的非常值得重视的书。魏源是中国十九世纪初叶至中叶中国知识分子中的佼佼者。在道光十年（1830年），他曾同林则徐、黄爵滋、龚自珍在北京结宣南诗社，足见他们是情投意合的。林则徐后来的勋业彪炳青史，是一个伟大的爱国者。爱国主义是他们几个人共同的特点。由于爱国，不甘心任人宰割，他们悟到了非睁开眼睛看世界不行了。所以便留心"洋务"（当时这个名词还不怎么流行）。林则徐一马当先，翻译介绍世界地理和历史。他曾纂成了一部《四洲志》，叙述世界各国的历史、疆域、政治等情况。魏源根据林则徐的资料，又广为搜罗，终于编纂成了《海国图志》。编纂工作着手于鸦片战争之前，后来又加以扩充，到了1852年，扩充为一百卷。编纂过程跨越了第一次鸦片战争中国近代史的开始时期。

在本书中，与印度有关的卷是：

卷十九　　西南洋　五印度国（英国征服印度）

卷二十　　又对印度作了详细的叙述

卷二十一　叙述英俄争夺印度

　　　　　中印度各国

　　　　　东印度各国

卷二十二　北印度各国

　　　　　南印度各国

卷二十九　五印度沿革总考

卷三十　　中印度沿革

　　　　　东印度沿革

南印度沿革

北印度沿革

综观全书，魏源对印度的情况，绝非为叙述而叙述，绝非仅仅是客观叙述，而是有十分明确的目的性。约而言之，可以用他自己在《原序》中所说的几句话来概括：

> 为以夷攻夷而作，为以夷款而作，为师夷长技以制夷而作。

这样三句话有极大的概括性，真可以掷地作金石声。这三句话又可以归纳为两层意思：一层是以夷制夷，意思就是利用一个“夷”来制住另一个“夷”，这个“夷”正危及自己国家的生存，具体来讲，就是英国；一层是学“夷”之长技以制“夷”，意思就是学习“夷”的科学技术、船坚炮利之类，来对付最危害自己国家生存的“夷”，指的也是英国。因为在十九世纪中叶前后，侵略中国最厉害的殖民主义国家是英国，发动鸦片战争的也是它们。魏源、林则徐、龚自珍、黄爵滋等一批爱国者，看到了印度覆亡的前车之鉴，认为非发愤图强则不能救中国。发愤图强，则必须眼睛向外看，洞察世界大势。于是，他们之中有的侧重于发动禁烟运动（林、黄），有的侧重于掀起维新思潮（魏、龚）。二者殊途同归，目标只有一个，就是救国救民。

魏源叙述印度情况，指导思想就是“以夷制夷”。他在《海国图志》卷十九里说得很明白，他的想法主要是对付英国。如果想联络俄罗斯以制英，其枢纽在中印度和北印度；如果想利用廓尔喀，必须知道东印度的形势；如果想联络法国、美国（弥利坚）、葡萄牙、荷兰、吕宋，购买船炮，必须知道南印度的形势。这样一来，五印度情况，我们都必须了解。在卷二十一中魏源说：“近日鄂（俄）罗斯屡与英夷争鞑靼里之地，其地横亘南洋。鄂罗斯得之，则可以图并印度，故与英夷连年血战。若能许鄂罗斯海舶赴粤贸易，联络弥利坚（美）、佛兰西（法）等国，皆英夷仇敌，则英夷之兵舶不敢舍其境而远犯中国。”卷二十一，魏源又说：“印度地产鸦片烟，英吉利关税，岁入千万计，其兵船入犯中国者，十九皆孟加腊人。诚能听廓夷出兵之请，奖其忠顺，扰彼腴疆，捣其空虚，牵其内顾，使西夷失富强之业，成狼狈之势，亦海内奇烈也。”卷二十九，魏源又慨乎言之：“六合以外，存而不论；八荒以外，论而不议；九州以外，议而不办；西南诸国近在九州以外，尚非八荒之外也。且海防切肤之灾也，乌得不论，而乌得不议！”魏源的言论，大都类似。在当年信息闭塞的情况下，魏源对世界大势了解得如此清楚、准确，不能不令人惊叹。

综观上面引用的魏源的意见，可以看出，他编著的《海国图志》，绝非枯燥的学术研究，而是一部充满了爱国激情的作品。他一方面同情印度人民，另一方面又有唇亡齿寒之悲。此时的英国殖民主义者正如日中天，气焰万丈。对中国的最大威胁也来自这个国家。所以，魏源的斗争矛头一直是指向英国。

魏源倾半生精力完成的这一部巨著，在中国当然起了很大的作用。它在一定程度上唤起了一部分群众的觉悟。但是，同它对海外的影响比起来，还有点相形见绌。据说，开始于1868年的日本明治维新，其主要动力就来自《海国图志》。这一部巨著开阔了日本朝廷、大臣和一部分先进知识分子的眼界，从中认清了世界大势和时代潮流，从而奋发图强，戮力革新，终于腾飞起来，成为东亚和世界的一个科技大国，直至今日，其势未衰。反观我国当时的朝廷，颟顸昏聩贪污狼藉，对外取媚，对内镇压，有识之士扼腕叹息，无能为力，只有瞪着眼看着自己的祖国一天天衰微，直至辛亥革命，才略有转机。

2. 后半的情况

魏源的《海国图志》实际上跨越了前半和后半的时间分界线。

不一定都是受了魏源的影响，也可能是时代潮流所致：中国同外国的交往频繁起来了，贸易活动加强了，信息的交流量大大地扩大了。从十九世纪六十年代起，中国有关世界（其中当然也包括印度）的书籍一下子多了起来。如下表：

1866 年	斌椿《乘槎笔记》
1871 年	王芝《渔瀛胪志》
1877 年	丁韪良《中西闻见录选编》
1878 年	黄楙材《印度札记》
1881 年	张德彝《四述奇》
1883 年	王韬《韬园文录外编》
1886 年（?）	曾纪泽《使西日记》[70]
1890 年	邹代钧《西征纪程》
1891 年	薛福成《出使英法义比四国日记》《续刻》
1892 年	郑观应《盛世危言》
1893 年	薛福成《庸庵海外文编》
1894 年	《中外舆地图说集成》

1895 年	李提摩太《泰西新史揽要》
1896 年	王之春《使俄日记》
1897 年	麦丁高得力《海国大政记》
1898 年	沈林一《五洲属国纪略》
	龚柴《五洲图考》
	张煜南《海国公余辑录》
1901 年	吴宗濂《随轺日记》
1902 年	萧应椿《五洲述略》
	载振《英轺日记》
	辻武雄《五大洲志》
1903 年	《万国历史汇编》
1906 年	《万国史略》
	瞿方梅《非园中外地舆歌》
	《地理志略》
1907 年	《印度志》
	《印度新志》
1910 年	王先谦《五洲地理志略》

从上面这一个简略的表中可以看出，在五六十年的时间内，这一类的书竟然出现如此之多，同以前比较起来，真不可以道里计了。这些书绝大部分是中国人自己写的，其中不少人是中国最早的驻外使节或他们的随员。他们不一定都到过印度，但是留心印度问题。这样，他们的书中就间或有关于印度的记载。另外，少数几本书，著者是外国人，书是翻译的，或者用中文写成的，既然在中国流行，也就产生了影响。不管是哪一种情况，都反映

了当时的中国开明绅士渴求了解、认识世界的愿望。他们对印度的处境大都表现了极大的同情，这一点非常重要。

我现在从上列表中选出几本来，按时间顺序来略加介绍，以概其余。

王芝《渔瀛胪志》

王芝于清同治十年（1871年）游历欧洲，留英国十余日，他大发感慨，认为英国地势极好，何必“劳劳丁数万里之外，使四海五洲同侧目，为天下之怨府”！“亚细亚诸洲之受其侵据胁劫者，将转号咷为笑，必乘诸国环攻之际，自复其初，或从诸国而助之攻。复仇者正不仅一法郎西也。噬脐之悔，将奚及哉！傎乎哉！英吉利之霸！”这意见颇为有趣，证明王芝不了解殖民主义者的侵略本质。

王韬《韬园文录外编》

王韬讲到俄人久有窥伺印度之心，俾斯麦挑拨英俄关系。他还讲到英国人把鸦片运到中国，中国要想禁烟，不能只寄希望于英国，而要自己想办法。他还讲到中国出口以绿茶为大宗，而英国人所嗜者则为印度红茶。这些都说明，王韬是颇为留心贸易活动的。

黄楙材《印度札记》

黄楙材游历过印度，对印度有比较确实的了解。他注意到英国在印度的军事建制，他说：“额设英军三万，大军十八万二千有奇。或轮调驻防，或派充工役。其人半系释教，半系回教，分门别户，彼此如仇，互相牵制，免其同心谋叛。”他对印度社会的观察是正确的；但还似乎有点隔膜。他所谓“释教”，实际上是印度教，释（佛）教早已不存在了。

邹代钧《西征纪程》

书中讲到印度历史、中印关系，以及英国侵占印度的过程，相当详细具体。讲到印度种鸦片，“禁民间私种，种者皆受地于官”，种鸦片之利，土民是得不到的。

薛福成《出使英法义比四国日记》《续刻》、《庸庵海外文编》

薛福成是清季著名的古文家和外交家，识多见广，对国际形势是了解的。他于光绪十六年（1990 年）正月十二日由上海启程乘船赴欧。二十八日日记，说到赤道附近，有暑无寒，人民多颓散昏懦，无由自振，“即如五印度，地方万里，物产丰饶，在昔未闻有强盛之国。元明以后，蒙古翦之。近者英人并之。至瞿昙氏之所生长，窃意当在中北两印度，离赤道稍远之地”。在《续刻》里，他对印度有颇多的记载。比如光绪十七年（1891 年）三月十一日记：“鸦片烟之类有三：一曰公班，出明雅喇（孟加拉）；一曰孟皮，出孟买；一曰红皮，出曼达喇萨（马德拉斯），均由英属印度制成为土，运入中国，以每年十万箱计算，约合价银六千万两。”二十七日日记：“英属印度户口现有二万二千零四十九万人，合印度附庸土邦计之则共有二万八千五百万人，较十年前约多两千五百万。”四月初四日日记：“余前檄派直隶先用知府姚文栋乘游历印度之便，建议在甲谷他（加尔各答）设领事。”八月二十五日日记：“印度烟土，近来所出日稀，价亦日廉。”十月二十七日日记：“绿茶为中国出产之大宗。近则外洋各国，效中国之长，夺中国之利，茶则印度、锡兰、日本种植皆多，烘焙亦日讲究，色香味俱佳。”十二月辛卯朔日记：“印民纳税贡金于土王，较之直隶于英者更形踊跃。”光绪十八年（1892 年）五月初八日日记：“英国禁烟会绅云：目下拟请国家饬印度减种罂粟，无论中国之能自禁与否，而在印度总不宜种烟以售于中国。”十二日日记：“比嘉庆年间，华盛顿起兵美洲，立为合众国，而英尽失其膏腴之地；然英人惩前毖后，待属地之政，务以宽大，不敢苛求。”闰六月十七日日记：“去年印度编查户口，共有二万八千八百十五万九千六百余口。”十月初六日日记：“佛经言：造字者兄弟三人，首曰梵，其字左行；中曰佉卢，其字右行；东曰仓颉，其字下行。”十七日日记：“伦敦禁烟会的人士往见印度部尚书，请他设法禁烟。这位尚书说：‘近观中国意见，极喜抽鸦片烟税及厘，岁入约英金二百万镑。’可见大清政府有的人并不真想禁烟。”光绪元年（1875 年）正月初六日日记：“印度来货值银一千四百八十五万余两，往印度之货值银二十四万余两。这种入超真是惊人！‘来货’中肯定包括鸦片烟。”光绪十九年（1893 年）九月十九日日记：“嘉庆十年（1805 年），尽驱法荷驻印之兵，自是五印度之地归其囊括者十七八。”在《庸庵海外文编》中，薛福成也有一些关于印度的议论，比如 1893 年《强邻环伺谨陈愚计疏》中说：“英人初借公司之力，蚕食五印度，未几而沃壤数万里，尽为所并，遂与我之西藏为比邻。”

不多引了，由以上极其简略的摘录中，也可以看到，薛福成是一个非常有心计有见识的外交家。他的日记内容十分丰富，他的观察巨细不遗。他多次提到鸦片对中国的毒害，指出英国也有人反对这样做，中国竟然有人赞成；他注意印度人口的增长情况，对一个国家来说，这都是至关紧要的问题；他注意到中国出口绿茶，遇到了印度、锡兰和日本的竞争。这个问题就是到了今天，不仍然是一个非常现实的问题吗？薛福成还注意到佛经上关于人类创造文字的问题、美国独立的问题、英国驱逐荷兰和法国的问题、中国想在加尔各答设领馆的问题，等等，等等。足证他的注意力之广，观察之深。

郑观应《盛世危言》

从彭玉麟的序中可以看出郑观应的为人："庚申之变，目击时艰，遂弃举业，学西人语言文字，隐于商，时与西人游，足迹半天下，"郑观应在本书中讲到许多与英国和印度有关的问题。卷三"商务"三说："英之君臣，又以商务开疆拓土，辟美洲，占印度，据缅甸，皆商人为之先导。"在"商战"上中，他也讲到印度、锡兰、日本在茶叶出口方面与中国的竞争。"商战"下中，他讲到英占印度，"从此英国之于印度，设官颁政，不啻附庸，习久相安，视为外府，力强则胜，天下事尚可以正理评耶？"流露出对印度人民的同情。在卷七"纺织"中郑观应说："进口之货，除烟土外，以纱布为大宗。向时每岁进口值银一二千万。光绪十八年（1892年），增至五千二百七十三万七千四百余两，内印度英国棉纱值银二千二百三十余万两。"足证印度棉纱也已倾销中国。在卷十"边防"六中郑观应说："英之国势，今日颇趋重印度，欲强印度，即借此阴窥滇藏。""恐将来印度与中国同时有事，英势难分兵保卫。"卷十二"禁烟"上中，郑观应说："吴瀚涛大令曾偕马观察奉檄赴印度与英督商办此事，再三辩论，始允将印度所出之鸦片，尽我华商公司承办，逐年递减，以五十载为期，即行截止。惜总署批驳，谓招商承办，明设公司，殊与国体有碍。"

郑观应建议，中国要学习印度种烟制浆之术，物美价廉，就可以抵制洋药了。这个主意，殊不高明，足见郑的认识是有局限性的。

龚柴《五洲图考》

汪康年为本书写的《序》中说：“中国膏腴甲土地，又四千年文明之古国也……其能鉴倾覆之祸，而图自存之道，虽与欧人争强无难焉。若犹是沓沓也。则必谓亚洲无非墨之祸，黄人非红黑之伦，则非愚所敢信也。”爱国之情，溢于言表。龚柴在“印度”一章里写道：“言印度于今日，不胜沧海桑田夺主喧宾之慨矣。”对印度人民的同情也洋溢于楮墨之间。

载振《英轺日记》

卷二，载振说：“孟氏有言，小役大，弱役强，天也。吾以为虽天道而实视乎人心。何者？人与人之相处，国与国之相际，力焉而已。力相角于外，而智以为之干。智者所以济力之穷，要以申吾力而自强也。今印度之人，无贵贱，无穷达，咸闭聪塞明，而莫自觉，是智困也。因循惰偷，凡事束缚而永弗能自拔，是力困也。智力俱困，而犹熙熙然相安于无事，是心死也。如印度者，可以鉴矣。”

从上面极其简略的介绍中，可以看到，十九世纪后半至二十世纪前十年的中国的知识分子，对世界形势，尤其是对印度处境，是非常关怀的。他们同闭关锁国时期的知识分子完全不同，他们是真正睁开眼睛看世界的一代新人。他们爱自己的祖国，憎恨英人的“死亡的贸易”（泰戈尔语），同情印度人民。在他们的记载中，还可以找到一些有关中印外交关系的事情，比如在加尔各答设领事馆，等等。可惜的是，这种外交活动，不像从前那样，是在中印两国政府之间直接进行的，而要通过一个第三者英国殖民主义者。龚柴有喧宾夺主之叹，不亦宜乎？我认为，这种在危难之际发自内心的同情之感，是中印两国人民几千年珍贵的传统友谊所在。

在这半个世纪内，中印双方都经历了天翻地覆的变化。在中国，孙中山领导的辛亥革命（1911 年）迫使清帝逊位，结束了两千余年的帝王统治。接下来的是洪宪帝制的闹剧、军阀混战、国民党统治、抗日战争，一直到抗战胜利和中华人民共和国的建立，中国历史掀开了崭新的一章。在印度，民族解放运动风起云涌。甘地领导着印度人民同英帝国主义激烈搏斗，终于导致了 1947 年印度的独立。印度历史也出现了崭新的一章。

在这期间，我们两国有一些往来，但仍然是通过英印政府。直到本时期之末，两国才正式互派大使，这是两个独立自主的国家真正独立的外交活动。这本是两国两千多年的交通史上曾经有过的现象，然而在西方殖民主义侵入亚洲之后，却久违久违了。

我现在想从中印双方选出几个在这期间在政治上或文化上有重大影响的代表性人物，简略地介绍一下他们对中印关系的看法。我想，我们从中可以获得十分重要的信息。

孙中山

孙中山是旧民主主义革命家，他关心的首先是中国的独立与解放。他也关心亚洲其他被剥削被压迫的民族。在他的《民族主义·第一讲》中，他多次提到印度，比如“又像英国造成今日的印度，经过的情形，也是同香港一样”。“像英国这样大的领土，没有一处不是用霸道造成的。”“其他信仰佛教极深的民族像印度，国家虽然亡到英国，种族还是永远不能消灭”，等等。此外，他对菲律宾的抗美战争、南非布尔人的抗英战争、二十年土耳其的革命，无不关心。菲律宾革命志士彭西（Mariano Ponce）说：“对孙逸仙来说，远东各国的问题是可以放在一起来研究的。这些问题有着许多共同的特点。因此，孙是朝鲜、中国、日本、印度、暹罗和菲律宾的青年学生的热心赞助者之一。”［见詹森（Marius B. Janson）《日本人与孙逸仙》（*The Japanese and Sun Yat-Sen*），1954 年，美国哈佛大学出版部版，第 70 页，转引自丁则良《孙中山与亚洲民族解放斗争》，《东北人民大学文科学学报》1957 年第 1 期］可见孙中山在亚洲人民心目中的地位。

章炳麟（苏曼殊附）

章炳麟是朴学大师，也是旧民主主义革命家。他关心中国和世界政治。又因为他对佛教哲学和印度教哲学都有湛深的研究，所以特别关心印度，是完全可以理解的。在他的《文录·别录》中有几篇文章是关于印度的，比如《记印度西婆耆王纪念会事》、《送印度钵逻罕保什二君序》、《记印度事》、《印度先民知地球绕日及人身有精虫二事》、《大乘佛教缘起考》、《大乘起信论辩》、《频伽精舍刻大藏经序》、《梵文典序》，等等。在其他论文中提到印度的地方也非常多。章炳麟在日本结识了印度抗英志士钵逻罕和保什。在《送印度钵逻罕保什二君序》中，章炳麟说：“迄宋世，佛教转微，人心亦日苟偷，为外族并兼，勿能脱，如印度所以顾复我诸夏者，其德岂有量耶！臭味相同，虽异族有兄弟之好。

迩来二国皆失其序。余辈虽苦心，不能成就一二。视我亲昵之国沦陷失守，而鲎力不足以相扶持，其何以报旧德!”

印度友人钵逻罕对章炳麟讲了一个比喻：

> 吾闻千年以往，有印度日本二沙门同时至支那。支那沙门延之入，与语甚欢。因曰：“吾三国其犹折扇耶？印度其纸，支那其竹格，日本其系柄之环绳也。异日二国中兴，与日本相约结处于亚洲，当如此折扇矣。悲夫！今纸与竹格皆糜烂。独环绳在耳，其能复折扇之旧形欤？不可知也。”

章炳麟好像是非常欣赏这个比喻，在另一篇文章里他又提到它。章炳麟还鼓吹中印联合。他写道：

> 居今日而欲维持汉土，亦不得不藉印度为西方屏蔽，以遏西人南下之道。支那印度既独立相与为神圣同盟，而后亚洲殆少事矣。联合之道，宜以两国文化相互灌输。昔内典既由中国译成。唐时复译《老子》为梵文，以达印度。然历史事迹地域广轮，邈焉弗能通晓。今则当以此为先路。至于语言文字互有障碍，亦宜略有讲习。梵土珊斯克利多（Sanskrit）文，以德意志人学之，十五年而后明了。高才捷足之士尚以十年课功。此虽艰阻，然凡习欧洲文字最后至罗马希腊而止，其岁月亦相等。近世印度通行文字，稍异古昔，以贤豆文为雅言，则习之

犹易于古语也。

章炳麟这些想法，理想主义色彩极浓。但是，他的用心是可取的。章炳麟这些文章大概都写在1907年左右，这时他正在日本，一方面聚徒讲学，一方面从事排满活动。他毕生注意研究印度哲学思想，毕生同情印度人民。

最后，我想介绍一下他的《初步梵文典序》，这是给苏曼殊写的。我在这里先谈一谈苏曼殊。苏曼殊可以说是一个“畸人”。他父亲是中国人，母亲是日本人，他之所谓“身世有难言之痛”，指的大概就是这种情况。他在日本认识了章炳麟，可以说是章的小友。后来看破红尘，出家当了和尚。能诗，善画，写过小说《断鸿零雁记》。他留心印度文学，古今同收。在他的《燕子龛随笔》中，讲到迦梨达舍（迦梨陀娑）的名著《沙君达罗》（《沙恭达罗》）；他讲到印度两大史诗《摩诃婆罗多》与《罗摩衍那》，誉之为“闳丽渊雅”。他给诗人刘三写信说：“今寄去佗露哆诗一截，望兄更为点铁。佗露哆，梵土近代才女也。其诗名已遍播欧美。去岁，年甫十九，怨此瑶华，忽焉彫悴。乃译是篇，寄其妹氏。”可见苏曼殊对印度文学的注意面是很广的，古代文学和现代文学，他统统注意研究，而且自己翻译。

苏曼殊撰写了一部《初步梵文典》，也许是唐代义净以后第一部关于梵文语法的著作。章炳麟给他这一部书写了一篇序，序里说：

广州曼殊比丘既忧之，闻英文马格斯牟逻（Max

> Müller）、围林斯（Williams）辈皆有梵语释文，虽简略不能大乘义，然于名相切不凿，乃删次其书，为《初步梵文典》四卷。余以为可览观也……往者震旦所释多局于文身、名身，而句身无专书。欲知梵语，必将寻文法。曼殊比丘既发露头角幸彀充之，得令成就矣。

曼殊这一部《初步梵文典》从来没有见到过，很可能是根本没有出版。

总之，章炳麟和苏曼殊是力图了解印度文化的中国知识分子的杰出代表。

康有为

同并世学人一样，康有为也是了解印度哲学宗教思想并受其影响的人。在《康南海文集》中，有很多地方提到印度，比如在《中华救国论》中，康有为说：

> 且何不考印度何为而灭乎？印度以蒙古人之帝之也，乃愤革蒙古之命而自立也，分为二百余国。英之印度公司书记克壮飞，乃得以九百人夜囚加拉吉打（加尔各答）国王，以取而代之……今虽有二百余王，不过若关内侯，尚不若吾蒙古诸王之自由也。此则印人革命后分立之果也。假使印度不分立，则以波斯之国小民寡不及印度之半，至今犹存，以印之大而亡已百年，是亦可鉴也。

类似的意思，康有为还说过几次。他的中心思想是，同情印度，悲叹中国。他在《忧问》中写道：

> 则吾五千年文明之中国，四万万之同胞，为印度，为波兰，耗矣哀哉！

这是画龙点睛之笔。

在康有为的名著《大同书》里面，他幻想有一个“大同之世”——人类社会发展的最高层次。在这一部“秘不以示人”的书里，他乱七八糟地从现存的许多宗教里吸取了一些观点。佛教的慈悲平等之说，显然也对他产生了极大的影响。他在很多地方谈到印度的情况，谈到印度古代的“摩弩之法”，谈到印度历史上的战祸，谈到中国、印度同日本的合作问题。在这一点上，康有为和章炳麟有完全相同之处，清末在日本的中国留学生中大概这是比较流行的看法。

梁启超

梁启超是康有为的大弟子，世称“康梁”。他从年轻时候起，就精研佛典，毕生对印度文化保持着浓厚的兴趣，写过许多关于佛典和中印文化交流的文章。在他的《全集》中，有关印度的文章占有相当大的比重。除了在很多论文中提到印度、印度文化和印度佛教以外，专门讨论印度文化和宗教问题的论文，数目也很多。比如《论佛教与群治之关系》（光绪二十八年，1902 年）、《印度与中国文化之亲属的关系》、《泰戈尔的中国名——竺震旦》、《中国佛法兴衰沿革说略》、《佛教之初输入》、《印度佛教概论》、《佛陀时代及原始佛教教理纲要》、《佛教与西域》、《中国印度之交通（千五百年前之中国留学生）》、《佛教教理在中国之发展》、《翻译文学与佛典》、《佛典之翻译》、《谈〈异部宗轮论述记〉》、《说四阿含经》、《说六足发智》、《说〈大毗婆沙〉》，等等。从这些论文中可以看出梁启超对印度佛教研究时间之久和方面之广。

统观梁启超一生有关印度的著述，有三点是比较突出的：第一，他对印度人民抱有极深厚的同情。他在《论不变之害》一文中说："印度，大地最古之国也。守旧不变，夷为英藩矣。"在《论学会》一文中，他说："今夫五印度数万里之大，五十年间，晏然归于英国！"在《天国新法论》一文中，他说："印度之灭亡，可谓千古之国之奇闻也。自古闻有以国灭人国者，未闻有以无国灭人国者。"第二，梁启超给印度文化极高的评价。他在《研究文化史的几个重要问题》一文中说："距今两千五百年前，我们人类里头产出一位最伟大的人物，名曰佛陀。"在《治学的两条大路》一文中，他说："真可以说佛教是全世界文化的最高产品。"在《东南大学课毕告别辞》里，他说："救济精神饥荒的方法，我认为，东方的——中国与印度——比较最好。东方的学问。以精神为出发点；西方的学问，以物质为出发点。"第三，梁启超承认印度文化影响了中国。他把印度称为"最亲爱的兄弟之邦"。他说，印度是极伟大的民族，走在我们前头，它的确是我们的老哥哥，我们是它的小弟弟。近世所谓文化民族到这里来，是看上了我们的土地，看上了我们的钱，拿着染满鲜血的炮弹来做见面礼，拿机器产品来吸我们的膏血。但是，印度却教给我们，一、知道有绝对的自由；二、知道有绝对的爱。他们送给我们的礼物包括十二件：一音乐；二建筑；三绘画；四雕刻；五戏曲；六诗歌和小说；七天文历算；八医学；九字母；十著述体裁；十一教育方法；十二团体组织。梁启超同时强调，中国人消化了这些东西，发挥了自己的特性。

梁启超论印度文化和中印文化关系的文章，数量极大，内容极复杂。上面只是一个极简略的介绍。

鲁迅

中国近代伟大作家鲁迅很重视印度文学。在他早年的《摩罗诗力说》里面，他曾盛赞印度古典文学："天竺古有《韦陀》四种，瑰丽幽敻，称世界大文；其《摩诃婆罗多》暨《罗摩衍那》二赋，亦至美妙。"后来，他在写《中国小说史略》时，在一些地方强调了印度文学对中国文学的影响。在《〈痴华鬘〉题记》里他写道：

> 尝闻天竺寓言之富，如大林深泉，他国艺文，往往蒙其影响，即翻为华言之佛经中，亦随在可见。

此外，鲁迅的文章自成一格。在措辞遣句方面，他的文章显然受到佛经汉译文的影响。

下面，我从近世印度的伟人中选出两位来，谈一谈他们对中国，对中国文化的态度，一个是甘地，一个是泰戈尔。

甘地

甘地是印度人民民族独立运动的伟大领袖。他艰苦卓绝，领导印度人民抵抗英帝谋求独立，终于身殉，印度人民也终于获得独立。他也经常关心中国人民的命运。当日本侵略者的气焰还没有衰竭的时候，在 1942 年 8 月 7 日，他在孟买对中国记者说："愿中国得知：吾人此次系为解放印度，亦即为保卫中国而奋斗；印度必获解放，始能予中国、苏联，甚至英美以有效协助。"这充分表达了甘地对反法西斯斗争胜利的信心，表达了他对中国人民的深情厚谊。我们中国人民将永远不会忘记。

泰戈尔

泰戈尔是印度伟大的诗人，伟大的爱国者。在他一生八十年中，他始终如一地热爱自己的祖国，同时又关心中国人民的处境。1881 年，他才二十岁的时候，就写过一篇文章《死亡的贸易》，抨击英国殖民主义者毒害中国人民的鸦片贸易。他写道："这种贸易和积累财富的方法，只有用客气的口气才能叫做贸易。它简直就是强盗行为。"从那时起，一直到 1941 年他去世时止，他毕生都是中国人民的知心朋友。1924 年，他亲自访问了中国，走过很多地方，结识了很多中国朋友，而且取了一个中国名字，叫"竺震旦"。二十世纪三十年代，他在他所创办的国际大学中创立了中国学院，邀请中国著名的学者和画家去访问，徐悲鸿就是其中之一。日本军国主义分子侵华时，在出发前，竟然到佛寺里去祈祷，泰戈尔闻后拍案而起，义愤填膺，写下了那首著名的诗：

他们要以凯旋的号角来标点
每一千人被杀害的人数，
来引起魔鬼的笑乐，当他看到

妇孺的血肉淋漓的肢体。

在他临终前的病床上，他仍然殷切关心中国的抗战。

最难能可贵的是，泰戈尔对印度和中国这样的东方国家寄以极大的希望。1924 年他访问中国时曾说过：“新时代已经来到了，就站在我们面前，等着我们去欢迎。我们不能够再让她久候了。让我们，中国和印度，联合起来吧；让欢迎伟大时代的歌声从中国和印度响起来吧！让我们两个国家把欢迎的灯点起来，迎上前去吧！如果由于逆风说不定谁的灯会被吹灭，那就让我们互相帮助吧；说不定谁会晕倒，那就让另外一个把她唤醒吧！”就在这一次的访问中，他还说过：“我相信，你们有一个伟大的未来；我相信，当你们国家站起来，把自己的精神表达出来的时候，亚洲也将有一个伟大的未来——我们都将分享这个未来带给我们的快乐。”常言道：诗人都是预言家。泰戈尔对东方的期望，特别是对中国的期望，证之以后几十年沧海桑田天翻地覆的变化，特别是 1949 年中华人民共和国的成立，你能不说，诗人的这些预言完全实现了吗？

我从中印两方选了七个有代表性的重要人物，把他们对中印关系、中印文化交流的意见简略地介绍如上。从表面上看来，虽然只是七个人，但是，如果深入思考，我们难道不是从中听出了中印两国广大人民的心声吗？我觉得，最后的一位，印度的泰戈尔，特别值得重视。“昔日戏言身后事，今朝都到眼前来。”泰戈尔的预言，不能不引起我们严肃的沉思。两千余年的中印文化交流的历史，不能不引起我们严肃的沉思。

九　结束语

中印两个世界上最大的国家的文化交流史写完了。限于篇幅，我只能介绍到这个程度。

为什么要讲中印文化交流史呢？我有以下几个想法：首先，中印文化交流史告诉我们，我们两个国家在过去的两千余年中，互相交流文化，互相学习，从而发展和充实了彼此的文化，一直到今天，我们尚蒙其利。这种交流，只有好处，没有坏处。其次，中印文化交流史告诉我们，人类文化是人类共同创造的，绝不是哪一个民族或国家包办下来的。尽管地球上的民族不同，国家各异，但是都对人类文化作出过贡献，即使贡献有大小，其为贡献则一也。承认这一个事实，有极大的好处，它能加强人民之间的了解与友谊。最后，中印文化交流史告诉我们，中印两国文化同属东方文化。据我的看法，东方与西方文化是“三十年河东，三十年河西”的关系。目前，西方文化已呈强弩之末之势。从二十一世纪起，东方文化就将在继承批判西方文化的基础上，成为世界的主导文化，人类文化的发展将更上一层楼。

人类社会永不会停止，这一瞬间是现在，下一瞬间就成为历史。因此，历史永无止期。中印文化交流也永无止期。人类终将走向大同之域。中印两国并肩前进，是不可逆转的潮流。现在我写了中印两千多年的文化交流史，将来还有比两千年更长的交流的历史在等待着我们和我们的子孙们。我们必须不辜负这种历史的使命和期待。

1991年11月16日写完

注释：

1 以下四个星名《翻译名义大集》（日本京都帝国大学文科大学丛书第三一六六）稍有不同，依次为śravanā，abhijit，śatabhisā，dhanisthā.

2 Journal des Savants 1840.

3 Die Vedischen Nachrichten von den Naxatra 1860.

4 Über den Ursprung und das Alter der arabischen Sternnamen und insbesonders der Mondstationen ZDMG 45，1891.

5 Das Alter der babylonischen Astastron.

6 新城新藏：《东洋天文史研究》，沈璿译，中华学艺社 1933 年版，第 276 页；《中国上古天文》，沈璿译，中华学术社 1936 年版，第 20 页 ff。

7 《闻一多全集》二，三联书店 1982 年版；《古典新义·天问释天》，第 328—333 页。

8 中国古书中还有颇能透露一点印度影响中国的迹象，譬如屈原《天问》中的一些神话，《吕氏春秋》中刻舟求剑的故事，《庄子》中的大鹏鸟，等等。

9 参阅拙作《中国蚕丝输入印度问题的初步研究》，见《中印文化关系史论文集》，三联书店 1982 年版，第 51—96 页。

10 参阅拙作《中国纸和造纸法输入印度的时间和地点问题》和另外两篇补充，见《中印文化关系史论文集》。此外，还可以参阅贾忠匀《造纸术的发明问题》，《贵州大学学报》1985 年。至于反驳印度首先发明造纸术的说法的文章，请参阅张毅、梁自华《驳印度学者 P. K. 考赛维所谓的“印度早在公元前 327 年即发明造纸术”说》，见《中国造纸》1987 年第 4 期，以及同期钟奎的文章。

11 见拙著《中印文化关系史论文集》，第 334—340 页。

12 见《历史研究》1990 年第 2 期。

13 中华书局版《三国志》作广陵、彭城。——编者注

14 参阅汤用彤：《汉魏两晋南北朝佛教史》（上），第 83—86 页。

15 参阅汤用彤：《汉魏两晋南北朝佛教史》（上），第 152 页。

16 拙著《中印文化关系史论文集》，第180—185页。

17 见冉云华：《中国禅学研究论集》，台北，东初出版社1980年版，第2页。

18 见汤用彤：《隋唐佛教史稿》，中华书局1982年版，第1页。

19 印度大乘佛教的般若性空，同中国老庄的“无”，由于传统文化背景不同，思维方式各异，二者根本不是一码事。这个问题不在这里讨论。

20 《汉魏两晋南北朝佛教史》，第611页。汤先生在这里的叙述似有错字。

21 《汉魏两普南北朝佛教史》，第657页。

22 魏明帝熙平元年（516年），胡太后命使者宋云与沙门惠生（亦作慧生、道生）赴西域朝佛。宋云有《永记》，惠生有《行记》，皆不传，杨衒之《洛阳伽蓝记》中可以见二人行踪。以正光三年（522年）回洛阳。我们对此事所知不多，附记在这里。

23 三联书店1957年版。其余类似的书还很多，比如张星烺的《中西交通史料汇编》第六册；方豪的《中西交通史》，台湾华冈出版有限公司1977年版。

24 参阅杨廷福：《玄奘论集》，齐鲁书社1986年版，第106页。

25 此后如不特别注明，所有引文均出自《大慈恩寺三藏法师传》。

26 《慈恩传》卷五。

27 这个日期是有问题的，请参阅杨廷福的考证。

28 《大慈恩寺三藏法师传》卷七。

29 中华书局版《慈恩传》的标点有错误。

30 《中国人失掉自信力了吗?》，见《鲁迅全集》卷六，《且介亭杂文》。

31 《印度古代语言论集》，中国社会科学出版社1982年版，第398—401页。

32 国内外关于密宗的著述极多。我在这里只举德国梵文学者Helmuth von Glasenapp的两部书，供对密宗有兴趣者参考：一本是《印度诸宗教》（*Die Religionen Indiens*），Alfred Kröner Verlag，Stuttgart，1943；一本是《佛教的神秘主义》（*Buddhistische Mysterien*），W. Spemann Verlag，Stuttgart，1940。

33 参见方豪《中西交通史》第二册，华冈出版有限公司版，第132—133页。

34 见《新唐书》卷四十三下《地理志》。

35 在别的一些文章中，我曾经把六朝和隋唐分开来谈。现在，既然我认为两晋南北朝隋唐应该属于一个阶段——鼎盛阶段。所以也合在一起来谈。

36 鲁迅：《中国小说史略》第五篇。

37 此书已译为汉文，即将由江西人民出版社在《东方文化丛书》出版。

38 中国古代有 plian > pian 的现象。

39 陈寅恪：《寒柳堂集》中，《三国志曹冲华佗传与佛教故事》。

40 季羡林：《印度古代语言论集》，《三国两晋南北朝正史与印度传说》。

41 陈寅恪：《金明馆丛稿初编》，《四声三问》。对于这个问题，个别学者意见不同。

42 《华梵经疏体例同异析疑》，见《选堂集林——史林》（上），第 430ff 页。

43 饶宗颐：《安荼论（aṇḍa）与吴晋间之宇宙观》，见《选堂集林——史林》（上），第 311ff 页。

44 陈寅恪：《寒柳堂集》，《三国志曹冲华佗传与佛教故事》。

45 以上几项，材料主要取自方豪《中西交通史》有关章节。

46 《佛祖统纪》卷四十三。

47 同上。

48 同上。

49 《宋史》卷四九〇。

50 同上。

51 《宋史》卷四八九。

52 卷次引述有误。中华书局版《宋史》卷四百九十有天竺传，“天竺国旧名身毒，亦曰摩伽陀”，传中提到了施护。——编者注

53 有黄盛璋考证，见《历史地理论集》和《敦煌学辑刊》1984 年第 2 期。

54 参阅耿引曾《汉文南亚史料学》，北京大学出版杜 1991 年版，第 242—245 页。

55 参阅耿引曾《汉文南亚史料学》，北京大学出版杜 1991 年版，第 245—252 页。

56 张星烺：《中西交通史料汇编》，第六册。

57 以上叙述根据镰田茂雄《简明中国佛教史》，郑彭年译，力生校，上海译文出版社 1986 年版。

58 宋代理学不但在理论核心中接受了佛教影响，连在一些细微末节上也是如此。

请参阅拙著《佛教对于宋代理学影响之一例》，见《中印文化关系史论文集》，第309—311页。

59 据张星烺：《中西交通史汇编》，第六册，在印度西海岸。

60 韩愈：《论佛骨表》，沙海昂注，冯承钧译，商务印书馆1937年版。

61 《伊本·白图泰游记》，马金鹏译，宁夏人民出版社1985年版。

62 还有一些外国学者的著述，请参阅张星烺：《中西交通史汇编》，第六册，第148节。

63 《南亚研究》1979年第1期。参阅耿引曾：《汉文南亚史料学》，第293—294页。

64 参阅拙作《印度文学在中国》，见《中印文化关系史论文集》，第120—136页。

65 这一段以及下面的一些叙述，多取自方豪《中西交通史》，第三册，第十二章。

66 请参阅耿引曾：《汉文南亚史料学》。

67 方豪：《中西交通史》，第三册，第十七章；“嘉靖间西人在我国沿海之活动”。

68 详细情况参阅方豪：《中西交通史》，第四、五册。

69 但是事情并不是这样简单。参阅中华书局1955年版的《海录注》冯承钧的《序》。

70 曾纪泽于1878年赴欧，1886年卸任。参阅《清季中外使领年表》，中华书局1985年版。